丛书主编　曾天山　陈才明

G20

国家教育研究丛书

德国基础教育

秦　琳　著

TONGJI UNIVERSITY PRESS

图书在版编目(CIP)数据

德国基础教育/秦琳著. —上海:同济大学出版社,2015.9

(G20国家教育研究丛书/曾天山,陈才明主编. 第1卷,基础教育卷)

ISBN 978-7-5608-5930-9

Ⅰ. ①德… Ⅱ. ①秦… Ⅲ. ①基础教育—研究—德国 Ⅳ. ①G639.516

中国版本图书馆CIP数据核字(2015)第182272号

G20国家教育研究丛书

德国基础教育

秦 琳 著

责任编辑 陈佳蔚 **责任校对** 徐春莲 **封面设计** 王国樑 **出版策划** 曹 建

出版发行 同济大学出版社 www.tongjipress.com.cn

(上海市四平路1239号 邮编200092 电话021-65985622)

经 销 全国各地新华书店

印 刷 大厂回族自治县祁各庄乡冯兰庄兴源印刷厂

开 本 710 mm×1 000 mm 1/16

印 张 18

字 数 360 000

印 数 5 001—8 000

版 次 2015年8月第1版 2019年3月第2次印刷

书 号 ISBN 978-7-5608-5930-9

定 价 80.00元

G20国家教育研究丛书
基础教育编委会

丛书主编

曾天山　　陈才明

执行主编

王　素　　朱维炳

分册主编

（按姓氏笔画为序）

冯俊华　　刘定鸣　　朱俊红　　肖　京
杨　明　　郑武天　　郭晋保　　徐钦福
徐晓蓉　　曹　岩　　喻　进

特约编辑

（按姓氏笔画为序）

计　琳　　宋旭辉　　沈勉荣　　张国强
陆志丰　　顾晓寒

视觉设计

王国樑

统　筹

陈征峰　　顾根荣　　谢　震　　郑　伟

资　助

上海文帆教育科技发展有限公司

序

“G20 国家教育研究”丛书已经部分出版了，这套丛书由基础教育、大学教育、职业教育及幼儿教育四卷组成，已经出版的是“基础教育卷”部分，是一套分量不轻的丛书。

这套丛书首先引起我关注的是研究对象。从国内外来看，把 G20 国家的教育作为研究课题，将世界教育的发展情况进行系统的、全面的、集中的比较研究的丛书，目前尚未发现。G20，即 20 国集团，由美、俄、英、法、德、日本、意大利、加拿大 8 个发达国家，加上中国、阿根廷、澳大利亚、巴西、印度、印度尼西亚、墨西哥、沙特阿拉伯、南非、韩国、土耳其 11 个新兴工业国家以及欧盟组成。G20 总人口约 40 亿，GDP 占全球经济的 90%，贸易额占全球的 80%。G20 教育发展的情况，一定程度上代表了世界教育的发展趋势和方向。其发展过程中的得与失，可为中国的教育改革向纵深发展提供可资借鉴的经验。由此可以说，出版发行这样一套书很有必要，也应该关注。

这套丛书的构思，不拘泥于国别的研究，它把国别教育的变革与发展放在全球化、信息化的大背景下展开，并与国际教育潮流有机地结合起来，使本丛书具有 21 世纪的时代特征。

从国别教育(基础教育部分)所写的内容来看，是比较丰富多彩的。它既有史诗般的展开，又有现实改革中的各种举措；既有各国改革的共同关注方面，又有各国在改革中的重点、特点和亮点。编写的内容比较全面、系统，涵盖了招生考试制度的改革、学校管理、教师队伍的建设、课程设置和教育装备等诸多方面。

其次，编写基础教育部分的作者是中国教育科学研究院和部分高等院校的中青年理论研究者，他们都在所著书的国家生活、学习、工作过，了解、熟悉编写所在国的基础教育的状况及发展趋势。这是一件可喜的事情,我国教育理论队伍亟须不断壮大并注入新鲜血液,需要大量的新生力量参与,才会显得更有朝气、更有活力。我衷心希望这支队伍能真正成为有战斗力的教育理论队伍中的生力军。

第三,引起我关注的是此丛书可资借鉴的积极意义。当前,教育资源在全球进行配置,教育要素在全球加速流动,世界各国教育相互影响、相互依存的程度不断提高,各国教育相互交流、相互竞争、相互包容、相互激荡,共同促进世界的繁荣和发展。各国在人才培训目标的确定、教育内容的选择以及教育手段和方法的采用等方面,不仅要满足来自本国、本土化的要求,而且还要适应国际间产业分工、贸易互补等经济、文化交流与合作的新形势。各国都想充分利用国内和国际两个教育市场,优化配置本国的教育资源和要素,抢占世界教育的制高点,培养出在国际上有竞争力的高素质人才,为本国的最高利益服务。

党的"十八大"以来,习近平总书记对教育工作作出了一系列重要论述,深刻阐明了新时期我国教育改革发展的重大理论和实践问题,丰富发展了中国特色社会主义教育理论,这是推进教育事业改革发展的强大思想武器。这些重要论述揭示了教育的本质属性,阐明了教育在实现中国梦伟大征程中的重要作用和战略地位。

中国自古以来就是一个教育大国,先人为我们留下了极其丰富的办学、治学遗产,我们一定要把扎根于祖国大地的这份遗产中最精华部分传承、发扬、光大。只有坚持从历史走向未来,从延续民族文化血脉中开拓前进,才能做好今天的事业。

然而,要坚守传承民族教育文化精华,还必须要有国际视野。所以,我们必须坚持改革开放。深化教育改革要有全球的视野,海纳百川,兼收并蓄,吸收国际先进经验,为我所用,推动我国教育事业健康发展。当今世界各国无不把教育改革与创新作为应对时代挑战和提高竞争力的重要举措,"提高质量,促进公平,推动发展"已成为许多国家教育改革的共同主题。在各国教育发展过程中,没有哪国的教育发展不需要参考和借鉴其他国家的经验。为此,我们希望有一套丛书来全景式地展示世界各国教育的现状、改革举措和教育成果,为我们揭示世界教育的共同点，比较不同点，寻找各国教育改革得失的原因，提出可资借鉴的可行性建议，为我国教育工作者提供一套不出国门就能知晓全球教育的权威资料性丛书。我希望这套丛书能起到这个作用。

第四，此套丛书也是教师素养培训的好教材。如果说科教兴国是国家的基本国策，那么，教师就是教育事业之本。强国必强教，强教必强师，教育质量本质上是师资质量。一个庞大的教育体系，必须要有一支庞大且道德高尚、业务精良的教师队伍。因此，要加强教师的继续教育。在这里，我特别强调一点，要大力提倡教师多看书，多读书，阅读是教师职业的本能。有了教师大量的阅读，才能对学生进行“传道、授业、解惑”。尤其在今天这个知识不断更新的时代，更要不断吸收新营养，来充实自己。此套丛书可以拓展教师的眼界，为其教育、教学和科研工作提供可资借鉴的经验，吸收营养，加强理论修养，提高业务水平。中国知识分子历来有手不释卷的习惯，而现在很多年轻人却手不释“机”。我希望我们的教师能成为社会阅读的榜样，至少在学校里为学生做一个努力阅读的楷模。当然，我们所有的教育工作者都应该如此。

最后，我要感谢“G20国家教育研究”丛书的策划者、组织者、编写者以及出版者，感谢他们经过数年潜心研究，为我国基础教育推进国际化进程，融入全球化，加强国际教育文化交流，奉献了这样一套有时代意义的丛书。

郝　平

（作者为教育部副部长）

Brief Summary of 'Basic Education in Germany'

Germany was the first country to start normal education and dual-system vocational education; at the same time, it is also the cradle of the modern research university. Today, its vocational education system has been proved to be a great success while basic education undoubtedly constitutes a solid basis of the whole education system.

At present, the ongoing reform of basic education focuses on promoting fairness, increasing opportunities and improving quality. The ultimate goal is to accelerate human development and social integration, and constantly instill vigor and vitality into the country to enhance its competitiveness in the increasingly keen global competition in the 21st century.

This book has 10 chapters. It is aimed at helping readers gain a general understanding of the history, essential features, reforming trend, and future development of basic education in Germany.

Chapter I talks about the education systems in different historical periods in an attempt to give readers a better understanding of the development of local systems with their own characteristics, including compulsory education and the educational streaming. Chapter II introduces the current situation, structure and basic system of German basic education. Chapter III is about the reform of basic education curriculum and specifically presents the current curriculum arrangement and structure in primary and secondary schools. Chapter IV examines contemporary pedagogy. Pedagogy, as a branch of science, represents a great contribution made by Germany to the development of world education. Chapter V relates teacher education and development. Chapter VI discusses the quality monitoring of basic education and the learning evaluation system. Chapter VII probes the internal management of primary and secondary schools and school development. Chapter VIII focuses on entrance examinations characterized by streaming. Chapter IX relates to social education resources including non-school educational institutions, extra-curricular learning activities, and Internet-based education resources. Chapter X examines challenges Germany confronts in the 21st century. Meanwhile, centering on the concept of the "republic of education" and "Dresden Resolution", this section introduces the key topics concerning the current education development and major reform measures thus adopted.

目录

序

引言 /1

第一章　德国基础教育的历史沿革 /5

第一节　从中世纪到德意志帝国:旧制度下的德国基础教育发展 /6

一、从中世纪到宗教改革:德国地区教育制度的兴起 /6

二、宗教改革:义务教育的兴起 /10

三、普鲁士的崛起与近代教育改革 /12

第二节　从德意志帝国到魏玛共和国:德国现代基础教育制度的形成 /15

一、德意志帝国时期:现代教育制度的体系化 /15

二、魏玛共和国:现代民主教育制度的源头 /17

第三节　战后德国基础教育的发展与反思 /20

一、冷战时期:德国基础教育制度的延续与改革困境 /20

二、全球化背景下的德国当代教育制度与改革 /23

第二章　德国基础教育的规模、结构和基本制度 /26

第一节　德国基础教育的发展现状 /27

一、德国基础教育的规模 /27

二、德国的基础教育投入 /33

三、德国的基础教育参与 /36
四、德国学生在国际学业测评中的表现 /38
第二节 德国基础教育学制体系 /39
一、小学和定向阶段 /40
二、中学初级阶段 /40
三、中学高级阶段 /44
四、基础教育阶段的私立学校 /44
第三节 德国基础教育体系的管理结构 /46
一、德国基础教育体系的权力分配 /46
二、州和地方对教育事务的三级管理 /52

第三章 德国基础教育的课程与教材 /56
第一节 新世纪以来德国基础教育的课程改革 /57
一、课程改革理念 /57
二、课程改革方向 /58
第二节 基础教育课程设置 /61
一、小学阶段课程设置 /61
二、中学初级阶段课程设置 /71
三、中学高级阶段课程设置 /77
第三节 德国基础教育的教材使用 /86
一、教材的定义 /86
二、教材的审定 /87
三、教材的使用 /93

第四章 德国基础教育的教学与方法 /96
第一节 德国教学论的发展脉络及核心特征 /97
一、德国当代教学论的发展脉络 /97
二、德国当代教学论的哲学基础 /98
三、德国教学论理论与实践的主要特征 /100

第二节　二战后联邦德国的主要教学论流派 /102
一、以“修养”为中心的教学论流派 /102
二、以学习为中心的教学论学派——柏林教学论 /108
三、“控制论”教学论 /112
第三节　新世纪以来德国教学理论和实践的新趋势 /114
一、德国教学理论的新发展 /115
二、跨学科教学的理念与实践 /117
三、跨文化教育的理念与实践 /121

第五章　德国基础教育教师发展 /127
第一节　德国的教师教育 /128
一、德国教师教育标准 /128
二、大学阶段的教师教育 /135
三、见习阶段的教师教育 /141
第二节　教师资格和教师聘任 /143
一、教师资格获得 /143
二、教师聘任 /144
第三节　教师在职发展 /144
一、教师继续教育 /144
二、教师职业发展 /149
第四节　教师的监督和奖惩机制 /151
一、教师的监督与考核 /151
二、教师的奖励机制 /152
三、教师的惩处和退出机制 /153

第六章　德国基础教育的监测与评价 /155
第一节　德国基础教育的国家教育标准 /156
一、德国制定基础教育国家标准的背景 /156
二、德国基础教育国家标准的基本特点 /158

三、德国基础教育国家标准的实施 /159
第二节 德国基础教育质量监测体系 /161
一、德国基础教育质量监测体系的架构 /161
二、参加国际性学生学业测评 /164
三、全国教育标准统一测评 /165
四、学业比较测试(VERA) /166
五、国家教育报告 /169

第七章 德国基础教育阶段的学校管理 /174
第一节 德国中小学校的内部管理 /175
一、中小学校的行政管理结构 /175
二、德国中小学校的教学与班级管理 /180
第二节 学校管理的学生、家长和社会参与 /181
一、学校管理的学生参与 /181
二、学校管理的家长参与 /182
三、学校管理的社会参与 /184

第八章 德国基础教育的升学与分流制度 /186
第一节 德国基础教育升学与考试制度 /187
一、德国小学阶段的升学与考试制度 /187
二、德国中学初级阶段的升学与考试制度 /190
三、德国中学高级阶段的升学与考试制度 /194
第二节 德国基础教育分流制:沿革与批评 /198
一、德国基础教育分流制的历史发展概述 /198
二、对于德国基础教育分流制的批评 /199
三、对德国基础教育分流制度的认同与肯定 /206

第九章 德国的社会教育资源 /209
第一节 校外教育机构 /210
一、文化设施 /210

二、宗教团体 /212
三、协会社团 /214
四、青少年局 /217
第二节 课外学习活动 /218
一、课外补习 /218
二、兴趣特长发展 /220
第三节 网络教育资源 /222

第十章 德国基础教育改革发展趋势 /226
第一节 通向“教育共和国”之路 /227
一、德国当前基础教育改革发展的问题与挑战 /227
二、确立教育的优先地位 /231
第二节 通过教育实现进步——国家资格倡议下的教育发展 /236
一、发展更多机会、更加公平的教育 /236
二、教育促进多元文化和社会融合 /245
三、面向未来、面向世界提升基础教育质量 /248

附录 /257
一、德国基础教育学制图 /257
二、德国特色学校一览 /258

后记 /270

引言

1642 年，德意志萨克森-哥达公国颁布法令，规定父母必须将年满 5 岁的子女送去学校，这被视为世界范围内最早开始的义务教育。19 世纪中期，普鲁士在欧洲率先实施免费的学校教育。德国是世界上最早建立师范教育和双元制职业教育的国家，同时也是现代研究型大学的发源地。可以说，在历史上，德国对西方现代教育体系的发展产生过极为重要的影响。今天，作为世界上经济最发达的国家之一，德国拥有众多世界知名大学和科研机构，其职业教育体系更被视为成功的典范，这些都是德国参与全球化竞争的核心"软实力"，而基础教育，无疑是德国整个教育体系赖以维系的根基。

德国的基础教育体系极具特色。在文化联邦制的政治结构下，德国形成了联邦与州之间以及州与州之间独特的教育政策协商决策机制。"文化主权在州"决定了德国各联邦州教育制度具有多元化、差异化的特点，并且教育改革的推进必然比较缓慢。这也导致在国际比较中，德国教育体制的诸项改革往往呈现出相对"保守"的特征。在注重社会分工、强调教育的选拔性功能和因材施教理念的传统下，分轨制成为长期以来德国基础教育的一大结构性特色。德国教师教育有良好的传统，以生源的高质量以及专业知识与实践技能并重的培养模式著称。身为国家公职人员，德国教师享有较高的社会地位，他们也被视为具有极高专业素养的学者，在教学中具有较大的自主权。德国现当代的教育理论根植于近代德国的新人文主义思想，并具有德国式思辨哲学的显著特征，在世界范围内产生过重要影响。关心儿童、重视教育、热爱阅读是德国社会的普遍风气，各个城市遍布公共文化设施，人文艺术资源丰富，在校园之外营造了良好的社会教育氛围。

21 世纪的今天，德国的基础教育也正面临挑战。人口结构、社会结构和经济文化的发展变化深刻改变着德国基础教育的外部环境，为教育改革提出了新的命题。同时，全球化已经成为包括德国在内的各国教育发展的基本语境。尽管基础教育是具有鲜明国家特色的基本国民教育，也同样不可避免地被纳入国际性的比较评价之中。近年来大规模的国际学生学业测评为德国教育界提供了自我检视和反思的参考框架，也成为当前德国基础教育政策走向的重要推力。德国的基础教育改革，正沿着促进公平、增加机会、提升质量的轨迹行进，其最终目标是促进人的发展、促进社会融合，为德国参与 21 世纪的全球竞争注入源源不断的活力。

本书旨在从当下的历史节点出发，从国际比较的视角出发，对德国基础教育系统做一个全面的介绍。同时，我们将特别关注新世纪以来，在社会变迁和全球化的大背景下，德国基础教育已经或正在发生的变化，并分析这些变化背后的原因。希望由此能够让读者对德国基础教育的历史传统、基本特征、改革动向和未来的发展趋势有一个概括的了解；也能够通过德国的案例，对当前新的历史背景下，一个国家基础教育体系所要面对的挑战和解决的课题有一些思考。

本书共分为十个章节。在第一章中，将回顾德国基础教育的历史沿革，特别是近现代德国基础教育的发展及其社会文化背景。通过梳理各个时期德国教育系统基于特定政治、经济、社会制度而产生的制度整合与功能分化过程，这一章将帮助读者从更为广阔的视角了解义务教育、分流制等德国基础教育特色制度的发展过程，从而更好地理解当今德国基础教育系统中一些制度构建、文化现象以及相关社会问题的历史渊源。

第二章是对德国基础教育的发展现状、结构和基本制度的介绍。引用了规模、投入、教育参与和国际学业测评成绩等基本指标来呈现德国基础教育的发展状况，并将其放在国际背景下进行横向的比较。而对于多元分轨的学制结构和“主权在州”以及联邦与州、州与州之间教育协调机制的介绍则是理解德国基础教育根本结构性特征的基础。

与时俱进的课程改革是当代各国基础教育发展的一条主线。进入 21 世纪以来，国际测评带来的质量压力和社会、经济发展的新要求，推动了德国基础教育系统中包括课程在内的一系列改革。第三章对当前德国基础教育课程改革的基本方向进行介绍。还将结合具体案例对当前德国中小学校各个学段的课程设置和课程结构进行呈现。这一章的第三节介绍德国基础教育教材的管理、编制和使用情况。

第四章是对德国当代教学法理论的梳理。教学论作为一门学科是德国为世界教育学理论发展的一大贡献。根植于德国的哲学传统和文化渊源,德国教学论以其思辨哲学和批判－反思的特征,与根植于经验主义的美国"课程－教学论"构成了当代教育学的两大主要范式,对世界各国产生了重要影响。在这一章中,首先从哲学基础和文化渊源出发,对德国当代教学论的核心特征进行描述。之后,着重介绍20世纪中叶以来德国最为重要的几个教学论流派。最后,结合21世纪社会背景和教育目标的发展变化,呈现德国教学理论研究和实践中的一些新趋势。

第五章是对德国教师教育及教师发展的介绍。在基础教育不断强调质量保障的背景下,教师的专业化和教师教育的专业化是德国当前教师教育发展的主要方向。这一章首先介绍近年来德国新颁布的教师教育标准,在此基础上介绍正处于改革进程中的德国教师教育的制度、形式、培养阶段和教育内容。之后,简要介绍对德国中小学教师资格的获得及聘任,教师的继续教育和在职发展,教师工作的监督和奖惩机制等。

第六章的内容是德国基础教育的质量监测和学业评价体系,这是德国近十年来在国际学业测评带来的压力和引发的反思中发展起来的新生事物。以能力为导向,以结果为导向,通过制定教育标准、引入多层次的学业测评考试和建立教育报告制度等,德国逐渐建立起了一个多维度和多层次的基础教育质量监测框架。本章介绍德国建立基础教育国家标准和与其相配套的教育监测系统的基本背景,描述这一教育标准和监测体系的具体内容、运行机制,并分析这一体系对德国基础教育发展的影响。

第七章将视线转向中小学校内部管理和学校发展。选取了柏林州《学校法》的内容和若干中小学的具体案例,首先介绍中小学校校长负责制下的民主自治的决策管理结构以及相关制度设计;之后介绍学生、家长和社会对于基础教育阶段学校管理和学校事务的参与。

第八章是对德国基础教育以分流制为特色的升学考试制度的具体介绍。作为德国基础教育最为突出也是最具争议的制度，分流制形成于特定的历史背景和社会结构分化的过程中，并持续影响着德国基础教育的基本结构、教育内涵和改革争论。这一章尝试从教育社会学和社会史的角度对德国基础教育的分流制进行多维度的分析，探究其在现代教育的选拔功能和民主诉求之间造成张力的根源，以及这一制度在当代依然具有的合理性。

第九章是关于德国学校之外的社会性教育资源。本章从承担教育功能的校外机构、课外学习活动和网络教育资源三个方面入手，介绍德国丰富而具有特色的校外教育资源和良好的社会教育氛围。

第十章是在前面章节对德国基础教育的传统、现状进行介绍的基础上，结合其教育体系在当下面临的挑战，对德国基础教育发展改革趋势的概述。围绕德国政府提出的“教育共和国”构想和“德累斯顿决议”，介绍德国当前教育改革发展的核心议题及主要改革倡议和政策措施。

在本书的附录部分，翻译了德国文教部长会议（KMK）制定的德国学制图，并编译了近年来获得“德国学校奖”的若干特色学校的介绍，供读者参考，更加直观地了解德国基础教育。

第一章

德国基础教育的历史沿革

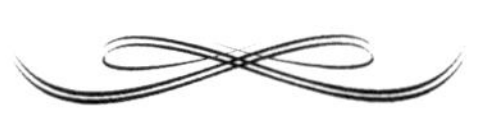

第一节 从中世纪到德意志帝国:旧制度下的德国基础教育发展

一、从中世纪到宗教改革:德国地区教育制度的兴起

欲了解当代德国多样而复杂的基础教育制度,有必要先简要分析其历史发展与社会变迁。在西方各国中,德国是教育事业与宗教联系最为紧密也最为紧张的国家。作为早期基督教世界的边缘国家,德国的学校制度发展始于基督教的扩张。经历了3世纪的危机,西罗马帝国于5世纪末灭亡,基督教会逐渐填补了因帝国政治崩溃而出现的权力与文明空隙。随着教义的体系化与复杂化、信徒规模的扩大,为了提高教义传播的范围与效度,基督教会开始建设和改革各类制度与机构:基督教在衰败的罗马城市中建立了教堂,主教管区与教堂也开始承担区域内选拔、培育教士的任务,原有的修道院也在中世纪早期转化为兼具修道和培养神职人员功能的教育机构。直至公元8世纪,依附上述两大机构,教会已经在德意志地区广泛建立了位于大主教城市的教堂学校(Domschule)与修道院学校(Klosterschule)。相对充裕的教育资源、严苛的教育制度与系统的管理使教会教育迅速拉开了与世俗宫廷教育及家庭教育之间水平的差距,世俗权力也开始重视、利用和加强基督教的教育与教化功能。为了借助教会的力量与资源以提高帝国治下法兰克与德意志人的基本素质,查理大帝分别于公元787年和789年发表敕令,提请教会关注俗人的读写教育,并要求每座修道院都设立学校并采编教学材料。本已保存了大量资料的修道院图书馆进一步收藏了当时所有的各类图书:无论是宗教书籍、"七艺"范围的古典资料,还是当时为数不多的科学手册与百科全书。除了祷告与工作,修士群体必须用固定时间收集、阅读和抄

写圣经典籍,客观上延续了古代文化的保存、传递和研究。值得注意的是,对修道院教育来说,让修士习得读、写等文化技术并获得各类知识只是教育的基础,更重要的是未来的神职人员能在与他人"共同生活"(Vita Communis)中通过参与复杂的仪式、遵守严格的戒条,最终将一种超越个人出身的生活方式与价值内化,并使知识、仪式、价值与生活方式有能力传递下去。某种意义上,今天的公立教育也延续了这一制度与内涵。

基督教文化在教义的传播与教会制度的发展中逐渐浸润到世俗日常生活。相对于更迭频繁的王权,教会不仅代表着秩序与文明,更意味着财富与权力。一方面,为了迎合世俗需求,教会逐渐扩大了教育范围,开始接收一些不以神职为学习目标的俗人。为此,各类学校出现了"内学"(Scholaeinteriores,培养未来神职人员)与"外学"(Scholaeexteriores,培养世俗文化精英)的分流制度,而与此同时产生了第一批由教会资助修建、为农民等贫苦家庭出身的聪慧儿童提供助学金的牧师学校(Pfarrschule)。另一方面,越来越多的贵族与富人开始通过各种对教会的馈赠(土地、金钱、法权)将他们 5、6 岁的幼子送至修道院、教堂或其附属学校接受教育,而身处社会底层的家庭也乐于将孩子托付教会。这是因为,当时的人已经注意到接受教育与提升社会阶层间隐秘的关系。对于权贵而言,在当时欧洲人普遍为文盲与半文盲的时代,子女在教会学校掌握的读写技术、教义知识与行为习惯就是他们将来谋求世俗职位、履行文书工作的资格与本钱——现代英语中的"clerk"(职员、文书、书记)一词便来源于拉丁语中的"clericus"(神职人员、学者、有教养者)。而对于平民与贫民来说,前工业时代的传统社会中,个体往往被牢牢禁锢于所在阶层与生活空间,而走进教会、接受教育也就成为一条重要的社会上升之路。通过知识与权力的内在联系,教会与世俗政权在中世纪早期便开始通过制度的结合,相互巩固和支持双方尚未成熟的政治力量。9 世纪左右,大多数修道院均已建立学校,各教堂与教区也根据条件将附属学校制度化,教会的各种教育机构成为宗教与世俗世界的文化与教育中心。随着世俗上层教育需求的不断升高,教会于中世纪中期建立起一批独立于教堂和修道院、以拉丁语学习(文法、修辞)为主要目标的拉丁语学校(Lateinschule)。

教会势力不断扩大的同时,知识与教育制度的世俗化也在悄然进行中。从

6世纪起，脱胎于古希腊、罗马古典教育内容的“自由七艺”（septemartes liberales）——文法、修辞、逻辑（三艺）与算术、几何、天文、音乐（四艺）——逐渐为教会所注意与归纳。与高度抽象的教义和宗教仪式相比，“七艺”不仅更具教育的实用意义，并且在教学过程中也更容易包含和整合各种新兴知识：不断扩展的远程贸易、十字军东征（1096—1291），以及与阿拉伯文化的接触等都极大地拓宽了“欧洲”人的眼界，地理、物理、历史、经济、医学、化工及冶金等尚未体系化的实用知识日益为人们所重视和应用。在德意志地区，实用知识的世俗需求在其后出现的行会教育与城市学校中得到满足。

中世纪晚期的12、13世纪是德意志地区行会（同业工会）的主要形成时期。随着战争的减少与经济的复苏，手工业逐渐与农业分离，成为专门的行业，同时促进了手工业产品与农副产品的交换，间接激发了商业与贸易的繁荣。第一批职业化的商人与富有的手工业者晋身为乡村与城镇的上层群体。出于保护行业利益而互相帮助、限制竞争，出现了由手工业阶层与商人阶层团体形成的同业工会。它们行使着“卡特尔”的职能，不仅监督产品质量、维护习俗、保护成员生计、交流专业技术，也同时组织学徒的招收与教育，兴建起第一批依附于各个行会、由世俗权力所监管、传授读写算等贸易所需实用职业知识的行会教育机构。这类教育机构因其高度的实用技术与职业导向也被认为是近代后出现的市民学校（Bürgerschule）、实科学校（Realschule）与职业教育制度的前身。

在行会出现的同时，德意志地区也逐渐由西南至东北开始了城市化。公元962年，一个以德意志地区为核心，由数百个公国、侯国、宗教领地等构成的名为“神圣罗马帝国”的松散封建君主政体成立。由于商业与贸易的繁荣，生产地与销售地的经济结构与生活方式逐渐分化，继而产生和复兴了一批由帝国和教会直辖的城市。而从13、14世纪起，一些原有教会直辖城市通过强大的经济与政治实力摆脱了教会的束缚、成为拥有经济特许状与领地法权的帝国自由城市。权力与知识的世俗化使教会在中世纪晚期逐渐失去了建立学校的垄断权，各类城市也获得了在教会审批与封建主管理下筹建学校的权力。从中世纪中期至近代早期（16、17世纪），在知识的神学价值不断消解、世俗价值得到认可，拉丁语日益通俗化，德意志诸方言逐渐形成的大背景下，德意志地区主要存在和建立了以下三类针对不同阶层、不同需求的学校。

1. 教会拉丁语学校和城市拉丁语学校

前者基本上替代了由于教育事业世俗化而逐渐衰败的教堂学校与修道院学校，而后者即是由封建主按照教会拉丁语学校模式建立起、由城市议会管理的世俗学校。拉丁语学校秉承以宗教与学术为导向的古典教育传统，以拉丁语为学业基础。学生主要来源于社会上层的领主、商人、富人与新兴的学者阶层子女。除了大多数以培养未来神职人员与封建官吏为宗旨的拉丁语学校外，部分拉丁语学校逐渐与大学——这一当时新兴的高等文教机构——在制度与教育内容上衔接起来。在其后14、15世纪的第二波欧洲大学建设浪潮中，一些拉丁语学校被当地大学合并，发展为专门为新生传授“三艺”(文法、修辞、逻辑)的学术预备机构。与其他两种教育机构相比，拉丁语学校面向社会上层招生，学制固定且较长、以艰深的古代语言与古典知识为教育内容，并与多种高级文教机构(修道院、大学、议会)开始建立成附属关系。而这些高水平拉丁语学校的特征最终在几世纪的社会变迁中保存下来，成为日后德意志地区高级学校(Höhere Schle)，亦即诸如各类文理中学(Gymnasium)的前身。

2. 教授写作、算数等基本世俗知识的城市学校

这类学校由封建领主所建设，教育资格与水平为国家和行会所承认，教育内容与世俗的商业生活与职业技术联系密切，学生主要是来自工匠和商贩等富裕中产阶层的子女，相对灵活的学制与各种职业行会的学徒制紧密结合：学生往往被父母先送至这类学校接受公文书写、算术、记账、社交常识等基础教育，之后再以学徒或帮工的身份进入工匠行、银行或行业工会组织的职业教育中学习基本行业技能。除了教育内容的实用性外，它们与拉丁语学校的最大区别在于教学中广泛使用方言。这类为青年和儿童传授基础文化技术与知识以作未来职业之用的学校，因其内容的基础性与一般性，且主要使用方言，历史上逐渐被称为“基础学校”(Elementarschule)或“德意志学校”(Deusche Schule)，成为近代之后德意志地区低级学校(Niedere Schule)，亦即国民学校(Volksschule)与现代初等教育的前身。

3. 私人与地区集资筹建的学校

除了以上两种由教会和封建政权承办的学校，从中世纪到18世纪，德意志

地区还广泛存在着大量由私人和地区组织集资筹建、制度松散而又水平参差不齐的各类“边远学校”(Winkelschule)、“预备学校”(Klippschule)和“补习学校”(Beischule)。这类学校的主要生源是一般商人、手工业者与乡村地区权贵的子女,教授内容为最基本的识字与读写,方法为最为“传统”的记诵与体罚。尽管这类学校整体教学水平不佳、不被国家和教会所承认,且因此声名狼藉,然而客观上却是欧洲社会直到近代中期使普通民众“脱盲”的主力教育机构和第一批由私人和民间组织建立、面向社会中(下)层的世俗学校。

如果说中世纪晚期的教育世俗化使越来越多的社会阶层得以接受教育,那么与现代基础教育制度相比,最大的不同就是彼时的基础教育尚未成为一种由国家普遍设立、强制推行的举国体制,且尚未能触及由平民和农民构成的封建制社会下层。而这样一种构想,最终首先出现在宗教改革时代的德意志地区。

二、宗教改革:义务教育的兴起

尽管人文主义的思潮历经世纪才缓缓翻过阿尔卑斯山,开始在德意志地区传播,却立刻与这里的宗教改革思潮结合,迸发出惊人的变革力量。16 世纪上半叶出现的宗教改革(约 1517—1648)对于德意志地区教育制度的影响深远而持久,总的来说可概括为以下三点:

第一,从人文地理层面,宗教的分裂使德意志地区分化为进行新教改革的东、北、中部地区与坚持天主教保守传统的西、南地区。宗教改革导致的 30 年战争(1618—1648)进一步削弱了神圣罗马帝国的中央集权,各邦国根据《威斯特伐利亚和约》名正言顺获得了外交、宗教与文化教育的地方自治。从封建制到联邦制,延续了几世纪的地方文教自治(Kulturhoheit der Länder)最终从传统化为法条,而区域间的宗派分化也逐渐被掩盖在现代政党差异之下。

第二,马丁·路德等宗教改革者根据宗教诉求而提出了普及大众教育的主张。既然信仰应建立于每个人对《圣经》的独立理解,那么通过家庭与学校获得阅读能力就成为每个信徒建立个人信仰的基本前提。1524 年 2 月,路德在《为建立教会学校之倡议与德意志各市长议员书》中呼吁各邦为了国家与教会之利益,应兴建学校、以德语为媒介普及宗教与教育。

第三,国民义务教育观念与制度的出现。与英格兰等地区借机推行"宗教国有化"不同,在德意志新教地区,世俗政权与教会力量紧密结合并互相巩固的传统通过两者在义务教育上的"合谋"在宗教改革时期得到了延续。从1524年夏到1526年间爆发的"德国农民战争"使新教改革者与世俗领主恍然意识到,普及教育虽有益于教会与国家的强盛,但对于社会中下层宗教与教育层面上的过度"启蒙"可能会导致社会秩序的颠覆。既然国家与教会都有必要规范和控制"基督教徒的自由"限度,那么在双方的"合谋"下推行强制性的普及教育便成为一种有力的手段。1530年,路德在长篇布道词《论送儿童入学之责任》中首次主张国家有必要建立强制儿童入学的教育制度。

路德所设想的这种由世俗政权组织、免费且面向所有阶层与性别的义务普及教育理念在当时就受到了世俗政权与宗教改革者的青睐。尽管囿于有限的社会经济制度,这种主张在现实中仅得到了部分的实现,但极大促进了德意志地区教育机构的世俗化与近代学校制度的发展。在路德宗学者梅兰克顿等人的支持下,从宗教改革初始到16世纪末,在德意志新教地区已有上百邦国[1]颁布各自的学校敕令(Schulordnung),在邦国内部普及教育。而从16世纪末开始,德意志地区一些公国,如海德堡地区的普法耳兹-茨魏布吕肯公国(1592)、斯特拉斯堡(1598)、萨克森-哥达(1642,第一次独立于教会命令外的独立世俗改革)、布伦瑞克(1647)等,开始尝试实施世界首批面向所有儿童、不分性别、无关阶层、然而同样不具强制意义的"国家义务教育"。

从近代早期直至18世纪,德意志地区各类教育机构在政治、宗教及社会结构的巨变下进一步分化。这一时期的主要发展是在拉丁语学校基础上产生了两类新型高级学校:在新教地区,路德教派将许多原先由教会管理的高水平拉丁语学校与修道院学校委派给封建政权管理,并将之改造成具有德意志民族特色的文理中学(Gymnasia /Gymnasium);在天主教地区,反宗教改革运动一方面通过严格的审查,取缔、收归了大批城市拉丁语学校,另一方面则在1540年后建立了一批由耶稣会(Societasiesu)创办的学院(Collegium /Kolleg)。尽管两类高级中学

---

[1] 如黑森(1526)、萨克森(1528),符腾堡(1559)等。

存在许多外在差异,却在制度变迁中表现出高度一致的内在发展路径:它们延续了拉丁语学校以人文主义和古代语言为核心的教育内容,并在教育内容和形式上与大学和逐渐成熟的国家机构有意识进行衔接。国家与教会对人文精英教育经费与制度上的重点支持,拉开了高级中学与其他学校在社会地位与教育水平上的差距,却在客观上使后一类学校的制度发展愈发贴合逐渐上升的平民教育需求并形成分化。然而,近代学校类型的分化却进一步加剧了德意志地区教育制度的混乱。由于各个邦国缺乏强大的王室领地作为经济来源和王权扩张的基础,也就无法"垄断一定领土内教育制度的合法性",因此直至 18 世纪末,与西班牙、法国等强大邻国相比,德意志地区的基础教育依然处于公立与教会学校并存、各级学校缺乏制度与功能衔接、国家无力改造和贯彻教育制度的尴尬局面。

三、普鲁士的崛起与近代教育改革

18 世纪初开始,通过持续军事扩张逐渐崛起的普鲁士王国终于打破了德意志地区的均势,逐渐成为势力强大的地方霸主。在此背景下,普鲁士在基础教育领域在德意志地区乃至世界范围内,率先开始推行强制性义务教育等现代改革,早在统一德国之前就已成为德意志诸国的改革样本与仿效对象。从 1717 年提出"义务教育通告"(Principiaregulativa),到 1763 年编写《普通学校规则》(*Generallandschulreglement*),直至 1794 年相关规定最终列于《普鲁士国家通用法》(*Allgemeines Landrecht*),普鲁士通过引入和规范国家强迫义务教育制度,逐渐在法律层面将初等教育事务收归国有。其他德意志国家,无论处于西、南的天主教地区(如巴伐利亚,1771)还是北德新教地区(如萨克森,1835),也随后开始尝试推行法定强制义务教育。在中等教育层面,普鲁士还于 1787 年建立高级学校委员会(Oberschulkollegium),将教育监督与控制权转入政府手中。与此同时,普鲁士有意识在高级中学(文理中学)、大学等重要教育机构与日益完善的国家官僚选拔制度间建立起复杂而紧密的联系,将基础教育在制度和功能上逐渐纳入国家体制。

除了大学学历在 18 世纪末逐渐"明确成为晋升国家高级职位的前提",随着 1788 年普鲁士颁布《高级中学毕业考试规定》(1. Abiturreglement),官方首次承认学校学历的价值,高级中学文凭也变成筛选和录用国家高级官员的条件。与蓬勃发展的人文精英教育相对应，随着科学技术的发展与地方大资产阶层势力的提高，从 17 世纪开始，德意志地区产生了以夸美纽斯(1592—1670)、弗兰科(1663—1727)思想为代表的实科教育思潮，逐渐增长的技术与商业教育需求使普鲁士最终于 1747 年在柏林创立了第一所“经济、数学实科学校”。面向中产阶层、兼具现代中等教育与职业教育功能的实科中学(Realschule)在德意志地区逐渐兴起。在实科教育之外，18 世纪的小资产阶层在旧有各类城市学校的基础上，广泛建立了以普通教育为教育目的“市民学校”(Bürgerschule)。

进入 19 世纪之后，德意志地区姗姗来迟的城市化、工业革命加快了基础教育的发展速度，而从 1806 年战败起便锐意改革的普鲁士也进一步成为各地教育制度的主导者。在教育国家化层面，为了加强社会和政治统治、提高国民基本素质以适应工业化，普鲁士通过大量兴建学校、扩大受教育群体、增加各阶层儿童受教育机会(如 1839 年推出《儿童工作保护法》)、完善各级学校教育资格等方式在初等教育领域深化强制义务教育改革，在实践层面上逐步贯彻相关法条。1816 年，普鲁士适龄儿童入学率(6—14 岁)约为 51%，及至 1846 年为 78%，而到 1864 年已达 85%。这一数据即使与强大的邻国法国相比(1850 年，47.5%；1867 年，70.4%)也是遥遥领先，此时的德国初等教育和义务普及教育已经走在欧美其他国家前列(Francois, 1983)。通过初等教育扩张过程，普鲁士进一步整合了各类初等教育机构，逐步将学校名称与制度统一为“国民学校”(Volksschule)，将其功能规范为传授基本读写知识与帮助平民子弟脱盲。在中等教育层面，德意志诸国在快速发展实科中学的同时，进一步在制度与文化层面使文理中学精英化，初步实现了中等教育的分流结构。图 1-1 为 19 世纪德意志一所学校内的考试。

整个 19 世纪，洪堡等普鲁士文化官员进一步确立了高级中学的精英教育导向，并逐渐将各类高级中学在制度与文化上统一为以古典学为教育核心的文理中学(Gymnasium)。而通过 1812 年和 1834 年两次修订《高级中学毕业考试规定》(2&3. Abiturreglement)，高级中学文凭最终成为进入普鲁士大学或担任高级官员的必须与唯一前提。这一改革深化了普鲁士官僚制与高级中学的制度联系，明确了文理中学培养世俗与精神世界精英的历史传统，也进一步使之分化为与实科中学截然不同的教育机构。1832 年，普鲁士通过颁布一系列考试章程与

图 1-1 19 世纪德意志一所学校中的考试〔1〕

教育条款，确立了实科中学(Realschule)等各类型实科学校作为中等教育机构的法律地位，并在改革中明确了实科学校的自然科学与现代语言导向。

相对于文理中学主要来自上层社会的生源，实科中学主要针对各类具有经济资本的中产阶层，而小资产阶层与平民则集中于公立初等教育。德国基础教育的三级分流制秉承历史传统，经由 19 世纪的教育制度化初步成型。而此时初等教育与中等教育还没有从制度与功能上形成互为衔接的有机整体：国民学校仅能提供粗浅、一般的基础知识，而各类实科中学与高级中学皆以配套的私立预备学校(Vorschule)为其前设机构。高级中学对大学升学的垄断、初等中等教育间的制度缺失、预科学校的高昂费用进一步加剧了德意志地区 19 世纪中后期教育机构的分化与其相关的阶层分化。而随着义务教育的普及，每个国民都逐渐享受到由国家保障实现的接受教育的权利，与此同时也就开始进一步追求更加高质量的教育内容与更平等的教育机会。尽管工业社会的到来打破了传统社会个体发展局限于身份与阶层的限制，然而现代教育制度的出现才真正使大范围的个体社会流动成为可能。如何使优质教育这一稀缺资源分配于各个社会阶

〔1〕 维基百科. http://commons.wikimedia.org/wiki/File%3ADas_Schulexamen_nach_Hasenclever.jpg.

层，成为德国统一以来基础教育发展的核心问题。

第二节 从德意志帝国到魏玛共和国：德国现代基础教育制度的形成

如果说德国现代基础教育制度形成于魏玛共和国时期，那么它的多样性、地方文化自治与三级分流传统的定型则可追溯至德国首次统一的德意志帝国时代。

一、德意志帝国时期：现代教育制度的体系化

通过历次军事胜利实现“小德意志”的统一后，为了强化国家政权合法性、转换社会控制机制，以普鲁士官僚为主导的德意志帝国政府在建国之初便开始通过立法、宣传、社会运动的多重手段，在政治、经济、文化、教育等各个层面大力推进“世俗化”进程。1871 年 4 月，以普鲁士宪法与北德邦联宪法为基础颁布的《德意志帝国宪法》，明确规定德意志帝国是联邦制国家，文化、教育、卫生和地方行政等权力依然归附各联邦政权，在现代国家法制框架下保留了历史上德意志地区的文化自治传统。而普鲁士邦则继续扮演着德国各联邦中教育改革与创新的先锋。在教育政策层面，普鲁士文化大臣法尔克在 1872—1879 年的“文化斗争”[1] 年间逐步取消了教会对初等教育的管理权力，并停办由耶稣会开展的各项教育活动。在知识结构层面，伴随着各类中等教育机构课程中古代/学术语言（古希腊语，拉丁语）的优势地位逐渐被现代外语（法语、英语）所替代，直至 1900 年，普鲁士高级中学全面改革，物理、化学、矿物学、自然等单独课程通过教学大

---

〔1〕 文化斗争（Kulturkampf），简而言之是 1871 至 1887 年间俾斯麦政府代表德意志帝国对抗梵蒂冈天主教会及其国内势力中央党的一场政治运动。

纲整合为“自然科学课”(Naturwissenschaften)。中等教育的“文实之争”,即中等教育的(新)人文主义与实用导向的理念分歧,成为19世纪末与20世纪初期德国教育领域改革的核心问题与主要矛盾。

在教育普及化方面,德意志帝国初期建立的世界首个社会保险制度(Sozialversicherung)使得工人阶层子女进入高级中学的比例与数量大大增加,而长期被高等教育所忽视的女性群体也逐渐步入历史舞台,进而带动基础教育扩张。继1893年德国卡尔斯鲁厄建立起第一所女子文理中学后,1896年柏林首批女中学生参加了高级中学毕业考试(Abitur),1908年起女性通过高级中学考试进入大学学习也拥有了法制保障,改革直接促成了女性公立教育“自上而下”的迅猛发展。这一教育扩张过程始于19世纪末期,并一直持续到魏玛共和国末年,对20世纪德国基础教育的历史发展与改革进程产生了深远的文化影响。图1-2是20世纪初柏林一所文理中学现代手工课上的情景。

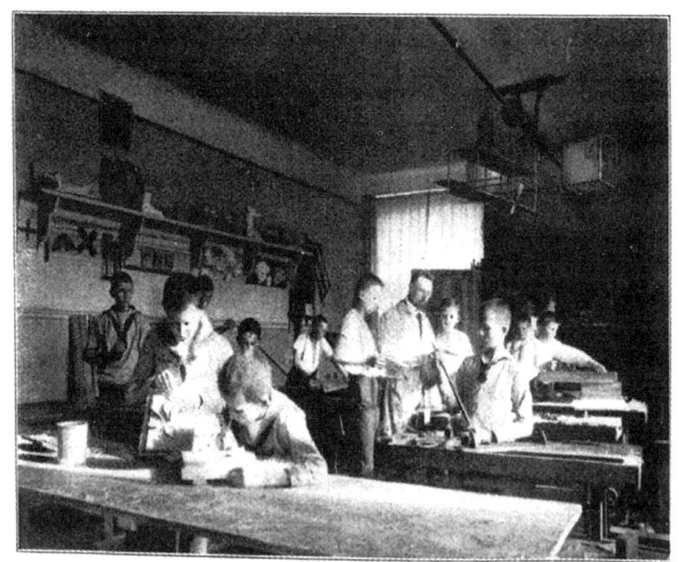

Moderner Werkunterricht:
Modellier- und Tischlerwerkstatt im Arndt-Gymnasium, Dahlem

图1-2　20世纪初柏林一所文理中学的现代手工课[1]

---

〔1〕 德国教育史研究图书馆数据库. http://www.bbf.dipf.de/cgi-opac/bil.pl? t_direct=x&f_IDN=b0079258hild.

在基础教育制度衔接与整合层面，德意志帝国时期的最重要特征在于建立双轨制教育体系。在国民与职业教育层面，通过 1872 年的《一般规定》，帝国在 19 世纪中期普鲁士统合多数初等教育机构为“国民学校”的基础上，进一步将之确定为两段式八年制教育，并将原有各类市民中学、城市学校、教区学校、低水平高级中学等统合为六年制中级学校(Mittelschule)，并在制度与内容上与职业教育制度衔接。在高级学校与高等教育层面，普鲁士邦在 1900 年颁布《学校法》，规定实科中学与文理中学和实科文理中学(由前者分化而出、重视现代语言)的毕业生都可升入大学，从国家层面将实科中学纳入高级中学范畴，以自然科学和商贸知识为导向的实科教育也由此确立了它在德国教育中的地位与口碑。

国民学校、中间学校与实科中学的成功制度化使德国在 20 世纪初期形成双轨制教育。对于大部分高级官员、容克地主、工商业老板、知识分子(包括大学教授和高级中学教师)的子女而言，首先在家庭或预备学校学习基础知识，然后升入三类高级中学(文理中学、实科文理中学与实科中学)，毕业后可进入大学或工业技术高等学院。而对于大多数低级官员、职员、工人、农民家庭出身的孩子来说，则首先进入四年制公立国民学校低级阶段学习，若顺利毕业后希望进一步接受教育，则升入国民学校高级阶段或六年制中间学校，最终学业有成者则进入各类职业学校学习，不能进入大学。

尽管中等教育与专业学校的设立满足了教育体制对工业化的适应，也是一项试图缓和日益尖锐阶层矛盾的社会政策，然而，准入门槛过高的私立预备学校实际上成为平民通过教育实现社会上升的最大制度障碍。大踏步的基础教育扩张，也造成了愈演愈烈的文凭贬值与越来越高的就业门槛，随着高级中学毕业生开始“抢占”原本由国民教育毕业生从事的工作与职业，因教育分流引发的阶层矛盾在 20 世纪前 10 年已经逐渐显现出来。因社会开放而获益的中产阶层没有满足于地位的上升与实利的获得，反而进一步提出了更加明确和激进的诉求。

二、魏玛共和国：现代民主教育制度的源头

一战溃败前后所积聚的巨大国内矛盾，最终导致了德意志帝国君主政体的瓦解。新生的魏玛共和国在割地赔款带来的沉重负担与巨大耻辱中缓步前行。

1919 年 2 月,由于首都柏林时局动荡,为起草宪法而举行的国民议会改在魏玛召开,共和国的非正式国名和宪法的名称由此而来。严重的经济问题使魏玛共和国成为西方民主历程中一个夭折的民主政体(1919—1933),然而正是在这短短的 15 年中,将德国建立为一个联邦议会共和国的构想得到了法制建设与初步贯彻,最终得到了历史的肯定。作为德国历史上第一部实现民主制度的宪法,《魏玛宪法》包含一系列体现民主共和性质的教育立法(第 142 至 150 条款)[1]。宪法规定,德国是一个由 19 个州组成的联邦国家,尽管"全部教育事业处于国家监督之下"并"根据国家法律的原则",不过各个联邦"需协力设立公共机构负责青少年的教育事宜"并可"通过邦立法机构规定教育细则",由此进一步明确了联邦州的文教自主权。资产阶层自由主义的民主浪潮与蓬勃发展的科学研究[2]也深深改变了政府与公众对于教育、社会与儿童的认识。

为了进一步实现教育普及、避免个体因经济与阶层限制而遭受教育不公,共和国政府通过《魏玛宪法》废除了带有社会等级制色彩的原有双轨制教育体系。新的教育结构中,私立预备学校被废除,建立了统一、强制、免费的初等教育机构——四年制小学(Grundschule,亦即原先的国民学校初级阶段)。所有儿童都必须先进入小学学习 4 年,然后再由"本人的素质和倾向"而非"父母的经济和社会地位或宗教信仰"选择进入国民学校高等阶段、中间学校或高级中学。

魏玛共和国时期的中等教育系统依然延续了制度的多样性,以适应各类社会群体与劳动力市场的不同需求。以高级中学为例,魏玛共和国至少存在下属四类主要机构(Löffler, 1931):一是遵循新人文主义教育观,着重古代语言与人文经典,以培养未来进入神、法、医、哲等传统人文导向学科的大学生为目标的传统文理中学(Gymnasium);二是着重现代语言与自然科学,培养自然科学导向和工业大学学生为目标的实科文理中学(Realgymnasium);三是以自然科学、数学、经济学为重点,毕业生进入工业大学或金融机构为导向的实科中学(Realschule);四是以数学与读写课程为核心,毕业生直接进入工业系统、中等官

---

[1] 关于《魏玛宪法》中相关教育法条本文采用如下翻译:瞿葆奎,李其龙,孙祖复. 教育学文集 · 联邦德国教育改革[M]. 北京:人民教育出版社,1991:26-27.

[2] 如 19 世纪末、20 世纪初蓬勃发展的心理学智商理论、优生学、儿童学、卫生学、社会学等。

僚体系就职为导向的德意志高级学校(Deutsche Oberschule)等。

值得注意的是,宪法并未改变中等教育分流的格局,双轨制并未完全彻底废除:儿童从入学起就分轨的制度实际被推迟为小学之后再分轨。与此同时,魏玛共和国第一次通过立法使“公立学校事业成为有机地组成的整体”。尽管当时德国各地仍存在大量功能重叠、制度各异的各类学校,但是通过对初等教育、中等教育与高等教育的制度衔接,共和国初步实现了19世纪初洪堡的改革构想,将公立教育整合为三级、贯通的现代教育体制。由此,德国现代基础教育制度基本形成,取消预备学校、统一基础教育、坚持中等教育多样性成为其根本特点,并延续至今。

以今天的视角回顾魏玛时代,我们可以看到一出由教育制度现代化而引发的“危机”。随着高级中学与大学对中下层的逐渐开放,越来越多的中产阶层与低级知识分子家庭(中小学教师)开始将教育视为其子女社会上升的主要途径,并将双轨制的废除视为共和国的重要民主政策(Lundgreen 1981)。然而,持续的大学与高级中学扩张,一战以来激增的人口与全球经济大萧条不断恶化劳动力市场,20世纪20年代中后期,教育改革的受益主体——平民子女——由于文凭贬值的效益逐渐面临“毕业即失业”的窘境,而寒窗苦读十余载的博士生与师范生也开始面对职业饱和的挤压与周期性失业的危险。原本支持和期待改革的资产阶层与知识阶层对于共和国新政的态度也逐渐转向怀疑和失望。而保守的既得利益集团尽管在教育分流制中依旧获利,却也开始以更加决裂的姿态批评各项新政。共和国政治公信力不断受损,德国境内主张“重新洗牌”的共产党与强调“重塑秩序与稳定”的纳粹党逐渐壮大起来(Wehler, 2003)。魏玛共和国教育改革中的实际受益群体与社会上升阶层——知识分子、教师团体、青年科研人员与大学生——最终成为纳粹党的主要支持者与骨干力量(Wildt, 2008)。魏玛共和国的教育改革与扩张试图兼顾新旧势力,却最终不为多数党派和阶层所容。

从历史上来看,魏玛共和国的教育扩张与相应危机是一种周期性现象,是每个国家和社会进行教育现代化的必经之路。想要避免过于激烈的社会动荡,就必须先拥有稳定和谐的经济、文化基础。这也成为德国自二战以来进一步深化基础教育现代化改革的前车之鉴。

第三节 战后德国基础教育的发展与反思

魏玛共和国因阿道夫·希特勒及纳粹党在1933年上台执政而结束。虽然1919年的魏玛宪法及其教育条款在第二次世界大战结束前在法律上仍然有效，但纳粹党政府在1933年采取的一体化(Gleichschaltung)政策使共和国及其各项制度已名存实亡。1933—1945年，尽管第三帝国在教育领域通过“政治美学化”等意识形态策略逐步成功改变了各级教育机构的教育目标与教育内容，然而纳粹政府却始终缺乏一整套集中、连贯的教育政策，因此在基础教育领域缺乏深层次的制度改革(Herrlitz et al, 2009)。而二战后美英法占领区与苏联占领区的去纳粹化运动(Entnazifizierung)，也从根本上清除了纳粹主义与纳粹党在教育制度、文化与人事方面的影响。

一、冷战时期：德国基础教育制度的延续与改革困境

在经历了1948年的“柏林封锁”危机后，1949年德国在冷战的帷幕下分裂成德意志联邦共和国(西德，BRD)与德意志民主共和国(东德，DDR)。相对于东德教育制度“与传统决裂”的社会主义改造过程，德意志联邦共和国在“马歇尔计划”(ERP)的框架下承接了魏玛时代的德国基础教育制度并延续至今。

1949年，西德颁布《德意志联邦共和国基本法》，政治上延续了魏玛时代的传统、成为联邦议会民主共和国。在有关学校教育立法的第7条中，西德在强调教育国有和禁止预科学校的同时，并未对基础教育制度表达观点。在接下来的20世纪50年代，西德政府也没有立刻进行大规模教育改革。其主要原因可追溯至下述三点。首先，从实际的教育发展层面，战争造成的物质、经济、文化破坏使20世纪50年代初期的大多数学校尚处于努力保持教育制度有序运转的挣扎

之中，过早提出教育改革意见缺乏实际含义。其次，在政治决策的层面上，战后经济奇迹（Wirtschaftswunder）在教育系统未作大规模调整的情况下出现，经济发展的先行性使得政府仅需对教育制度与政策进行微调。最后，从二战结束至今的“联邦—州”与“州—州”复杂政治格局极大地增加了德国教育改革成本，使几乎所有具有整体规划意味的教育改革（如综合学校、全日制、高级中学改革等）皆步履维艰，直接影响了德国战后基础教育发展的制度构建（格局）与改革实践。

鉴于这最重要的第三点，有必要先简单介绍下联邦制各州的文化自治（Kulturhoheit der Länder），并以之为线索勾勒 20 世纪 60 年代至今的德国基础教育发展。

为避免重新出现第三帝国时期中央集权式的教育统一化，德意志联邦共和国有意识地继承了历史上德意志地区各邦（州）负责本地区文教事业的联邦制传统。然而，二战之前的德意志帝国与魏玛共和国主要通过普鲁士邦发挥国家在教育改革中的主导作用。二战之后，几乎占据德国地区半壁江山的普鲁士地区不复存在，西德和统一后的德国却不存在一个州能够担当教育政策方面的领袖角色，联邦政府迫使各州合作并达到平衡的力量减弱。意识形态层面的避嫌与联邦州各自为政的局面迅速削弱了联邦政府的实际主导作用，直到 1969 年联邦政府才通过基本法 91b 修正案和建立“联邦教育和科研部”初步取得整体教育规划发言权。

另一方面，“地方文化自治”的制度设计本意在于相对良好地平衡和缓和德国境内新教与天主教地区的宗教、文化对立与其身后的党派之争。普鲁士邦在二战后的割让与分裂某种程度上促成了各联邦州的均势，加剧了隐藏在德国新教与天主教地区之间宗教对立背后的政党对立。而各州之间尤其 A、B[1] 两类州之间在教育政策基本信念与改革方式上的分歧进一步加剧了联邦和州之间紧张而低效的合作关系。

在此影响下，德国从二战至今并未出现颠覆魏玛共和国教育制度与政策的

---

〔1〕 A 类州系以北德新教地区为核心的社会民主党、自由民主党、左派、绿党执政州，而 B 类州指以南德天主教地区为核心的基督教天主联盟或基督教社会联盟执政州。

彻底改革，各州开始在发展教育多样化的层面上加强自身教育特性，而联邦层面的教育改革则多由诸如“各州文教部长会议”（KMK）和“教育委员会”等致力于协调各州教育关系的组织所颁布和推行。各联邦州过分发展教育多样化的实践，使得德国各类新型学校从二战结束至今层出不穷，混乱的学校名称、制度和功能从20世纪50年代初便成为公众辩论话题。

出于规范教育结构、衔接各联邦州间教育关系等考虑，从1955年到1973年德国各方面出台了一系列旨在统一德国学校制度的计划与协定〔1〕。其中，1964年联邦各州州长在汉堡签署的《联邦共和国各州之间统一学校制度的修正协议》（以下简称《汉堡协定》），基本规定和形成了当代德国的基础教育分流制度。

在初等教育层面，为了进一步扩大教育机会、促进教育公平，联邦德国在保留魏玛时代四年制小学的基础上，在初等和中等教育衔接制度中增加了“小升中”学生分流之前的“定向阶段”（或称“促进阶段”）。

但在中等教育层面，德意志帝国时代成型的三元分流制实际上得到了制度的加强：新设的主科中学（Hauptschule）以基础知识和低级职业教育导向代替了1933年之前的国民中学高级阶段，逐渐成为一种教育水平较低、社会认可较差的中学；以实践技能和高级职业教育为导向的实科中学（Realschule）被进一步规范并在德国大规模建立，逐渐成为一种教育水平较高、社会认可度高的中学；以人文知识、学术训练和科学研究导向的文理中学（Gymnasium）成为三类中唯一制度直接与大学相连的机构。由于其相对于其他中学教育内容与教育制度的完全性，自1964年《汉堡协定》后，这类学校在国内也常被翻译为“完全中学”。

通过创建和加入1958年成立的“欧洲经济共同体”和1961年成立“经济合作与发展组织”（OECD），德国教育逐渐受“欧盟一体化”影响，并由国际比较意识到自身基础教育发展中的保守与迟缓。促进教育民主化与普及化成为战后至

〔1〕其中比较重要的协定与计划包括：杜赛尔多夫协定（1955）、关于普通教育的改革和统一总纲计划（1959）、萨尔布吕肯建议（1961）、汉堡协定（1964）、教育结构计划（1970）、联邦德国教育计划（1973）等。感兴趣的读者可参考各类外国教育史相关章节或通过上文注释中《联邦德国教育改革》一书阅读原文翻译。

今德国基础教育发展的主旋律。伴随着20世纪60年代以来教育机构的大幅度扩张与个人教育机会的显著增加,民众对于教育公平提出了进一步的要求。教育扩张(义务教育的延长、中等和高等教育升学率的提高)并未如期缩小社会不平等,其结果(考试难度增加、文凭贬值与学校社会选择性增加)反而成了社会中下层通过教育实现社会上升的障碍。

在此背景下,欧洲各国在20世纪60年代末爆发了一系列因批判教育制度而引发的社会运动(如1968年的学生运动),学术界也产生了对"教育再生产"的批评(1970)。在德国,大学生失业与基础教育分流制成为两大社会矛盾。社会上逐渐出现彻底废除双轨制、在中等教育层面建立一种不分流"统一学校"的呼声。相应改革从60年代中期开始,当时被认为是"未来学校样板"的"(一体化)综合中学"(Gesamtschule)开始陆续出现在部分联邦州。而历史地来看,这一趋势本是欧美发展于20世纪初期的"总和中学运动"在德国的延迟出现,其滞后原因在于德国传统的保守教育观与A、B两类州的政治分歧。

同样的理由也可以解释半个世纪以来德国各类"总和中学"的发展困境:它不仅未能成为取代中等教育分流制度下的三类学校,并且在教育水平上也整体落后于文理中学与实科中学。真正使德国传统中学三元分流制度消解的力量,不是民主精神,也非政治诉求,而是教育扩张与文凭贬值带来的社会变迁。从20世纪80年代开始,中等学校毕业证书(实科中学等)与高级职业学校文凭逐渐成为劳动力市场与社会舆论对个人受教育程度的最低标准。主科中学学生人数逐年下降同时,社会声誉也更加低下,被边缘化为"接收剩余学生的剩余学校"。从90年代后期到今天,各联邦州陆续停办主科中学,部分地将之合并入实科中学或将此两类中学融合改造为新型中学制度,如高级中学(Oberschule,巴伐利亚、勃兰登堡等)或城区中学(Stadtteilschule,汉堡)等。然而,这一措施进一步造成实科中学文凭贬值,使之拉大与文理中学的差距,越来越多的家长将子女送至文理中学就读(关于分流制请详见本书第八章)。

二、全球化背景下的德国当代教育制度与改革

除了传统分流制度消解过程带来的种种"内忧",当代德国基础教育还面临

着因教育全球化而引起的“外患”。2000年起,“经济合作与发展组织”(OECD)筹划了一项对全世界15岁学生学习水平的测试计划,名为“国际学生能力评估计划”(PISA)。德国29所中学近5 000名15岁的中学生参与了抽样测试。2001年,首次PISA测试结果公布,惨不忍睹的成绩〔1〕震惊了德国社会各界,使德国教育界走入长达10余年的“PISA休克”。

除了不尽如人意的教育水平,基于2000年和2003年PISA结果的种种分析还揭露出二战以来德国基础教育发展的其他问题:各类学校生源高度阶层化、分流制下学校水平存在明显差异、学生成绩与其社会出身高度相关、移民儿童学业水平堪忧等。提高教育水平、减少教育不平等、促进多元文化社会融入成为德国政界与教育界推行教育改革的共识。通过一系列社会政策(如2002至2005年所推行“哈茨方案Ⅰ-Ⅵ”)与教育改革(如儿童语言辅导、撤并主科中学、增设全日制学校〔2〕等),在过去的10多年间,德国在PISA测试中的成绩逐渐稳步提高。在最近的一次PISA测试(2013)中,德国中学生的成绩首次超过了参与测试国家中学生的平均水平,暂时走出“PISA休克”。

然而,通过回顾10余年德国PISA成绩,我们依然可以注意到当代德国教育改革的核心矛盾及其历史渊源:首先,教育民主化的倾向使长久以来改革着眼点都放在教育公平上。尽管从成绩层面上来看,资质较差或身处社会边缘的学生获得了稳定的进步,然而成绩优异的“精英”中学生群体却没能得到充分的发展。其次,关于德国传统中等教育分流制的讨论也依然在PISA的框架下频繁出现。分流制背后的“精英—大众”之争虽逐渐让位于政策讨论,但依然体现出德国思想界保守派与自由派分别偏重教育选拔性与普及性的理念传承。最后,联邦制下A、B类州的政治分歧极大地延缓了联邦针对基础教育的改革步伐。当然,辨

---

〔1〕2000年PISA测试中,德国学生的阅读能力在参与国中排名21,数学基本能力和科学能力均排名20,如果把参与国学生的测试结果分上、中、下三个等次,德国中学生的测试成绩介于中等和下等之间。

〔2〕德国中小学学制的全日制改革是近年来德国基础教育的最重要改革之一,且已被多项研究证明能够有效提高学生学业成绩并缩小因出身而造成的教育机会不平等。感兴趣的读者可进一步阅读:黄华. 从半日制到全日制——德国中小学学制改革在争议中艰难前行[J]. 比较教育研究,2012,10:32-36.

证地来看，地方文化自治的传统既是今日德国改革的“政治负担”，同时也是德意志思想与实践百花齐放的制度财富。但在“新制度主义”的预言下，21 世纪世界各地教育制度将在全球化的背景下逐渐趋同。坚持地方自治、分流制度的德国基础教育制度又将何去何从？我们将拭目以待这一缓慢的变迁过程。

第二章

德国基础教育的规模、结构和基本制度

第一节 德国基础教育的发展现状

近10年来，由于人口老龄化等因素，德国基础教育在校生规模逐年缩小。但是，德国基础教育经费的投入，依然逐年稳步增加。同时，德国学生在国际学生测评中的平均成绩也呈现上升趋势，可见德国基础教育质量仍在稳步提升。

一、德国基础教育的规模

1. 在校生

根据德国联邦教育科研部的统计数据，2013/14学年，德国基础教育各级各类学校共有在校生1 095万人，其中，初中教育阶段学生数量最多，达到425.8万人，占基础教育全部在校生的38.9%；小学教育阶段学生数量位居第二，达到277.2万人，占全部在校生的25.3%；职业学校在校生数量为253.1万人，占全部在校生的23.1%。另外，在德国的基础教育阶段还有34.3万人就读于特殊学校(表2-1)。在基础教育学生中，女生数量占47.7%；超过91%学生就读于公立学校，有8.6%的学生就读于各类私立学校；有83.5万人是外国国籍，占学生总数的7.5%[1]。

两德统一以来，德国人口出生率一直保持在较低水平，人口老龄化趋势明显。20世纪90年代中期以来，德国小学入学新生数和中小学在校生总数均持续缓慢减少。2004—2013年，德国基础教育学段在校生总数从1 239万人逐年递减到1 095万人，10年间减少了144万人，平均每年减少1.4%(图2-1)。

---

〔1〕 德国联邦教育科研部(BMBF)在线数据库. http://www.datenportal.bmbf.de/portal/de/index.html. 如无特殊说明，本章下文中所使用的数据均来自该数据库。

表 2-1 德国基础教育各阶段在校生数(2013/14 学年)[1]

名称	在校生数/万人	在校生数所占比例
学前班	2.8	0.3%
小学	277.2	25.3%
中学初级	425.8	38.9%
中学高级	102	9.3%
职业学校	253.1	23.1%
特殊学校	34.3	3.1%

注:学前班包括"学前班"(Vorklasse)和"学校幼儿园"(Schulkindergarten)两种形式,是目前德国少数几个州(如汉堡)还存留的一年制的学前教育类型。不同于普通的幼儿园,学前班主要接收年满 5 岁的儿童,教育目标以向小学过渡为主,在 20 世纪 70 年代以来的教育改革中,这类机构已经逐步被普通的多年制幼儿园合并。在德国的教育统计中,学前班被纳入普通学校教育的类别,而其他所有的幼儿园都不在此统计之类。

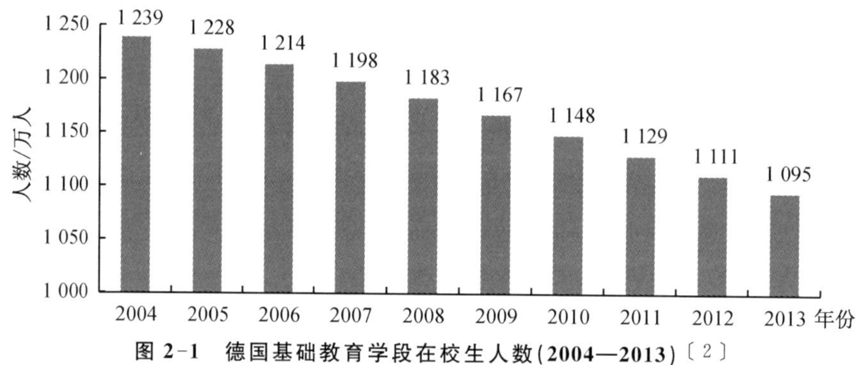

图 2-1 德国基础教育学段在校生人数(2004—2013)[2]

2. 学校数

2013/14 学年,德国基础教育阶段共有学校 42 643 所。其中,普通教育学校 33 810 所,占基础教育阶段学校总数的 79.3%,职业教育学校 8 833 所,占基础教育学校总数的 21.7%。在德国的基础教育阶段共有私立学校 5 692 所,占基础教育学校总数的 13.3%。其中,属于普通教育类型的私立学校3 527 所,占全部私立学校的 62.0%,占基础教育阶段学校总数的 8.3%;另有2 165 所私立学校为职业教育学校,占全部私立学校的 38.0%,占基础教育阶段学校总数的

[1][2] 德国联邦教育科研部(BMBF)数据库。

5.1%(图 2-2)。

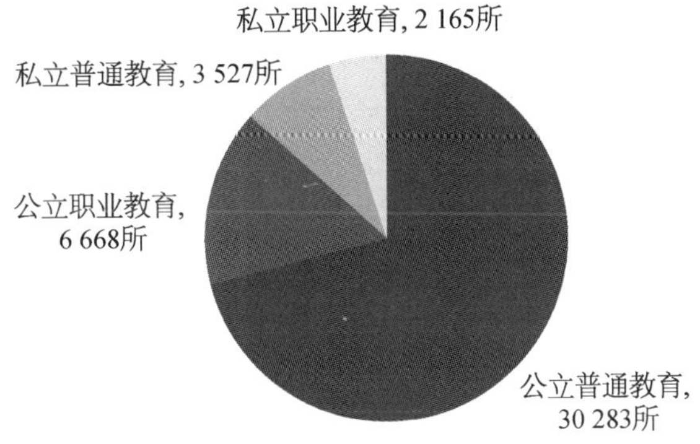

图 2-2 德国基础教育学校数及比例分布(2013/14 学年)〔1〕

德国普通基础教育包括小学、各类中学、特教学校、独立定向阶段项目、校办幼儿园、夜校和学院、学前班以及华德福学校等多种学校类型。2013/14 学年，普通基础教育学校类型中的小学数量最多，达到 15 749 所，占普通教育学校总数的 46.6%；各类中学的总数为 11 950 所，占普通教育学校总数的 35.3%，其中主科中学 3 193 所，文理中学 3 124 所，实科中学 2 399 所，多轨制中学和综合中学分别有 1 782 所和 1 452 所。另外，德国还有 3 191 所特殊教育学校、1 329 个学前班(包括校办幼儿园)、322 所夜间学校和 214 所华德福学校(图 2-3)。在德国的普通教育中，私立学校也是重要的补充力量，承担普通教育学段的教学任务。其中，私立中学 1 463 所，占普通教育学段私立学校总数的 41.5%；私立小学 839 所，占普通教育学段私立学校总数的 23.8%。而其他私立学校(包括特教学校、独立定向阶段项目、校办幼儿园、夜间学校、学前班以及华德福学校等)占 34.7%。

随着德国基础教育学段学生规模的逐年缩小，普通中小学校的数量也呈现逐步减少的趋势。2004—2013 年的 10 年间，德国普通中小学校从 39 179 所减少到33 810所，减少了 5 369 所，年平均递减 1.6%；而中等职业教育学校的数量则基本保持稳定态势，10 年间保持在 8 800 所左右(图 2-4)。

〔1〕 德国联邦教育科研部(BMBF)数据库。

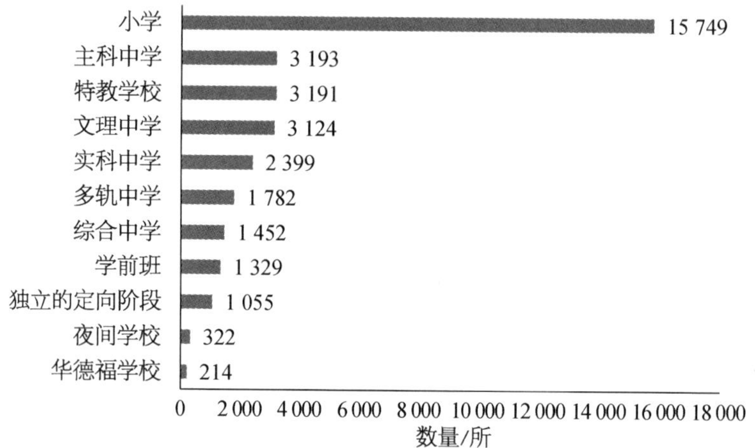

图 2-3 德国普通教育学段学校类别和数量(2013/14 学年)〔1〕

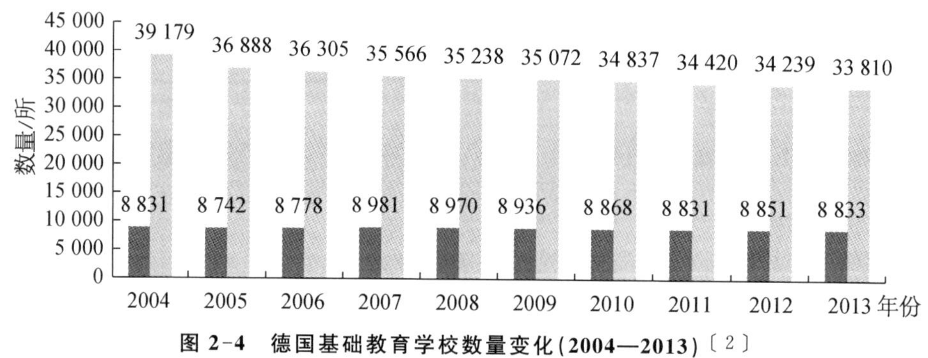

图 2-4 德国基础教育学校数量变化(2004—2013)〔2〕

3. 教师数

近年来,德国基础教育阶段的教职员工规模呈现较为稳定的增长态势。2006—2012 年,德国中小学校教职工总数从 104.65 万人增加到 108.29 万人,增加了 3.64 万人,年均增长 0.5%(图 2-5)。从人员结构中,教学人员占基础教育阶段教职员总人数的 88%左右,其他人员占 12%左右。

〔1〕〔2〕 德国联邦教育科研部(BMBF)数据库。

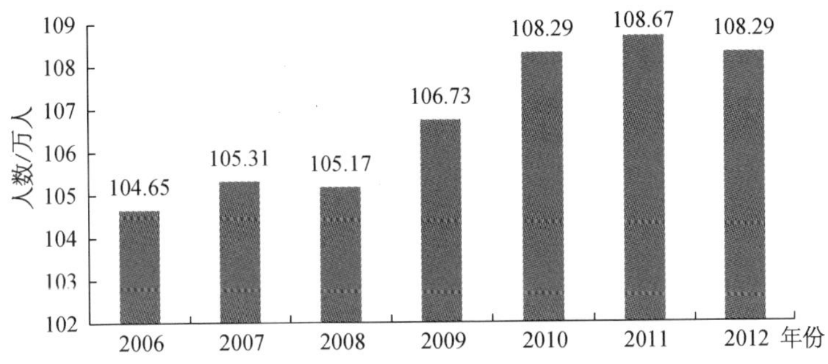

图 2-5 德国基础教育教职员工数量变化(2006—2012)[1]

2013/14 学年,德国基础教育阶段共有教师 90.5 万人,其中,普通学校 75.3 万人,职业学校 15.2 万。其中 85%为全职教师,有 78.7 万人,另有 11.8 万名兼职教师。普通学校教师中兼职的有 8.8 万人,占普通教育教师总数的 11.7%。职业学校教师中兼职的有 2.9 万人,占职业学校教师总数的 19.3%。按学段来看,德国普通教育学段小学全职教师数量最多。2003—2013 年,中小学学段的全职教师占普通教育全职教师总数的 40%左右,但逐渐递减。文理中学全职教师占比接近 30%左右,并且在过去十年中比例略有增加。实科中学和主科中学全职教师占所有教师比例接近 20%,综合中学全职教师占比不足 10%(图 2-6)。

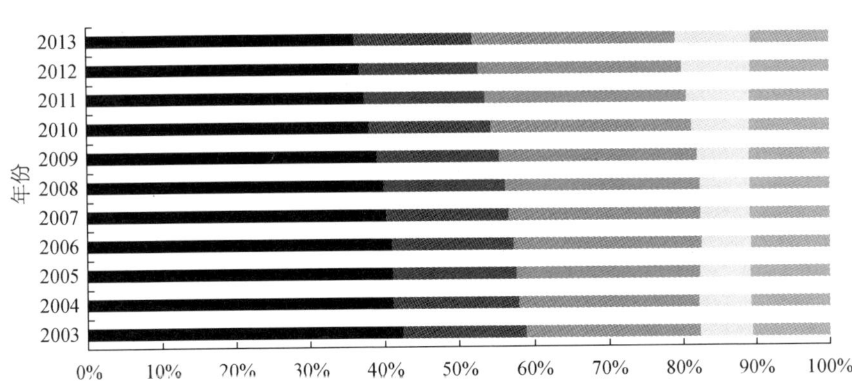

图 2-6 德国普通教育各级各类学校全职教师比例变化(2003—2013)[2]

---

〔1〕〔2〕 德国联邦教育科研部(BMBF)数据库。

随着德国普通教育阶段学生规模的缩减，普通教育阶段平均生师比近年来处于递减态势。2003—2013年，德国普通教育生师比从16∶1递减到13.6∶1(图2-7)。

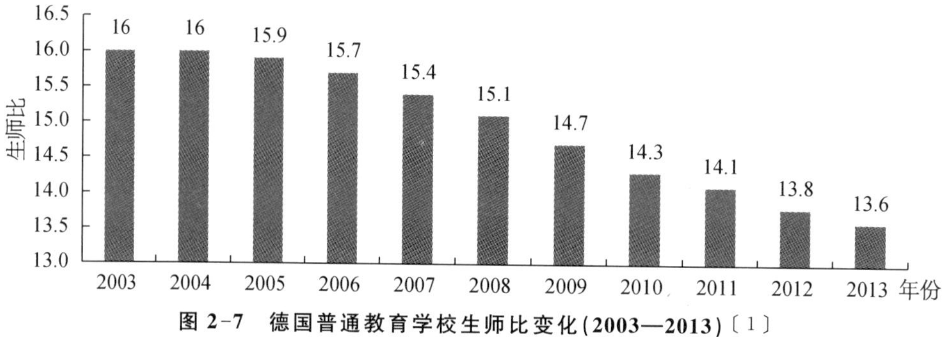

图2-7 德国普通教育学校生师比变化(2003—2013)[1]

2003—2013年，德国普通教育阶段的小学、主科中学和实科中学的生师比变化较大。其中，小学的生师比从2003年的20.1∶1降到2013年的16.4∶1；实科中学生师比则从19.1∶1降至16.5∶1。学段层次越高，生师比越低。2013年，文理中学和综合中学高级阶段的生师比分别为12.3∶1和12.5∶1。特殊教育学校的生师比一直是各类学校中最低的，并且也在过去十年持续降低，从6.7∶1降至5.5∶1(表2-2)。

表2-2 德国普通教育各级各类学校生师比变化情况(2003—2013)[2]

年份	小学	主科中学	实科中学	综合中学初级	文理中学初级	文理中学高级	综合中学高级	特殊教育学校
2003	20.1	14.7	19.1	14.5	17.8	12.7	12.3	6.7
2004	20.0	14.4	19.1	14.7	17.9	13.2	13.0	6.6
2005	19.9	14.2	19.2	14.7	18.0	13.4	13.1	6.5
2006	19.4	13.5	18.9	14.7	17.8	13.5	13.0	6.4
2007	19.0	13.1	18.7	14.5	17.5	13.5	13.1	6.2
2008	18.5	12.8	18.6	14.6	17.3	13.7	12.8	6.1
2009	17.8	12.4	18.0	14.2	16.7	13.4	13.4	5.8

[1][2] 德国联邦教育科研部(BMBF)数据库。

续表

2010	17.4	12.1	17.6	13.9	16.2	13.2	12.8	5.7
2011	17.0	11.8	17.3	13.6	15.7	12.9	12.9	5.6
2012	16.6	11.6	16.8	13.3	15.3	12.6	12.7	5.5
2013	16.4	11.4	16.5	13.1	15.0	12.3	12.5	5.4

二、德国的基础教育投入

德国基础教育经费的投入与德国社会经济的发展密切相关。近 20 年来，德国基础教育经费累计投入达到 4 751.2 亿欧元。其中，各州政府共计投入 4 716.4 亿欧元，占基础教育经费总额的 90%以上；联邦政府共计投入 34.8 亿欧元，占比不到 10%。1995—2014 年，德国联邦和各州政府用于基础教育学段的教育支出从 444.9 亿欧元增加到 621.4 亿欧元，增加了 176.5 亿欧元，年平均增长 1.8%(图 2-8)。

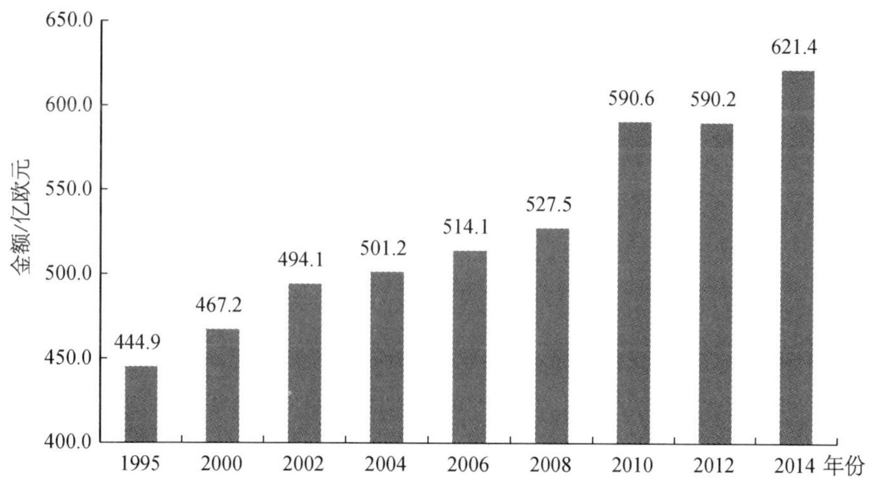

图 2-8 德国联邦和各州基本公共经费支出中用于基础教育学段的教育支出(1995—2014)〔1〕

注：基础教育学段的教育支出包括普通教育和职业教育学校，不包括学前教育和青少年工作。

---

〔1〕 德国联邦统计局. Statistisches Bundesamt. Bildungsfinanzbericht: Ausgaben fuer Bildung 2014[R]. Wiesbaden: Statistisches Bundesamt, 2014: Tabelle 1.2.

由于德国各州之间人口分布和经济发展极不平衡，各州用于基础教育学段的教育支出也有所不同。人口稠密和经济发达的北莱茵-威斯特法伦州基础教育学段教育支出最多，2014 年达到 132.6 亿欧元，其次是巴伐利亚州，为 104.9 亿欧元(图 2-9)。

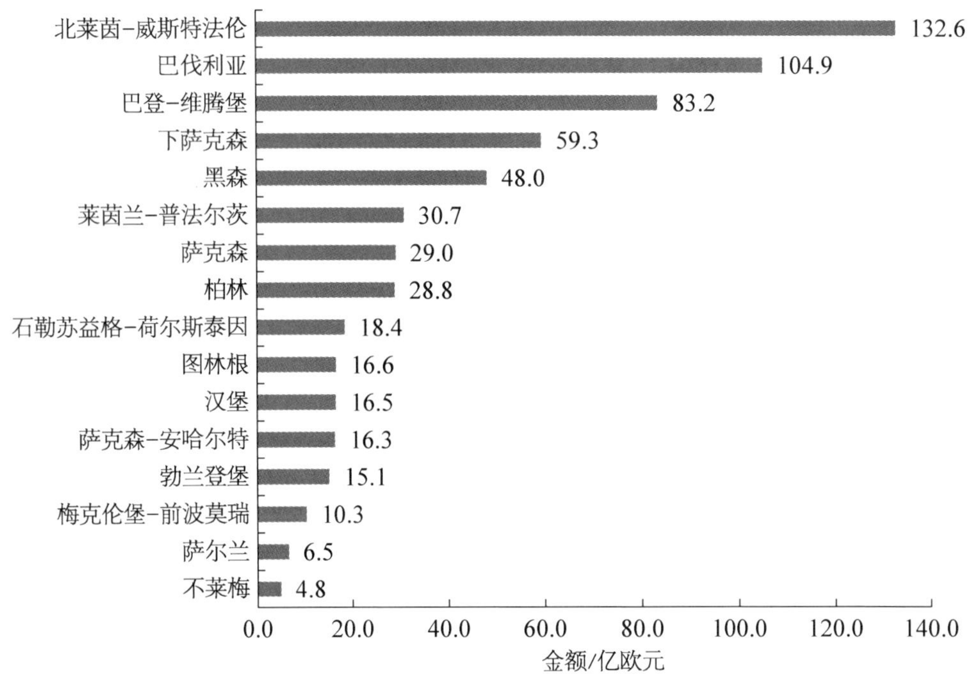

图 2-9 2014 年德国各州政府基础教育经费投入[1]

近年来德国教育经费支出在政府公共财政支出中所占的比例保持基本稳定。2010—2014 年，德国公共财政支出中的教育支出占的比例在 20%左右；而基础教育支出约为总教育支出的一半左右，占公共财政支出的比例保持在 10%左右(图 2-10)。

近年来，德国基础教育生均经费的绝对值持续增长。2005—2011 年，基础教育学段生均经费从 4 700 欧元增加到 6 000 欧元，增加了 1 300 欧元，年平均增长 4.2%(图 2-11)。

---

〔1〕 德国联邦统计局. Statistisches Bundesamt. Bildungsfinanzbericht：Ausgaben fuer Bildung 2014[R]. Wiesbaden：Statistisches Bundesamt，2014：Tabelle 1.2.

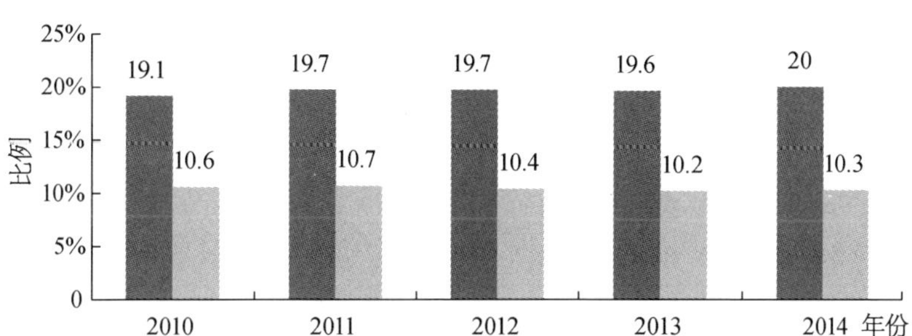

图 2-10　德国教育支出占政府公共财政支出的百分比(2010—2014)〔1〕

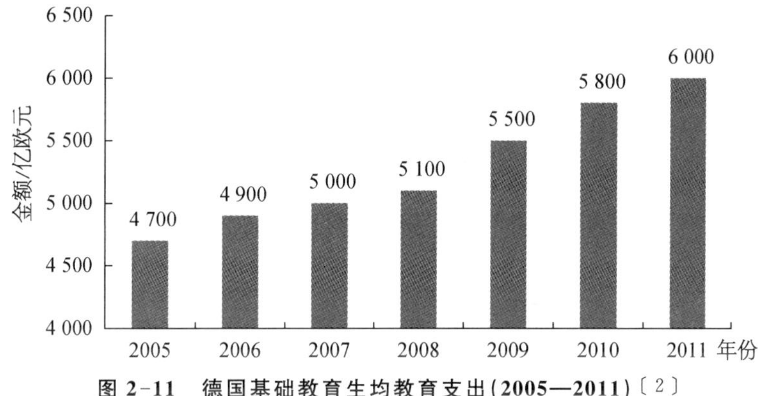

图 2-11　德国基础教育生均教育支出(2005—2011)〔2〕

然而,德国基础教育不同学段和不同类型学校生均教育支出有所不同。表2-3是德国基础教育各级各类学校生均教育支出的统计。可以看到,普通教育的生均支出均高于职业教育,多轨制学校、文理中学、综合学校、主体学校生均支出已经达到5 000欧元以上;而特殊教育生均支出在2007年已经超过13 000欧元;职业学校的生均支出2005—2011年间保持在3 500～4 000欧元;双元制职业学校生均支出低于2 500欧元。

〔1〕德国联邦统计局. Statistisches Bundesamt. Bildungsfinanzbericht: Ausgaben fuer Bildung 2014. Wiesbaden: Statistisches Bundesamt, 2014: Tabelle 4.2,4.7.

〔2〕德国联邦教育科研部(BMBF)数据库。

表 2-3 德国基础教育各级各类学校生均经费(2007—2011)〔1〕 单位:欧元

年份	小学	主科学校	多轨制学校	实科中学	文理中学	综合学校	特殊学校	职业学校	双元制职业学校
2005	4 000	5 600	5 600	4 500	5 400	5 700	12 300	3 500	2 200
2006	4 100	5 800	6 000	4 500	5 500	5 800	12 800	3 600	2 200
2007	4 200	6 000	6 200	4 600	5 600	5 800	13 100	3 600	2 200
2008	4 400	6 300	7 000	4 800	5 800	6 000	缺失	3 500	2 200
2009	4 800	6 700	7 400	5 100	6 200	6 300	缺失	3 800	2 400
2010	5 300	7 100	8 000	5 300	6 600	6 600	缺失	4 000	2 500
2011	5 300	7 000	7 900	5 400	6 800	6 900	缺失	缺失	缺失

三、德国的基础教育参与

德国是世界上最早实施义务教育的国家之一,目前各个联邦州对义务教育年限的法律规定各有不同,但都涵盖了6—18岁的年龄段。总体来看,德国各州的义务教育包括全日制义务教育(普通义务教育)和非全日制义务教育(职业义务教育)两个阶段。全日制义务教育年限为9～10年,在此之后,如果学生不继续在普通全日制学校接受教育,则必须进入职业教育学校接受通常为期3年的职业教育。职业义务教育的设立能够避免青少年过早离开学校,同时也为那些希望从事技能工作或因各种原因不能或不愿继续接受普通学校教育的青少年提供了接受技能培训的法律保障,较好地避免了青少年失业等社会问题。

目前,德国小学和中学初级阶段毛入学率已经达到100%。中学高级阶段的教育参与率也比较高,2012年,德国15—19岁青年人教育参与率为90%,远远超过英国、意大利、法国等周边国家,也高于欧盟21国以及G20国家的平均水平(图2-12)。

与世界主要国家相比,德国基础教育参与的一个显著特色是在中等教育高级阶段进入普通高级中学与职业学校的学生比例基本相当。图2-13是2012年世界主要国家中等教育高级阶段入学新生的分布情况,2012年德国中等教育高级阶段

〔1〕 德国联邦统计局. Statistisches Bundesamt. Bildungsfinanzbericht: Ausgaben je Schülerin und Schüler 2011.

入学新生中,52%的人进入普通高级中学,48%的学生进入职业学校。

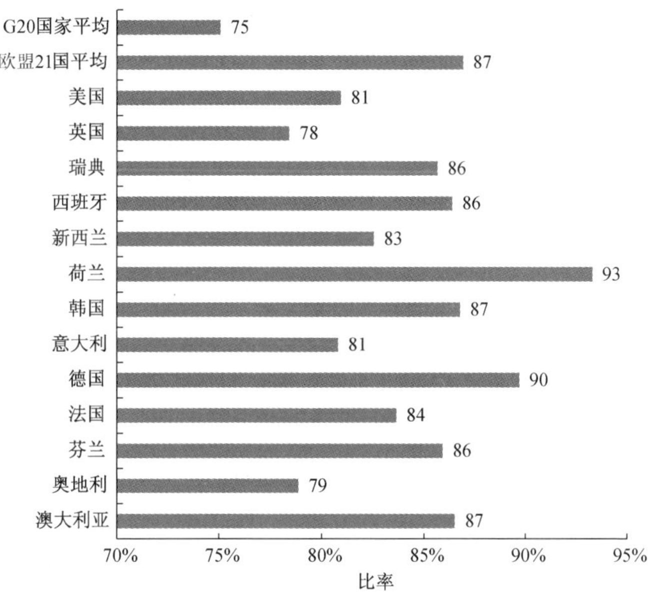

图 2-12　2012 年世界主要国家 15—19 岁青年教育参与率[1]

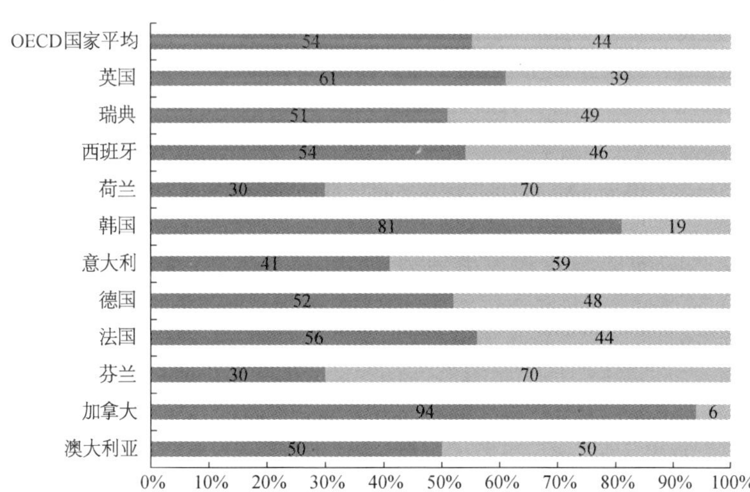

图 2-13　2012 年世界主要国家中等教育高级阶段入学新生的分布比例[2]

---

〔1〕 OECD. Educaion at a Glance 2014[R]. Paris: OECD, 2014:313.

〔2〕 OECD. Educaion at a Glance 2014[R]. Paris: OECD, 2014:315.

图 2-14 为 2012 年世界主要国家中等教育的完成率情况。2012 年，德国中等教育完成率达到 95%，高于 OECD 国家平均水平 11%，高于欧盟 21 国平均水平 9%和 G20 国家平均水平 18%。其普通中等教育和中等职业教育的完成率相当，分别为 49%和 46%。

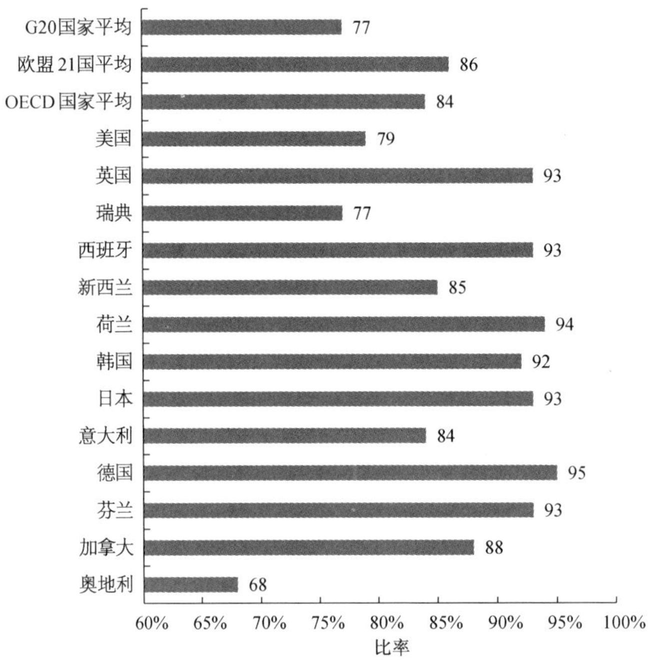

图 2-14 2012 年世界主要国家中等教育完成率[1]

四、德国学生在国际学业测评中的表现

近十年间，德国学生在主要国际性学生学业能力测评中的表现稳步提升，2010 年以来各项测试均属于中上水平。以国际经合组织(OECD)“国际学生能力评估计划”(PISA)的历次测评成绩为例，德国自 2000 年首次参加以来，各科平均得分均稳步提升，数学和阅读均分别提高了 24 分，科学提高了 37 分。在 2012 年的 PISA 测评中，德国 15 岁学生阅读单项平均得分为 508 分，在全部 65 个参加测试的国家和地区中排在第 19 位，各国平均得分为 496 分；数学单项平

[1] OECD. Educaion at a Glance 2014[R]. Paris: OECD, 2014: 67.

均得分在所有国家中排在第 16 位，各国平均得分为 494 分；科学单项平均得分 524 分，排在第 12 位，各国平均得分为 501 分(图 2-15)。[1]

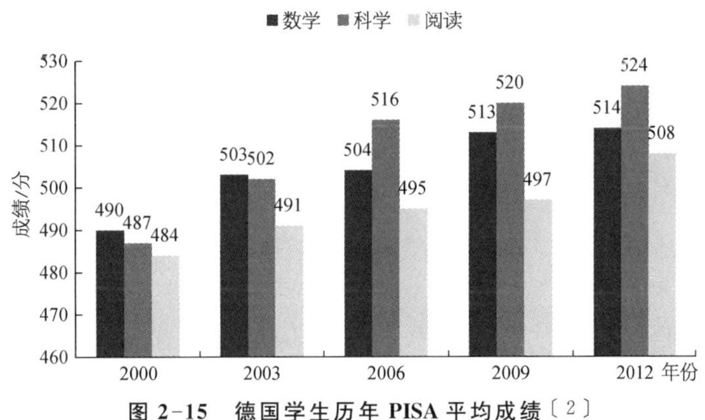

图 2-15 德国学生历年 PISA 平均成绩[2]

另外，在 2011 年“国际学生数学与科学能力动态项目”(TIMSS)测试中，德国四年级学生数学得分为 528 分，在 63 个国家和地区中排在第 18 位；在科学测试中，德国四年级学生得分为 528 分，在 60 个国家和地区中排在第 20 位。而在这一年的“国际学生阅读能力进步研究”(PIRLS)测试中，德国四年级学生得分为 541 分，在 58 个国家中排在第 17 位。[3]

第二节 德国基础教育学制体系

德国是一个联邦制国家，各州享有独立的教育主权，自行颁布教育法规，决定教育机构的形式并对各级学校进行管理。因而不同州之间，基础教育的制度、

---

[1] 经合组织(OECD)PISA 项目主页. http://www.oecd.org/pisa/home/.

[2] http://gpseducation.oecd.org/CountryProfile?primaryCountry=DEU&treshold=10&topic=PI.

[3] TIMSS 和 PIRLS 项目主页. http://timssandpirls.bc.edu/.

学校类型存在不少差异,但总体来上看,各州基础教育在结构上也具有高度的一致性,可以视为一个完整体系进行呈现。

德国基础教育阶段包括小学、中学初级、中学高级三个层次。在多数联邦州,小学和中学之间还存在一个1～2年的定向阶段。下面我们将对每个阶段的教育目标、学校类型、培养方式进行简要的介绍。在本书的附录中,翻译引用了文教部长会议(KMK)绘制的德国学制图,供读者对照参考。

一、小学和定向阶段

小学在德语中被称为"基础学校"(Grundschule)。在德国绝大多数州,小学学制为四年,儿童年满6周岁即可入学。目前,只有柏林和勃兰登堡两个州的小学学制为六年。

小学毕业之后,德国学生将进入一个复杂的、多轨道的学校体系,他们将根据学业成绩、兴趣、家长意愿以及教师的建议进入不同的学校或学业项目,接受培养目标、学习内容各不相同的中等教育。这种分轨制或者叫分流制是德国基础教育体系区别于其他国家的一个非常突出的一个传统特色(有关分流制的历史沿革在本书第一章和第八章都有专门论述)。

这个复杂的分流机制开始于一个为期两年的"定向阶段"。在小学学制为六年的柏林和勃兰登堡州,这个定向阶段实际上就是小学的5—6年级。而在所有其他小学学制四年的州,定向阶段通常被视为中等教育的一个部分。定向阶段具体又可以分为隶属于某类具体中学的"校内定向"和不属于任何学校而独立存在的"校外定向"两种形式。定向阶段的主要目标就是通过针对性的教育、指导和观察来帮助学生明确未来的学习兴趣和自身的学习能力,对未来的学业方向做出最佳选择。

二、中学初级阶段

德国的中学体系具有显著的分轨制特色,在其中等教育第一层次也就是相当于中国的初中教育阶段,有文理中学、实科中学、主科中学和综合中学四种主要的学校类型。其中实科中学和主科中学大致相当于其他一些国家的初中,而文理中学则是初中、高中一体化的学校,综合中学则是以上三种学校类型的整合,是将不同学制、不同培养目标的课程轨道整合在一起的学校形式。而中学高级阶段除了文理中学之外,德国还有一个复杂又富有特色的职业教育体系。

从学生分布的情况来看,2012 年,有约三分之一的德国初中生就读于文理中学,四分之一就读于实科中学,另有近四分之一的学生(23%)就读于一体化的综合中学和多轨制课程项目的学校,14%的学生就读于主科中学,其他学校类型约有 4%(图 2-16)。

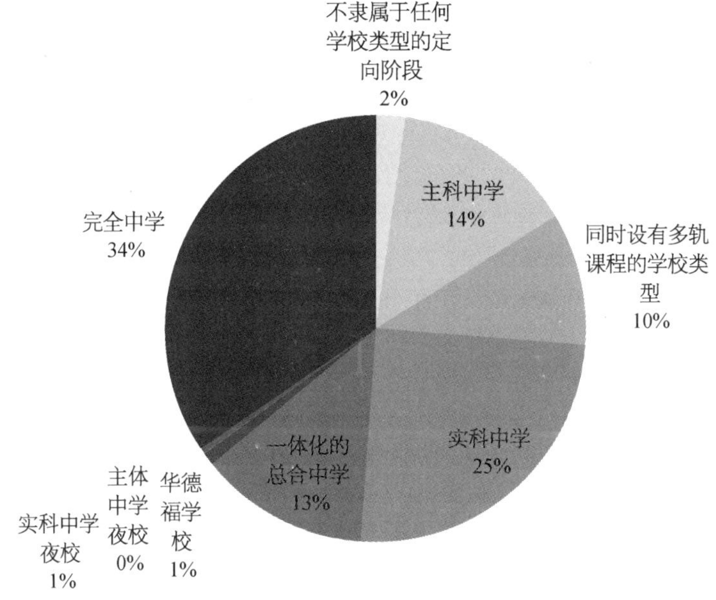

图 2-16 德国中学第一阶段学生在不同类型学校的分布情况(2011/12 学年)[1]

1. 文理中学

文理中学(Gymnasium)又被称为"完全中学"或"古典中学",其学制在多数州是从 5—13 年级,共 9 年,也有一些州是 5—12 年级,共 8 年。文理中学的教学内容以理论性的基础知识学习以及人文、科学、社会和艺术素养的培养为主,为学生未来进入大学进行学术性、专业性学习和从事科学研究做好准备。文理中学的毕业考试被视为德国的"高考",其成绩是学生进入综合性大学的必要资

---

〔1〕 德国联邦教育科研部(BMBF)数据库。

格。在很多州，文理中学还有具体的类别之分，例如科技文理中学、古典文理中学、艺术文理中学、体育文理中学、双语文理中学等，主要体现各个学校不同的教学特色，但在基本学制、核心课程设置和毕业考试要求上，这些学校是相对一致的。在小学升中学的环节上，通常是那些学业成绩最好并有志于未来进入综合性大学学习的学生升入文理中学。德国目前约有三分之一的初中生就读于文理中学。

2. 实科中学

实科中学(Realschule)是一种知识学习与技能培养并重的学校类型，定位于培养全面发展的实用型人才。实科中学一般包括第7—10学年，即设有4个年级；而在那些定向阶段不属于独立学校类型的州，实科中学也包括第5、6学年的定向阶段，一共有6个年级。在课程设置上，实科中学包括了一般性的中学基础学科和课程，特别强调数学、自然科学和外语等实科知识学习，并设有职业导向的实践性课程。学生从实科中学毕业后获得“中级文凭”，成绩优秀者可以进入文理中学或职业文理中学的高年级继续学习。大部分学生则会进入不同类型的职业学校，如双元制职业教育系统、职业高中、职业专科学校等。可以看到，实科中学教育知识与能力并重，强调实用性，而毕业生继续升学的选择多样，较为灵活。这使得实科中学传统上享有较好声誉，被视为德国特色分轨制中学体系的支柱。2012年，德国约有四分之一的初中生就读于实科中学。

3. 主科中学

主科中学(Hauptschule)是在20世纪60年代末由原来的国民学校高级阶段改革而成的一种中等教育机构类型，加上定向阶段在内，通常设有5—9年级或5—10年级，学生毕业获得主体学校毕业文凭。主科中学定位于基本文化知识的学习和职业技能的准备，开设有德语、数学、英语、物理、生物、化学、地理常识、历史或社会概貌等基础性课程，同时开设形式多样的劳动、技术、家政等实践性课程以及职业导向突出的综合训练计划。主科中学主要为双元制职业教育体系及其他类型的职业学校输送学生，但其毕业生同样有机会进入实科中学，或通过在职业学校继续学习考取中等学校毕业证书。

20世纪七八十年代，主科中学一度是联邦德国义务教育的主体，也就是说，没有机会进入其他类型学校学习的适龄学生,主科中学必须接收他们并为其提供义务教育。但事实上,主科中学往往被认为主要接收学业成绩最差的那一部分小学毕业生,因而被质疑其教学质量、学习氛围,以至教育公平。近年来,关于中等教育应当走向多元融合的改革呼声在德国十分普遍,主科中学作为一种独立的学校形式及其学生数量正在减少,目前还有六个州将主科中学作为一种独立的学校类型,其他州已将原来的主科中学进行改革,大多与实科中学合并或被纳入综合中学。2012 年,德国约有 14%的初中生就读于主科中学。

需要说明的是,在近年来的教育改革中,很多州将主科中学和实科中学的课程或学制结构融合到各类新的多轨制学校中,例如萨克森州的"中等学校"(Mittelschule),图林根州的"普通中学"(Regelschule),不莱梅州和萨克森-安哈尔特州的"二级学校"(Sekundarschule),黑森州的"主体-实科联合学校"(Verbundene Haupt-und Realschule),梅克伦堡-前波莫瑞州和石勒苏益格-荷尔斯泰因的"地区学校"(Regionalschule)以及柏林的一体化中学(Integrierten Sekundarschule)等。

4. 综合中学

综合中学(Gesamtschule)是在联邦德国 20 世纪 60 年代的基础教育改革中通过组合上述三种传统中学类型而形成的一种学校形式,主要涵盖中学第一阶段也就是初中阶段,只有一部分综合中学延伸到第二阶段,开设高中部。综合中学的教育目标是在因材施教的同时为学生创造更加平等和灵活的学习机会,避免因传统上学生被分流进入不同类型学校而可能丧失更好的教育和发展机会的问题。综合中学有两种基本形式,一类是一体化的综合中学(integrierten Gesamtschulen),另一类是协作性的综合中学(kooperativen Gesamtschulen)一体化的综合中学在结构上已经基本看不到传统上三类学校的差异,通过分组教学的形式对学生进行差异化的教育指导。协作性的综合中学在结构上更像是三类学校的合并,在学校内部设有不同的课程轨道,但也在很大程度上通过选修课等对学生进行整合。近年来,综合中学以其教育组织的灵活性受到学生和家长的欢迎。

三、中学高级阶段

1. 文理中学和综合中学的高中阶段

文理中学以及设有高中部的综合中学从第 11 年级即进入中学第二层次，也就是高中阶段，依据各州的规定为 2～3 年的时间。在这个阶段，教学方式采取课程制(Kurssystem)，由学生依据其喜好与发展方向自由选择学习课程与重点科目，这些课程的成绩将根据一定的计算方式纳入高中毕业考试(Abitur)成绩，作为进入高等院校的资格。文理中学与综合中学的高中段均具有相同的资格条件进行高中毕业考试。在国际比较中，德国的文理中学高年级的学习程度常常被视为相当于大学预科。

2. 中等职业教育

德国多数州的义务教育年限是 12～13 年，即在通常包括一个 9 年或 10 年的全日制学校教育阶段，加一个 2～3 年的全日制高中教育阶段或职业义务教育阶段。因而相当于高中层次的职业教育也属于义务教育范畴。德国职业教育是一个传统悠久、特色突出，同时也是非常复杂的体系。就相当于高中教育阶段的职业教育而言，有双元制职业培训和学校职业教育两大类型。双元制职业培训由职业学校(Berufsschule)和企业共同举办，大多进行为期 3 年的学制培训，包括 1 年的基础教育阶段和 2 年的专业教育阶段，教学形式是典型的双元制工学结合，学生通常每周有 3 天时间在学校学习，2 天时间在企业接受培训。职业学校毕业后，学生可获得相应的职业资格文凭。

除双元制职业学校外，德国还有职业专门学校(Berufsfachschule)、专科学校(Fachschule)、职业高中(Berufsoberschule)等职业教育学校，这些学校主要提供 2～3 年，相当于 10—12 年级或 11—13 年级的学校职业教育，通常定位于某些具体的职业或专业方向。学生毕业后可以获得进入高等专科学校(也被称作应用科学大学)的资格。职业高中的学生甚至可以获得进入大学某些特定专业的入学资格。

四、基础教育阶段的私立学校

德国基本法规定，私人有举办私立学校的权利。但正如本章第一节所述，在德国基础教育阶段，公立学校不论从学校数量还是学生数量上来看，都是绝对的主体。目前，德国只有约10%的普通中小学由私人举办；而就读于私立学校的中小学生仅占学生总数的不到9%。私立学校的举办主体主要是教会、基金会和个人，这其中，华德福学校（Freie Waldorf-schule，也被译作“自由瓦尔多夫学校”）是比较特别的一种私立学校类型，见图2-17。

图2-17 德国下萨克森州布伦瑞克市自由瓦尔多夫学校外景〔1〕

华德福学校是由奥地利教育家鲁道夫·史代纳(Rudolf Steiner)在20世纪初创立的一种学校体系。华德福学校秉承以人为本、注重身心整体健康和谐发展的全人教育理念，并由此发展出从幼儿园到高中的一套独特的教育方法和课程体系。其课程设置融合了通识教育和职业教育两类课程，具体的课程安排、授课方式和课程资料完全由教师和家长自主决定，并且以田园教育、农场实习和工艺教育为特色。德国目前共有232所华德福学校，大多数都是从小学到高中的十二年一贯制学校。华德福教育体系在全世界都有重要影响，包括中国在内的很多国家都有华德福学校。

〔1〕 华德福学校主页。

第三节 德国基础教育体系的管理结构

一、德国基础教育体系的权力分配

今天德国基础教育体系的权力框架是在二战后所确立的文化联邦制的政治格局的基础上建立的，文化教育主权在州、联邦和州以及州与州之间就教育政策进行协商合作是这一权力框架的核心特征。

1. 教育主权在州

根据1949年颁布的《联邦基本法》和1957年联邦宪法法院给出的裁决，德国的文教事务由各州自治，各州在教育、科学和文化事务上享有享有绝对的主权。如本书第一章所述，教育主权在州一方面是对德国历史上文教自治(Kulturhoheit der Länder)的联邦制传统的继承，另一方面也是基于对纳粹统治的深刻反思希望避免德国再次出现文化集权下单一的狂热的意识形态。同时，联邦州教育自治也是二战以后联邦德国各州以及各派政治、宗教力量相互博弈制衡而形成的一种“保守方案”。甚至在从战后至20世纪60年代末的20多年时间里，德国联邦政府中长期没有设立教育主管部门。

在各州内部，教育事业以州宪法为基础，由各州《学校法》和其他教育法律法规进行具体的规定。具体而言，各州宪法规定了公民的受教育权和包括教育系统在内的州和地方行政、管理和财政事务的基本原则；《学校法》则对本州学校系统和基础教育事业的方方面面做出具体的法律描述和界定，包括学校的举办、学校教育的目标和原则、学校类别和学制结构、课程与教材、义务教育、教学与考试、教师及人事安排、学校内部管理、教育行政管理、学校督导、学校财政、私立学校的举办等等。

联邦政府不直接管理教育事务，但拥有对教育事务的监督权，德国《基本法》

第7条规定"全部的教育事业都在国家的监督之下"。另外,《基本法》也对教育事业的若干一般性问题作出了法律界定,例如宗教课程作为公立学校的正式课程,开设私立学校的权利和要求,不得开办中学预备学校等。

教育主权在州地保证了各个联邦州因地制宜发展教育事业,德国的基础教育也因而呈现出多元化的发展特征,各个州之间从义务教育的年限、学校类型到课程设置和教材使用都不尽相同,各具特色。但另一方面,这也决定了在德国大范围地推行教育改革十分困难,所以德国基础教育体系在战后六十多年的发展历程中没有经历根本性的或重大的结构性变革,基本保留了魏玛时代就已经形成的基础教育系统格局。

2. "联邦-州"和"州-州"教育决策协商机制

在文化教育联邦制的权力模式下,德国教育、科研和文化事业的决策、发展和管理都需要在联邦与州、州与州之间进行协商和合作。为此,德国在二战后逐步建立起了以文教部长会议(图2-18)为主体的文化教育科研合作协商机制。

图2-18 2006年6月文教部长会议在石荷州普伦召开第314次全体会议[1]

1948年2月,德国还处于苏美英法分区占领的特殊时期,来自当时全部17

〔1〕 文教部长会议(KMK)网站。

个州的教育部长在斯图加特召开了“德国教育部长会议”，商讨德国战后各地区教育协调发展的事宜，这次会议成为今天文教部长会议的前身。1949 年前联邦德国成立之后，文教部长会议（Kultusministerkonferenz，简称 KMK）成为当时联邦德国（西德）11 个州教育文化和科研发展协调的最高机构。两德统一之后，文教部长会议旋即启动了两德在文教科研事业上的统一和协调议程，1990 年 12 月，吸纳了前民主德国 5 个联邦州文教部长的新的文教部长会议首次召开。

文教部长会议的宗旨是：“就基础教育、高等教育、科研和文化政策进行跨地区的讨论，以形成共同的意见、意志，并代表共同的利益。”（KMK，1955）具体到教育事务，文教部长会议致力于通过达成共识和积极合作保障教师、学生和科研工作者在德国全境之内的自由流动和平等地位，建立学历和资格的互认体系，保障和提升基础教育、高等教育和职业教育的质量，等等。

联席会议的主要成员是联邦和各州主管文化、教育和科研事业的部长，组织机构包括全体代表大会、主席团（由 1 名主席和 3 名副主席组成）、各领域的委员会和分委员会等，联席会议在柏林设有秘书处和秘书长负责日常工作。这些宗旨和目标通过联席会议达成的决议、建议、协议或协定等文件得以贯彻实施，但这些文件通常不会在具体的操作性层面给出详尽的规定，以此为各州因地制宜贯彻实施留出空间，保障教育系统的包容性和多样性。

自成立以来，文教部长会议在德国历次重大的教育改革议程中扮演了重要角色。从 20 世纪 50 年代教育体系的重建与统一，60 年代的教育规划与教育改革，70 年代教育体系的扩张和文教联邦模式的大讨论，到 90 年代两德统一后教育体系的重新融合，再到 21 世纪以来的学制改革、教育标准和国家资格框架的建立，文教部长会议都通过一系列重要决议和文本发挥了关键性的作用。例如，1964 年通过的《联邦共和国各州之间统一学校制度的修正协议》（简称《汉堡协定》），对战后初期各州复杂混乱的学校体系和学制结构进行了统一，此后德国形成了至今还在沿用的基础教育分流制度。1972 年的《关于文理中学高级阶段改革的协定》（简称《波恩协定》），推动文理中学进行了较为彻底的课程改革，以核心课程加个人选修课程的新体系代替了原来文理中学复杂刻板的课程设置。1990 年两德统一后文教部长联系会议在斯图加特举行特别会议，通过了旨在促进德国文化、教育和科技政策统一的《霍恩海姆备忘录》,极大地推动了两德教育统一和融合的进程。

新世纪以来,随着欧洲教育一体化的推进和国际性的教育政策研讨与合作的日益深入,文教部长会议在促进德国教育的国际合作,特别是与欧盟、联合国教科文组织(UNESCO)和经合组织(OECD)的教育合作方面发挥着越来越重要的作用。而随着2001年"PISA震惊"之后,德国将提升教育质量提上重要的议事日程,文教部长会议将制定统一的教育标准和评估体系、促进教育质量发展列为工作重点,一系列协议、建议直接推动了德国基础标准和评估体系的建立。

除了文教部长会议,前联邦与州教育规划与研究促进委员会(Die Bund-Länder-Kommission für Bildungsplanung und Forschungsförderung,简称BLK)也曾经在联邦-州和州-州之间教育政策的协调中扮演过重要角色。这一机构是在1969年《基本法》修订的基础上根据1970年的《联邦-州行政管理协定》建立的,修订后的新基本法规定联邦和州可以在教育和科研的规划上进行合作。联邦与州教育规划与研究促进委员会由联邦及州教育、文化、科研、内务、财政、经济以及卫生等部的代表组成,是联邦政府和州政府就其在教育规划和科研促进方面共同关注以及需要合作推进的所有问题进行协商的组织架构。除了政策协商之外,其工作还包括通过试点项目(Modellversuche),推进各个层次的教育创新和革新。联邦与州教育规划与研究促进委员会在20世纪七八十年代对德国各个层次的教育改革发挥过重要影响,例如其在1973年通过的《综合教育计划》,直接推动了综合中学的建立。2007年12月31日,联邦与州教育规划与研究促进委员会的使命正式结束,改为联邦科学委员会(Die Gemeinsame Wissenschaftskonferenz,GWK),并不再涉及基础教育领域的议题。

3. 联邦政府的教育管理

战后初期的20年间,在文教联邦制模式下,德国的教育、文化和科研事务完全由州自主决策和管理。但是,随着20世纪60年代以来基础教育经历的若干重大变化、高等教育的大扩张以及科研的快速发展,教育过度分权带来的一些问题凸显出来。为了促进各州之间教育协调发展和促进科学科研,提升国家竞争力,德国联邦议会对《联邦基本法》进行了若干次修改,逐步扩大了联邦政府在教育和科研事务上的管理权限,以此作为协作性的文化教育联邦模式的补充。

修改后的《基本法》赋予了联邦在普通基础教育之外的若干教育和科研领域的立法和管辖权，这些领域主要包括：

- 企业内的(双元制)职业教育和职业继续教育
- 学生资助
- 促进科研与技术发展，包括对科研后备力量的支持
- 青少年福利
- 对远程教育参与者提供法律保护
- 法务职业准入管理
- 医疗和医疗辅助职业准入管理
- 职业保护；职业与就业市场研究

具体而言，联邦对职业教育和职业继续教育、学习者资助、科学研究和各级教师工资待遇水平这四个方面拥有竞争性立法权；而对高等教育事业的一般性原则拥有框架性立法权(张可创，李其龙，2005)。在其基础上，联邦通过建立教育部门和颁布法律，逐步加强了在教育科研领域的权力。

首先，根据修改后的《基本法》，德国在1969年成立了联邦教育、科研和技术部(BMBFT)，并在1998年改为联邦教育科研部(BMBF，图2-19)[1]。联邦教育科研部的主要任务是在基本法规定的权力范围之内，进行教育规划和研究、促进学生发展、支持科学研究和科研后备力量的培养、进行职业技术教育的立法和管理工作以及对高等教育进行规划和管理。

自1969年以来，德国在联邦层面共制定出台了六个教育领域的法律文件，分别是《高等院校基本建设促进法》《高等教育总纲法》《远程教育保护法》《职业教育法》《职业培训岗位促进法》和《学习促进法》。其中与普通基础教育关系较为密切的是《学习促进法》，该法颁布于1971年，是在20世纪70年代德国社会和民众对扩大教育机会、增加教育投入、促进教育公平的强大呼声下出台的，其主要内容是对来自低收入家庭的学生提供助学金。自颁布以来的40年多年里，

---

〔1〕1998年德国联邦政府换届之后，原联邦教育、科研和技术部的技术事务并入经济部，成立联邦经济与技术部。

图 2-19 位于柏林施普雷河畔的联邦教育科研部大楼[1]

这一法律经过数次修订，一直对支持低收入家庭的学生获得教育机会发挥着重要作用。根据这一法律，今天所有父母无力资助其完成学业的德国大学生和高中生都有资格申请助学金，每月最高 643 欧元，最低 10 欧元。助学金的一半是国家补贴，另一半为无息贷款。这一法案的辐射面极广，目前德国大约每四个学生就有一人受益于该法案。

从德国战后教育科研体系发展史来看，联邦政府的权限在 20 世纪 60 年代末 70 年代初以来逐步加强，特别是在高等教育和科研领域。但教育主权在州的法律基础没有改变，基础教育依然是各州独立管辖的事业。20 世纪以来，随着全国性的教育标准和评价体系的建立，德国各州基础教育的同质化实质上正在加强。

但是，2006 年以来，德国启动了新一轮以立法分权为标志的联邦制改革。为提高立法效率，明确权责，联邦在框架性和竞争性方面的立法权被削减，各州包括教育与文化事务在内的自主权进一步扩大。这将促进各州在促进教育改革发展上的自主性。在德国也有担心：教育领域的过度分权可能让各州正在趋向同质化的教育体制结构再度分化，与国际竞争压力下进行国际比较以及促进欧洲教育一体

〔1〕 德国联邦教育科研部(BMBF)主页。

化的要求相冲突。

二、州和地方对教育事务的三级管理

1. 州对基础教育的管理

德国各州议会拥有教育事务的立法权，各州文化教育部则是本州文化、教育和科学事务的最高行政机构，对基础教育、高等教育、成人教育、科研、文化事务以及州与宗教的关系等进行管理。需要说明的是，各州之间政府机构的架构和分工各有不同，文教部的具体名称和事权范围也有所不同。例如在巴登-符腾堡州的教育事务属于“文化、青年和体育部”，在巴伐利亚属于“教育、文化、科学和艺术部”，在黑森州和下萨克森州则属于“文化部”。通常德国人会用文化部(Kulturministerium)来统称各州的这些部门，在中文的相关研究文献中通常称之为文化教育部或文教部，本书也是如此。

文教部全面负责本州教育系统的组织、规划、管理和督导工作，州文教部协调地区以及地方(县/市)教育行政部门共同完善各级各类中小学校的教学计划、课程和学业评价及升学考试体系，协调教师的培养、招聘、进修和教师工作的监督，管理非公立教育和成人继续教育，等等。需要特别说明的是，各州文教部除了行政部门之外，还设有多个分领域的研究部门，从教学大纲、课程体系的设计，课程教学、学校管理、考试评价到教师教育，所有相关政策的出台和调整都会经过这些专业研究部门的调查研究和论证，他们也通过长期的深入研究，对教育教学的方方面面提供专业的指导和咨询。

各州文化教育部的组织结构并不完全相同，但最高官员都是由由州长提名、州议会批准通过的文教部长，很多州还设有负责政策国务秘书(Staatssekretaer)和负责行政的办公厅主任与部长共同构成州文教部的核心领导机制。以下以北莱茵-威斯特法伦州“学校和继续教育部”为例，对其内部的组织结构和职责分工进行简要介绍。

北莱茵-威斯特法伦州学校和继续教育部(以下简称“州教育部”)将其主要职责分为学校教育和继续教育两大领域。在学校教育领域，州教育部的主要职责包括：“保障和发展高质量的、面向未来的且具有国际竞争力的学校教育；通过加强个体责任保障教育机会;通过充分的独立性(特别是学校的独立性)和引入新的管理方法加强教育机构的建设;以及为实现上述目标组织和履行现代的和高效的教育监督。”

在继续教育领域,州教育部的主要职责是:“推广作为个人和社会机遇与挑战的终身教育;支持作为个体发展的成人教育,让更多的人有能力投身社会,帮助他们满足生活和就业的需求;提供面向未来社会和个体需求的多元化的、承担公共责任的继续教育。”[1]

北莱茵-威斯特法伦州教育部下设五大部门,部门一负责预算、人事和组织,州基本法中的教育议题,任务规划和公共关系;部门二负责学校系统的人事工作以及与公务员法和学校法相关的工作;部门三负责职业教育、教育整合、全日制学校、学校体育、宗教事务;部门四负责教师教育和教师继续教育、学生个体发展、继续教育、教育国际化和教育质量分析;部门五负责普通学校教育和特殊教育。各个部门分别下设工作组和负责具体事务的处室,整个教育部共设有50多个处室,工作分工非常具体。

此外,北莱茵-威斯特法伦州教育部还设有质量和支持——州学校教育研究所(QUA-LiS)、州教师教育考试处(LPA)、教师继续教育处、远程教育中心(ZFU)和33个教师见习中心等科研、教育服务和考试机构。

2. 地区对基础教育的管理

在文教部之下,德国各州在地区和县/(行政区直辖)市两个行政区划级别上设有教育管理部门,负责地方教育事务的管理和监督。各州之间这两个级别的教育管理部门的名称和权责范围有所不同,例如有的州在地区一级设有独立的地区教育局,有的州则是在地区政府内设有负责教育事务的分支部门。还是以北莱茵-威斯特法伦州为例,其地区一级的教育管理部门是5个行政地区政府(Bezirksregierung)内部的学校事务处,地方一级的教育管理部门则是53个独立设置的地方教育局(Schulamt)。

---

[1] 北莱茵-威斯特法伦州教育部主页. Ministerium für Schule und Weiterbildung des Landes Nordrhein-Westfalen. Aufgaben[EB/OL]. [2014-10-12]. http://www.schulministerium.nrw.de/docs/bp/Ministerium/Aufgaben/index.html.

地区教育管理部门的基本职责包括贯彻实施州教育部的各项指令，对本地区的教育事业进行规划、组织、管理和指导，组织升学考试，为办学者、校长、教师、学生和家长提供全面的教育信息咨询，为包括校外教育、青少年发展、教育文化活动、教育培训在内的所有的教育事业提供支持。此外，本地区的教师教育、教师培训、教育质量分析也属于地区教育管理部门的职责范围。

除此之外，地区教育管理部门还根据州《学校教育法》对辖区内的学校按类型进行直接的监督。德国《基本法》第 7 条规定，“一切教育事务均在国家的监督之下”，教育主权在州，则国家对教育事务的监督体现为州议会和州政府对教育事业的监督，州文教部作为州最高教育管理部门，对本州事业进行全面的监督；而地区和地方两级教育主管部门则根据州《学校教育法》的规定分别对权限范围内的学校和教育事务进行督导。各州之间，两级政府教育督导权的分配不尽相同。一般来说，地区教育管理部门负责中学层次各类普通教育和职业教育学校(一般不包括主科中学)，而地方教育局则负责小学、小学下属幼儿园、主科中学和特殊教育学校的督导，并且会对业务性和职务性的督导进行区分。

以北莱茵-威斯特法伦州为例，地区政府教育部门负责对各级各类中等学校(实科中学、综合中学、文理中学、职业学院)，以及继续教育学院和特殊教育学校进行业务督导(Fachaufsicht)和职务督导(Dienstaufsicht)，并对主科中学和州教师教育考试局进行职务督导，同时根据州《教师教育法》对辖区内的教师见习中心和教师继续教育中心进行业务和职务督导。

地区政府教育部门的具体组织结构也与其职能相对应。例如北莱茵-威斯特法伦州杜塞尔多夫行政区政府教育部门设有 10 个处室：一是小学-初等教育层次-特殊学校处；二是主科学校处；三是实科中学处；四是文理中学及其学科业务督导-夜校-国际交流处；五是综合中学处；六是职业学院处；七是教师教育和教师继续教育处；八是人事和教师岗位规划处；九是学校法和学校管理、基建、教会及私立学校、体育、继续教育、艺术和文化保护以及公共图书馆处；十是学校教育质量分析处。

3. 地方(县/市)对基础教育的管理

地方教育局(schulamt)是德国教育管理的基层单位，主要负责小学、主体中学和特定特殊教育学校的管理和督导，为学校发展规划提供支持，制定人事规划，聘任教师和校长，小学入学、小学毕业后的学生分流、择校也是地方教育局的工作重点。在北莱茵-威斯特法伦州，地方教育局的教育督导职责包括对小学进行业务和职务督导，对主科中学进行业务督导，以及对不属于实科中学、文理中学和职业学院范围内的特殊教育学校进行业务督导。

以北莱茵-威斯特法伦州杜塞尔多夫行政区克雷菲尔德县教育局为例，其主要工作职业被描述为“保障小学、主科中学、特殊教育学校教育教学质量及其日常工作”。教育局对学校的业务督导内容主要包括监督学校发展和教师责任，保障教学质量，为学生、家长和教师提供相关的咨询支持，对相关的教学上、专业方面和法律上的问题作出判断。职务和管理上的督导则主要针对学校行政和组织方面。〔1〕

需要专门说明的是，地方教育局的业务督导由一位或多位拥有教育专业背景的督学(Schulfachliche Aufsichtsbeamter)负责。在北莱茵-威斯特法伦州，督学由州政府直接任命，其人事费用来自州政府拨付的预算。〔2〕

〔1〕 Schulamt für die Stadt Krefeld. Aufgaben und Struktur des Schulamtes[EB/OL]. [2014-09-30]. http://www.schulamt-krefeld.de/site/.

〔2〕 北莱茵-威斯特法伦州《学校法》第9条。

第三章

德国基础教育的课程与教材

第一节 新世纪以来德国基础教育的课程改革

教育一直是德国引以为傲的领域，德国能在二战后的废墟上迅速崛起，其中一个重要原因就是良好的教育培训体系为德国提供了高技能的劳动力资源。然而在2000年经合组织(OECD)针对其成员国15岁中学生进行的“国际学生能力评估”(PISA)中，德国学生数学、阅读和科学三个科目的平均成绩在所有参加评估的国家中都仅仅处于中下游的水平，这在德国的教育界、政治界以及公众舆论领域引起轩然大波。对于PISA测试的结果，德国国内的舆论交锋中有人认同，有人持怀疑态度。认同的人认为德国的基础教育已经严重退化，急需一场彻底的革命；反对的人则认为德国基础教育有其特殊性，而PISA测试的方法和指标并没有全面反映德国教育状况。但是不管持何种观点，大多数人都认同一个事实，那就是随着社会经济的发展，特别是全球化、学习社会、信息时代的到来，基础教育必须要进行改革以应对新的时代挑战。新世纪以来，德国在基础教育方面的课程改革主要体现在课程改革理念和课程设置两个方面。

一、课程改革理念

随着电子通讯工具的日益发达以及互联网的普及，现代社会人与人之间的联系越来越密切和便利，学生生活和学习的社会环境已经发生了很大的变化，基础教育课程和教学的改革势在必行。但是由于德国是联邦制国家，教育主权在各州，因此在课程改革的具体措施和步骤上，各州也存在不小的差别。但在课程改革理念上，各联邦州的相似性却远大于差异性，都越来越强调能力导向，强调整体性的知识基础的构建。例如，作为德国“传统”和“保守”的教育代表的巴伐利亚州新世纪以来的课程改革指导思想是，“向成长的一代传授广泛的、综合的基础知识,培养学生终身学习的能力和关键性的素养,包括解决问题的能力、迁移能力、灵活性、交际能力、合作能力、创造性、自主性和可信性”。而常常被视为教育改革“激进派”代表的北莱茵-威斯特法伦州的课程改革理念则是强调对成长的一代“进行广泛、集中的教养,培养其成熟的个性和社会责任感,向其传授能整体性地认识世界和建立整体观念的基础知识,使他们具有基本的能力和技巧”。尽管表述有所不同,但各州课程改革都面向新的时代要求,强调能力的培养,同时又始终围绕基础知识和能力的传授,综合素质和社会责任感的培养这几项基本的教育任务展开。

二、课程改革方向

1. 更加重视外语学习

欧洲一体化和经济全球化趋势的深入发展要求青年人有更强的语言能力和跨文化交流的能力,因而外语学习在德国各联邦州基础教育中获得了更多的重视。

在1964年通过的《联邦共和国各州之间统一学校制度的修正协议》(简称《汉堡协定》)中,各联邦州就基础教育中的外语学习的安排达成了统一,规定各州从五年级开始学习第一外语,通常是英语。近30年来,随着全球化的迅速发展和欧洲一体化进程的加速,外语学习在德国受到越来越多的重视。

在1994年修订的《小学工作的建议》中,各州文教部长会议(KMK)已经开始建议可以将外语的学习提早到小学教育中来,之后很多州开始在小学阶段引入外语教育。不过文教部长会议(KMK)没有规定小学外语学习的具体要求,是否设置外语课程和如何设置很大程度上取决于学校的自主安排,而且外语课程主要针对特定的学生群体,并不列入小学必修课的范畴。

1999年文教部长会议(KMK)达成协定,规定文理中学的学生可以从六年级开始可以学习第二外语,从八年级开始可以学习第三外语。

2000年以来,在小学开设英语课程成为德国各州的普遍趋势。通常是在三、四年级开设,也有一些州提早到一年级和二年级就学习外语。为了充分利用小学生在年龄和发育特征方面具备的外语学习的特殊优势,迎接欧洲一体化及全球化背景下学习生活环境的改变和要求，2011 年文教部长会议(KMK)通过了《关于提高外语能力的建议》，进一步提高了外语在基础教育教学中的地位。这份建议也明确提出，小学应当进行外语教学，并且学生在四年级结束时外语能力达到欧洲语言标准分类(GER)最低的 A1 一级水平(KMK, 2011)。

目前德国所有联邦州都已经在小学开设外语课程，其中有 6 个州已经开始从一年级设置外语课，通常为 1—4 年级每周 2 课时。如目前在巴伐利亚州有近 50%的小学进行外语教学，25%的小学从三年级开始外语教学。而部分文理中学已经开始进行双语教学。很多学校从六年级开始开设第二外语，而针对那些确实有语言学习能力的学生，学校还加开第三、第四外语。在六年制的实科学校里，巴伐利亚州也引进多语言的教学，特别是针对就业市场的需求，开设了法语或西班牙语作为第二门外语。

2. 强调数学-自然科学-技术课程学习

面对科技和经济社会发展对自然科学-技术领域专业人才的巨大需求，德国各州文教部长会议(KMK)在 2009 年签订了《加强数学-自然科学教育的建议》。提出要尽早培养学生在数学-自然科学上的兴趣，强调要加强课程学习同实践的关联，特别加强数学、信息科学、自然科学和技术学科(MINT 专业，即英语中的 STEM 专业)的学习。

文教部长会议认为，面临技术革命和社会转型，自然科学和技术研究对国家以及全球层面上的生存基础保障以及在全球化中的竞争能力来说都是一个决定性因素。通过生产和服务来创造价值是民众幸福生活以及经济和工业发展的一个决定性因素。一个有持续竞争力的、高技术水平和高创新的经济需要一流的自然科学家、工程师、技师和专业人才(KMK, 2009)。文教部长会议因而建议，小学阶段应当在常识课(Sachunterricht)中联系学生的实际生活经验系统地介绍自然科学-技术知识部分的内容；在中学 5—10 年级，通过开设专业课程、自然科学-技术综合课程以及按照学习领域、跨学科或者以学科综合的方式开设课程，来进行连续的自然科学教育。中学第一阶段旨在培养学生自然科学的学科观念，激发学生对自然科学和技术的兴趣。而文理中学高级阶段则主要对自然科学知识进行加深和扩展。而且从课时上看，数学-自然科学-技术类课程在中小学的所有课程中的总课时要求是最多的。

3. 强调信息技术课程和新媒介的使用

随着现代媒体的迅猛发展和互联网的普及,数字化、网络化这些词语以渗透到生活的各个方面,也包括教育领域。德国在基础教育上,一方面将信息技术和媒介作为一门重要的学科纳入到基础教育课程教学之中。很多州从初中开始就将信息技术作为自然科学的一门学科供学生选修。另一方面各州都在极力推动学校硬件和软件方面的数字化,大多数学校都配备了一定规模的计算机、多媒体等先进的数字化设备,并对教师进行数字化教学的培训,如巴伐利亚州推出了校内远程通讯与多媒体教师培训项目,而数字学习材料也被黑森州等正式纳入教师教育材料的范畴。此外,各州也在教学大纲中明确指出,要让学生接触和使用新的媒体,并培养学生对数字化媒体的使用和鉴别能力,能够熟练地使用互联网搜索和甄别信息等具体要求。

4. 学习时间的调整

随着课程改革的推进,德国各联邦州也对中小学的课时总量进行了调整。州各年级具体的课时要求有所不同,如巴伐利亚州规定 1—4 年级应完成最少 104 个周学时,也就是说每周 26 小时,比勃兰登堡州要求的至少 91 个周学时多了 14%。但是如果比较各州 2002/03 学年和 2011/12 学年的小学学时表,可以发现除了汉堡的小学之外,所有其他联邦州的各个学制阶段要求的最少周学时在十年中都有所增加。特别是文理中学第一阶段周学时的要求增加较多。这主要是由于近年来各州对文理中学学习年限进行了缩短,由九年制逐步缩短为八年制,萨尔兰州作为这一改革的先锋在 2001/02 学年就将文理中学学制进行了压缩,之后图林根州、萨克森州、梅克伦堡-前波美拉尼亚州、萨克森-安哈尔特州、黑森州、北莱茵-威斯特法伦州相继引入了新学制。而文教部长会议(KMK)有关高级中学毕业考试的协议中规定,到高级中学毕业考试时学生仍然至少需要完成 265 个周学时的课程学习,因而各州文理中学各年级的学时要求都有所增加。

尽管近年来德国中小学课时量有所增加,但在国际比较中依然处于较低的位置。在 OECD 2014 年的各国中小学课时量比较中,德国 7—9 岁的学生总的课程学习时间平均为 1 286 小时，也就是每学年 624 小时，每周 17 学时，比很多国家都少。9—12 岁的学生以及 12—15 岁的学生的总的课时量都低于 OECD 的平均水平。[1]

第二节 基础教育课程设置

一、小学阶段课程设置

德国小学阶段的教育任务是对有着不同的学习背景和学习能力的儿童进行最基本的能力培养，关注所有的儿童，让他们学会独立思考，为他们以后的自主学习、生活和工作打下基础，并向孩子们传递人际交往的基本经验。在知识的传授上，小学课程的基本要求是让儿童获得基本的学科知识。因此，文教部长会议(KMK)要求小学的基本教学内容和教育目标的设定应该在所有学科和学习领域中不断重复。重要的学习内容不仅要在学科和学习领域中贯彻，也要在跨学科的教学计划和教学大纲中得到体现，特别是在以下小学教学的核心科目之中——德语、数学、常识、艺术、音乐、体育和(在很多州)宗教。同时，小学的课程还要训练学生各门学科的思考和工作方式。学科教学内容要与现实问题相结合，要面向未来，也要考虑到学生已有的知识和经验。此外，小学的课程也需要向学生介绍知识是如何获得、保存以及传播的。在所有学科和学习领域中，学生都必须掌握为后续学习奠定基础的基本知识、能力和技巧，特别是阅读、写作和计算三个方面的能力。

1. 学习领域

由于各联邦州教育自治，德国并没有全国统一的教学或课程大纲，但是作为

---

〔1〕 OECD. Educaion at a Glance 2014[R]. Paris: OECD, 2014:428-440.

协调全国各州教育政策的核心机构，各州文教部长会议（KMK）通过协商、制定和颁布一系列的协定、建议等对各州的教育规划和教育发展进行统一的协调，保障各州教育发展方向的异质性。1970年，文教部长会议（KMK）颁布了《关于基础教育工作的建议》，这份建议在继续明确德语、数学、常识、艺术、音乐、体育和宗教（部分州）作为小学教学核心科目的同时，在跨学科的层面上以“学习领域”的形式提出了小学教学应当帮助儿童实现的知识学习和能力发展目标，这是之后各州制定各自教学大纲的基础。该“建议”中明确提出小学的教学计划和课程应该包含如下学习领域。

（1）语言教育

语言是理解自我和世界最重要的钥匙。持续的语言修养需要精神层面的发展并对个性教育具有重要作用，影响学生今后的学习成果。因此语言教育不仅是一门学科的任务，而应当是所有课程的指导原则。对母语不是德语的学生来说更是如此。精神层面的发展状况同语言能力的差别密切相关。因此适当的语言修养计划是之后学业成功的重要前提。特别是在小学开始的阶段，要对学生的语言提高给予激发和帮助。

（2）数学教育

小学的数学课程除了教会学生最基本的数数和比较大小的能力之外，计算的过程以及技巧上的辅助思维发展和多方面的能力发展也有重要作用。数学中典型问题的转化、求解、推理、结果的推广和验证以及提问从根本上促进着思维、论证和创造力的发展。数学能够创造学习情景，能让学生共同合作解决问题。

（3）媒体教育

语言、想象力、价值观和业余习惯在很大程度上受媒体的影响，因此，必须让学生能够批判性地和谨慎地对待媒体。他们应当有质疑媒体中看起来是客观事实的内容并理解其背后的观点的经验。媒体的创新形式也应该有意识地在课堂上使用。

（4）美学教育

全面的教育必须调动学生所有感官并向他们提供体验间接经验的可能。学生应该不断有机会体验感性经验，提高创造力，例如自己动手制作东西。

(5) 同技术打交道

在高度科技化的环境中,需要向孩子解释他们生活中的科技现象。因此,要在常识课(Sachunterricht)和手工课(Werkunterricht)的活动中创造机会,通过具体环境,让孩子同科技打交道,让他们理解科技以及科技与经济的关系。

(6) 运动教育

玩要和运动是儿童最基本的需求。它们不仅对儿童的健康很重要,而且能够让他们得到全面的体验。因此开发学生所有的运动可能性十分重要。在所有的学习领域要将体育活动、特别是有节奏的运动元素包含到教学计划中去。对这种运动教育而言,体育课是特别重要的。通过一起进行体育锻炼、玩要和运动,能够让儿童获得基本的社会经验。

(7) 接触外语

学生可以通过媒体、旅游以及同说外语的同学交流来接触外语。因此,也考虑到正在统一进程中的欧洲对语言的要求,应该在小学就向儿童提供接触外语的可能。在小学三、四年级,外语教学被视为一个有自己特色和教学法的教学内容。标志性的是游戏性质的学习和练习方式,能够进行个性化学习。此外,还有将外语教学和其他课程的内容及方法结合起来,优先考虑口语运用,所有学生都要参与,但不进行成绩评分。

(8) 环境和健康

负责任地处理人与自然和环境的关系必须要理解自然环境的保护是生活的基础。直接的接触是理解自然和环境首要方式;此外,还需要有关于生态和经济相互关系的基本知识。人与自然是紧密联系的,因此小心地呵护环境也意味着以一种自然的和充分理解的方式对待自己的身体和健康。

(9) 热爱家乡和对全世界开放

学生们正在越来越多地接触他们所不熟悉的行为方式、文化及语言。一方面,与家乡的联系以及对一个社会群体的归属感塑造了学生的个性并为他们提供安全感;另一方面,通过在学校中认识和经历自己和他人不同的生活习惯,能够在归属感带来的安全感和不带价值判断的世界开放性之间寻求平衡。在我们所处的生活世界中,对他人的生活方式的理解、接受和获得对话的能力尤为重

要。在这一背景下欧洲思维对于小学的教学工作而言具有特别的意义。(KMK, 1970)

2. 课程目标

为保证各州的基础教育水平的一致性和可比性,2004 年各州文教部长会议(KMK)制定并颁布了小学阶段的教育标准,包括德语和数学两门科目。文教部长会议要求,小学阶段的德语和数学学科的教育标准由各州在 2005/06 学年开始作为基本要求落实到学科教学中;州有义务执行该标准,特别是在教学计划的制定、学校发展和教师教育上;标准及标准的维护需要考虑到学科知识、教学法和学校实践的发展。在各州各自制定教学大纲的情况下,这两份教育标准为小学德语和数学课程的知识教学和能力培养建立了全国一致的标准框架,有助于我们对德国基础教育课程目标有一个大致的了解。

(1) 德语

小学德语课的任务是对学生进行基础的语言教育,让他们能够处理目前和未来的生活环境。因此小学的德语课要尽可能地提高每个孩子的语言能力,让他们能够自主学习。德语课上要全面提高学生的听说读写能力,让学生学会理解语言在文化和跨文化中的意义。在文教部长会议(KMK)制定的小学德语教育标准中,小学德语教育的能力领域被划分为听说、写作、阅读、语言方法技巧、语言和语言运用的研究六个方面。德语的听说能力包括与他人交谈、理解别人的谈话、能够展开对话、进行情景表演、讨论学习问题等;写作的能力包括正确的书写、文章的组织、写作和修改;阅读能力的培养包括接触文章和媒体,获得阅读的能力和经验,能够理解和讲解文章;而语言方法和技巧的学习与其他领域的学习紧密结合在一起;语言的研究和运用能力则是要学生了解基础的语言结构和概念,能够运用词、据和文章,发现语言的共同点和不同。以上语言能力的不同部分可以在同一堂课程中得到体现,并根据学生年纪水平对难度和要求做出相应的调整(KMK, 2004a)。

在文教部长会议(KMK)颁布的小学德语教育标准中,以上几部分的能力目标被细化成了若干具体的描述性的目标,作为小学四年级结束时学生应当掌握的德语水平能力,也是小学德语教育和课程教学的参考标准。下面,我们就用表格的形式简单介绍一下这些细化的课程目标(表3-1)。

表3-1 小学德语各能力领域的标准[1]

听说能力	
进行谈话	能参与谈话;能够注意那些共同的谈话原则,例如让别人完成发言,能够仔细研究别人的发言,围绕主题发言;对于要求和争论能和他人一起讨论并澄清
与他人交谈	基于标准的口语进行严密的谈话;了解并注意讲话方式的影响;能够进行恰当的功能性谈话,如阐述,讲解,辩论和呼吁;能够根据情境进行恰当的谈话
听力理解	理解别人说话的内容;能够有针对性地进行追问;能表达自己理解和不理解的地方
情境表演	能采用不同的视角;能够自己扮演一个独特的角色;能够根据不同情境而表演
讨论学习	能够反映意见;能够对事实进行说明;能够给出解释;能使用专业术语呈现学习结果;能讨论学习经验,并帮助他人学习
写作能力	
掌握写作能力	能流利、清晰地书写;恰当、清晰地写作;能够使用个人计算机(如果有的话)进行写作和文章的组织
正确写作	正确拼写常用词汇;能使用正字法的策略;注意句号、问号、感叹号等标点符号的使用;能发现错误,进行正字法检查;使用正字法的工具,如词典,并批判性地使用计算机的拼写检查功能;能运用写作技巧,如改写例句,利用正字法规则检查文本
文本写作	能够进行文意清楚、结构化、写作对象和方式准确的写作,如阐述经验、发现,表达感谢、感情、请求、愿望、要求、协商,准确描述事实和经验;能够记录学习成果并向他人描述;能够根据材料如文本、图像、音乐等自主写作
文本加工	检验文本是否符合写作任务的要求,是否表意清楚、有效;从表达、语言组织和准确性等方面进行修改优化;能够为发表文本进行形式上的加工
阅读能力——与文本和媒介打交道	
掌握阅读能力	能够理解与年龄相适应的文本意义;阅读或聆听文学性的文本能够进行生动的复述
掌握阅读经验	认识各种事实和功能性文本;认识和区分故事、剧本、歌词等文本;了解儿童文学的作品、作者、任务、情节;能够有判断性地选择文本;能够在书店里进行书籍的定位;了解报纸杂志、电台、电视台以及音像载体和网络的内容、节目,能够有判断性地进行鉴别和利用;能搜索印刷品和电子媒介上的信息

[1] KMK Bildungsstandards im Fach Deutsch für den Primarbereich (Jahrgangsstufe 4)[S]. Bonn: 2004.

续表

文本组织	阐明写作意图、写作情境、写作对象;收集写作所需的语言上和组织上的材料如词汇、词汇领域、提纲和模板
探索文本	在文本中有针对性地寻找信息;对于理解的难点能运用提问、查阅辞典和文本分解等辅助方法;能用自己的语言和词汇复述文本;能掌握并用自己的语言复述文章观点;能根据文本提出自己的观点并与他人就文本进行交谈;阅读文学作品能够表现出对于文本中思想、情感和人与人之间关系的敏感性和理解力;能够发现不同文本间的差异和共同点;能够对文本进行再处理,如展示、分解、重新组织、拼贴等
文本展示	能够自己挑选文本并进行有意义的朗读;有感情地展示历史、故事和对话;能够自己挑选一本儿童读物并向他人介绍;能够利用不同的媒介进行展示;能参与朗读和表演
语言和语言使用的研究能力	
探究语言交际	探索意图-语言特色-效果之间的关系;了解口语和书面语的不同;研究并利用讲话者/写作者-听众/读者的不同角色;讨论理解和沟通中的问题
处理词、句和文本	理解词的结构;能进行词汇的收集和分类;能进行替换、添加、省略等语言操作;能通过语言操作促进文本的写作和理解;能够实验性和趣味性地使用语言
语言比较	能比较德语和外语、方言和标准语言、德语与移民背景儿童的母语以及德语和相近语言之间的异同;探究常用的外来词汇
语法结构和概念	能够了解和使用德语基本的语法结构和语言概念

(2) 数学

数学是小学教学的核心组成部分。小学阶段的数学教育着眼于日常生活中的数学,对其进行加深、扩展并发展成为基本的数学内容。以这样的方式让学生获得日后学习以及日常生活中所必须要的数学知识。与德语的教育标准相似,文教部长会议(KMK)2004 年颁布的小学数学教育标准同样是以能力为导向的,提出数学学习的目标是数学内容的理解能力的发展。数学能力一般是指处理数学问题的能力,这是小学数学教育的重要内容。处理数学问题的能力的发展不仅同教学内容有关,也同教学方式密切有关,即教学方式在何种程度上让儿童获得了自己解决数学问题、交流数学问题的机会。

在小学数学教育标准中,文教部长会议指出小学教学旨在培养儿童在掌握数学内容的核心能力基础上进行数学陈述、解决问题、进行论证和交流以及建立模型等一般性的解决数学问题的能力。图 3-1 为法国小学数学教育标准的能力框架。

一般数学能力

问题解决

数学论证	**与内容相关的数学能力** 数和运算；空间和形状；模型和结构；数值和测量；数据、频率和概率	数学交流
数学陈述		数学建模

图 3-1 德国小学数学教育标准的能力框架[1]

具体来说，一般性数学能力中“解决问题”的能力包括在解决问题时使用数学知识、技巧和能力；发展和使用问题解决策略(例如系统化尝试)；识别、使用关联并将关联迁移到相近的问题情境中。“数学交流”的能力包括描述自己的做法，理解别人解决问题的方法并且共同讨论的能力，正确使用数学概念和符号、共同完成任务的能力。“数学论证”的能力是指对数学观点寻根究底并检验其正确性的能力，试写数学关系并发展数学猜想的能力，寻找原因并进行证明的能力。“数学建模”的能力包括从事实材料和现实生活的描述中提取相关信息的能力，用数学语言描述实际问题，用数学解决问题并将问题的解决方案还原到现实情境中的能力，用术语、方程和图示来制定技术任务的能力。“数学陈述”的能力则包括为数学问题发展、选择和使用恰当的陈述的能力，将一项陈述转移到另一项上 的能力以及对不同的数学陈述进行比较和评估的能力。

而与学科内容相关的数学能力标准则包含了“数和运算”“空间和形状”“模型和结构”“数值和测量”以及“数据、频率和概率”五个方面。在“数和运算”的能力领域，小学四年级毕业时，学生应当能够进行基本的数字描述，理解基本数字关系，包括理解十进制计算系统，能够了解 100 万以内的数字的不同的描述方式以及相互关系。学生应理解和掌握基本的数学运算，理解四则基本运算及其关系，掌握最基本的心算能力，能够准确地进行逆向运算，并且能将这种基础知识运用到更大的数字的类似运算中去；能够认识、解释和运用计算法则，能理解和恰当地运用口算和半书写式运算，理解书面的加法、减法和乘法运算；能比较

[1] KMK. Bildungsstandards im Fach Mathematik für den Primarbereich[S]. Bonn: KMK, 2004.

和评价不同的运算方法，发现、解释并改正计算错误，能够通过估算和运用逆向运算来控制结果。学生还应当能够在情景中进行计算，解决现实问题，并且能够描述事物之间的关系以及每一个解决步骤；能够检验结果的可靠性；在实际问题中决定仅靠估算就足够了还是必须有准确的计算结果；能够系统地改变实际任务；通过尝试以及系统化的过程解决简单的组合问题。

在“空间和形状”的能力领域，学生应当能够建立空间感，获得空间想象能力，能认识、描述和使用空间关系，并能根据对物体二维和三维空间描述确定位置。能够认识、称呼和描述几何形状，根据性质对立体和平面图形进行分类，能在环境中认出立体和平面图形，并能建造和研究立体和平面图形的模型，能利用工具或徒手绘制集合形状。还需认识、称呼和描述简单的几何图样，在网络结构中绘画图形（放大和缩小），能认识、描述和运用轴对称的性质，能继续延伸对称模型并自己发展比较和测量面积和空间。

此外，在“模型和结构”的能力领域，学生需要能够认识、描述和叙述规律以及功能关系。在“数值和测量”的能力领域，应当掌握基本的数值概念，能和实际环境中的数值打交道。在“数据、频率和概率”的能力领域，学生应当能够对数据进行总结和描述，在偶然性释然中比较时间发生的可能性（KMK，2004b）。鉴于篇幅，这里不再展开详细介绍。

3. 课时要求

联邦德国对各州小学的课时并没有硬性的要求，课时总量以及各学科/学习领域之间的课时分配由各州自己决定。具体来看，各州小学的课程设置和课时安排差异比较大，但是就统计数据而言，各州的小学阶段一学年的总课时数基本上都在80～100小时之内，每周20～25小时。而且近年来，各联邦州之间小学课时要求的差异正在逐渐缩小，都在向每学年95学时靠拢（图3-2）。

4. 案例——巴伐利亚州的小学课程设置

下面我们以巴伐利亚州为例对德国小学课程的具体设置情况进行简要的介绍。

巴伐利亚州一直被视为德国传统教育模式的代表，其基础教育水平在德国各州中位居前列，在德国组织的各类全国性的学业测评中，巴伐利亚州的表现总

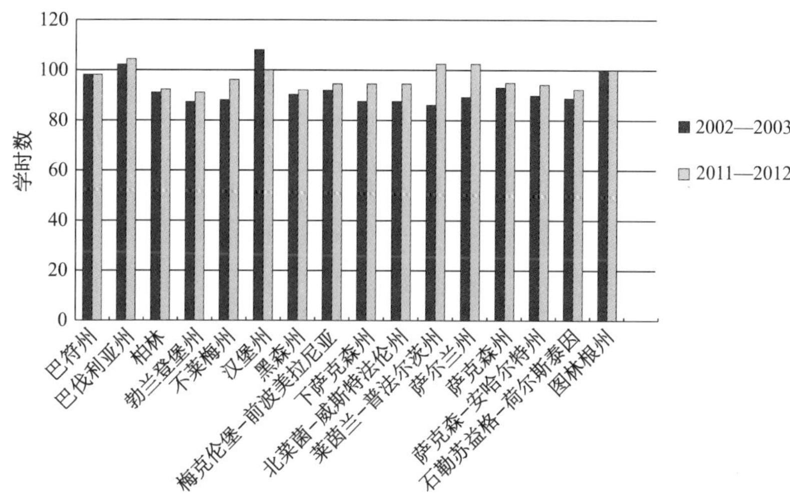

图 3-2 各州小学 1—4 年级累计最低周学时(2002/03、2011/12 学年)〔1〕

是十分突出。在小学阶段的课程设置上,巴伐利亚州小学课程的学习范围、内容以及各学科的教育目标都是以文教部长会议(KMK)的统一协定为基础的,但也有其自身的特色。

巴伐利亚州将小学的学习内容划分为以下三个学习领域。第一是语言学习领域,主要是德语,但也包括外语的初步接触。在德语学习中,知识和能力被划分成几个相互关联的学习领域,在课堂上紧密联系在一起,包括说和对话、为自己和他人书写、语言研究以及阅读和文学等。在一、二年级,德语作为基础课程的内容来教授,而四年级德语课的成绩则对于学生们进入定向阶段向中学的过渡十分重要。从 2003/04 学年开始,巴伐利亚州所有二年级的小学生都得完成"德语入门作业",主要是测试正字法书写。所有三年级的学生参加全州的学业比较测试(VERA 测试,关于 VERA 测试的介绍详见第六章第二节)。VERA 的德语测试包括两个部分:阅读和正字法,其主要目的是通过测试促进德语教学。第二个领域是自然和社会学科,主要是在家乡和常识课上,向学生传授人类社会的基本常识和基本的自然现象,了解关于人类社会的历史和现状,了解其生活的地区和宗教,总之是要让学生对自己所生活的家乡和社会、自然环境有初步的认

〔1〕 KMK, Ministerium für Bildung und Forschung. Blidung in Deutschland 2012[R]. 259.

识和理解,为以后的学习奠定基础。第三个领域是艺术学科,主要包括艺术、音乐、工艺、体育等方面的内容。艺术主要是对学生进行审美教育以及艺术感官的培养;工艺既包含了实际动手能力也包含了一些基础的学科知识,如自然/环境,游戏/技术,生活空间构建,环境以及跨文化等。

在小学的入门阶段,也就是一年级和二年级,巴伐利亚州并不进行分科教育,而是设置专门的基础课程,其中贯穿了德语、数学、家乡和常识、音乐、艺术等相关内容。三年级和四年级才有学科的划分,基本上分为如下几个学科:宗教/伦理、外语、德语、数学、家乡和常识、音乐教育、艺术教育、工艺、体育、个人和共同发展课。从表3-2中的课程设置上可以看出,在小学阶段,教育内容十分广泛,形式也丰富多样,更多是常识性的教育和对小学生基本能力的培养,以及多样化的兴趣爱好的激发。不过,从对各个学科的时间分配上可以看出,作为学生日后学习和生活最基本的能力,德语是被视为小学教育阶段最为重要的学科,课时最多,其次则是作为自然科学基础和生活必备技能的数学。

表3-2 巴伐利亚州小学课程和课时安排〔1〕

<table>
<tr><th>学 科</th><th>一年级</th><th>二年级</th><th>三年级</th><th>四年级</th></tr>
<tr><td>宗教/伦理</td><td>2</td><td>2</td><td>3</td><td>3</td></tr>
<tr><td>外语</td><td>—</td><td>—</td><td>2</td><td>2</td></tr>
<tr><td>德语</td><td rowspan="5">基础课程 16</td><td rowspan="5">基础课程 16</td><td>6</td><td>6</td></tr>
<tr><td>数学</td><td>5</td><td>5</td></tr>
<tr><td>家乡和常识</td><td>3</td><td>4</td></tr>
<tr><td>音乐教育</td><td>2</td><td>2</td></tr>
<tr><td>艺术教育</td><td>1</td><td>1</td></tr>
<tr><td>工艺</td><td>1</td><td>2</td><td>2</td><td>2</td></tr>
<tr><td>体育</td><td>2</td><td>3</td><td>3</td><td>3</td></tr>
<tr><td>个人和共同发展课</td><td>2</td><td>1</td><td>1</td><td>1</td></tr>
<tr><td>总计</td><td>23</td><td>24</td><td>28</td><td>29</td></tr>
</table>

〔1〕 巴伐利亚州文教部. http://www.km.bayern.de/epaper/grundschule-2012/index.html.

二、中学初级阶段课程设置

从本书第二章中对德国学制结构的介绍可以看到,德国中学阶段的教育结构比较复杂,分为多种不同类型的学校和多个不同的教育轨道,各联邦州之间的情况差异也比较大。1993年,文化部长会议(KMK)通过了《关于中学初级阶段学校类型和教育轨道的协定》,对各州中学初级阶段学校类型和教育轨道的若干问题进行了协调一致,该协定对德国基础教育管理向结果导向型的发展有重要意义。协定主要是推动联邦德国建立一个共同的、有可比性的基础教育基本结构。这一进程的指导原则是:确保学历质量的一致和开放性(Durchlässigkeit)以及扩大州自由组织的空间。

1. 各州文教部长会议对中学课程的统一协调

文教部长会议(KMK)协定规定中学初级阶段教育的基本内容由基础知识、个人的重点方向和加深内容三个方面组成。而五年级和六年级作为“定向阶段”不应因学校类型的不同而做专业或培养重点的区分,而应当让所有学生都能获得基础知识学习的充分支持,为之后不同培养方向和学科重点的进阶学习做好准备。作为基础教育,中学初级阶段的学习必须有一个必修的核心知识领域。具体的必修课程则因学校类型和学制的不同要求分配到特定的学科里。

文教部长会议(KMK)协定还规定了各州统一的学时框架,使中学初级阶段所有学校不分类别都能保证核心学科领域的教学,即德语、数学、外语、自然科学和社会科学这几大领域。但是文教部长会议(KMK)并没有规定具体的课程分配原则及内容大纲,因此也保证了各州能够按照本州的情况进行自主的安排。

按照文教部长会议(KMK)协定的内容,中学初级阶段五年级到九/十年级的学时安排如下:各年级各学科及学习领域内的必修以及选修课程总的周学时到九年级获得主科中学毕业文凭(Hauptschulabschluss)一般总计为146周学时;到十年级获得中级文凭(Mittleren Schulabschluss)至少要达到176周学时。如果是按获得中级文凭设计学制(到十年级)的学校(例如实科中学、综合中学等),各学科领域的周学时的分配如下:德语22小时,数学22小时,第一外语22小时,自然科学16小时,社会科学16小时。按获得主科学校毕业证书设计学制(到九年级)的学校(如主科中学),德语和数学两个领域的周学时应分别达到19小时,第一外语16小时，自然科学和社会科学周学时分别达到13小时。在这些核心学习领域之外，各州中学初级阶段附加的必修或选修学科至少应包括音乐、艺术和体育三个方面，具体的课时分配由各州自行调节。此外，面向就业和工作市场的准备是所有类型的中学和所有学制的教育轨道都必须包含的一项教育内容。文教部长会议(KMK)在协定中指出，各州中学初级阶段的职业课程应作为一个独立的课程学科或者作为某一个学科的教学内容进行组织。最后，中学初级阶段的宗教课程由各州自行决定(KMK, 1993)。

2. 案例——巴伐利亚州中学初级阶段的课程设置

下面我们还是以巴伐利亚州为例，介绍其三种不同类型学校在中学初级阶段的课程设置情况。

(1) 普通中学(5—9/10年级)

巴伐利亚州的"普通中学"(Mittelschule)相当于其他州的主科中学(Hauptschule)。和其他州的主科中学一样，普通中学的主要教育主要目标帮助学生获得各学科核心领域的基础性知识，对他们进行基本的职业教育引导，帮助他们进行未来的职业定向，为继续接受职业教育或培训做准备。普通中学的教学面向三个职业方向——技术、经济和社会；实施全天教学；同职业学校、地方经济部门和就业指导密切合作；进行个性化、模块化教学；按学生能力进行等级分班，分为基础水平、一般水平、中上水平三个不同的班级类别。

在五、六年级的定向阶段，德语、数学和英语是所有水平学生的必修课。到了七、八年级，基础水平班将学习强化课课程。九年级时，基础水平班和一般水平班将毕业获得普通中学毕业文凭(相当于主科中学毕业文凭)，这两个水平层次的学生从十年级开始就转入职业学校，进行职业培训和就业准备。而中上水平班在七、八年级学习专门以中级文凭为目标的"M-Zug"(Mittlere-Reife-Zug,即"中级文凭专列"之意)课程，并在第9或第10学年十年级获得中级学文凭，然后进入高级职业学校。

此外，巴伐利亚州中级中学的课程还必须包括就业导向型的课程，分为技术、经济和社会三个分支领域。七年级学生在所有分支共有5个周学时课程，八年级学生在一个分支选修4个周学时，或者在两个分支各修2个学时。九年级学生选择一个分支学习4个学周时的课程，十年级则需在一个分支修3个周学时。

(2) 实科中学(5—10年级)

在巴伐利亚州,实科中学(Realschule)面向那些对理论学习感兴趣,同时又有实践能力和职业偏好的学生。小学生四年级平均成绩在2.66以上的可以直接进入实科中学,而低于3.6分的学生需要先修"试读课"。试读课程包括数学和德语,注重书面内容的学习,比如德语的文章理解、写作、描述等,数学的计算、几何,完成试读课并通过相关考试的学生可继续在实科中学就读。

从七年级开始,实科中学的学生通过选修课来确定不同的专业和职业重点方向。所有的学科被划分为三个大的专业方向。专业方向1以数学、自然科学和技术领域为重点,主要选修学科或者强化课程包括数学、物理和信息技术等。专业方向2以经济领域为重点,主要学科或者强化课程包括经济和法律、企业管理/会计、信息技术等。专业方向3又分为两个分支,分支a为外语方向,分支b是艺术、家庭/营养或者社会工作方向,这个大的专业方向主要学科或强化课程包括法语、信息科学、艺术、财务和营养学、手工、社会知识等。

在课程的安排上,宗教、德语、英语、数学是所有专业方向和所有年级都要学习的必修课程,其他课程则根据专业方向的不同安排学生进行选修。在课时的分布上,宗教、德语、英语和数学课对所有方向学生的学时要求都一样。其他学科则根据专业方向重点的不同,会有所增减。总体上看,越往高年级,学科偏向越强;而选修的课程种类则有一个由少到多再减少的过程。

表3-3 巴伐利亚州实科中学各方向学生基础必修课的周学时要求[1]

学　科	五年级	六年级	七年级	八年级	九年级	十年级	总学时
宗教	2	2	2	2	2	2	12
德语	5	5	4	4	4	4	26
数学(Ⅰ/Ⅱ)	5	5	3	3	3	4	28/23
英语	5	4	4	4	3	4	24
历史		2	2	2	2	2	10

[1] Staatinstitut für Schulqualität und Bildungsforschung München. Realschule R6, genehmigter Lehrplan [EB/OL]. [2015-03-20]. http://www.isb.bayern.de/realschule/lehrplan/realschule-r6/.

续表

地理	2	2	2	2	2		10
社会						2	2
生物	2	2	2	2		2	10
体育	2+2	2+2	2+2	2+2	2+2	2+2	12+12
项目/学校生活	1						1

表 3-3 显示了实科中学所有专业方向学生都需要完成的必修课时数，可以看到，德语数学和英语是课时数最多的三门科目，其中，专业方向为“数学、自然科学和技术”的学生数学学习内容比其他几个方向学生要深，且须修满 28 个周学时，其他专业修 23 学时。其次是宗教、历史、地理和生物课。十年级开设的“社会”课程包含有经济和法律的相关知识内容。体育课各年级每周都有 4 学时，其中五、六年级学生每周的体育课包括 2 学时的基础课和 2 小时的基础扩展课，7—10 年级学生则为 2 学时基础课和 2 学时根据学生兴趣和能力安排的差异性课程。

各个专业方向的课程差异主要体现在上述基础课程之外的选修课程和强化课程的要求上。数学、自然科学和技术方向学生除了数学课程要修满 28 个周学时外，还需修表 3-4 中所列的课程，加上必修课总共 180 个周学时，毕业考试为德语、英语、数学 I 和物理。

表 3-4 巴伐利亚州实科中学数学、自然科学和技术方向学生选修课设置

学　科		五年级	六年级	七年级	八年级	九年级	十年级	总学时
信息科技		灵活分配学时和开始时间						10
美学-艺术教育	造型	3	2	1	1	1		8
	音乐	2	2	1	1	1		7
家政和营养				2				2
经济和法律						2		2
物理				2	2	3	3	10
化学					2	2	2	6

专业方向 2——经济领域的学生需要在企业管理/会计领域修 12 个周学

时，经济和法律也要修4个周学时（表3-5），5—10年级总的周学时数也是180个，毕业考试考德语、英语、数学Ⅱ和企业管理/会计四科。

表3-5 巴伐利亚州实科中学经济方向学生选修课设置

学科		五年级	六年级	七年级	八年级	九年级	十年级	总学时
信息科技		灵活分配学时和开始时间						10
美学-艺术教育	造型	3	2	1	1	1		8
	音乐	2	2	1	1	1		7
家政和营养				2				2
经济和法律					2	2		4
物理					2	2	2	6
化学						2	2	4
企业管理/会计				3	3	3	3	12

专业方向3——中外语分支方向的学生则需要从七年级开始修第二外语课程，通常是法语、西班牙语或者捷克语等语种中的一门，一共15个周学时。7—9年级学生还要修总计6个周学时的企业管理和会计课程（表3-6），这一方向学生中级证书毕业考试的科目为德语、英语、数学Ⅱ和第二外语。

表3-6 巴伐利亚州实科中学外语方向学生选修课设置

学科		五年级	六年级	七年级	八年级	九年级	十年级	总学时
信息科技		灵活分配学时和开始时间						6
美学-艺术教育	造型	3	2	1				6
	音乐	2	2	1	1	1		7
物理					2	2	2	6
化学						2	2	4
企业管理/会计				2	2	2		6
第二外语（法语）				4	3	4	4	15

专业方向3的分支b的学生在7—10年级每周有3小时的选修课时间，选修课的具体学科设置则由各个学校自主安排，为学生提供了多个专业方向的可能。另外，学生们的美学-艺术类课也多于其他几个专业方向，可以以艺术、家庭

/营养学或社会工作为方向，安排选修课程和职业准备（表 3-7）。这一专业方向毕业考试的学科要求为德语、英语、数学Ⅱ和一个学生自选修专业。

表 3-7 巴伐利亚州实科中学艺术、家庭/营养或社会工作方向学生选修课设置

学 科		五年级	六年级	七年级	八年级	九年级	十年级	总学时
信息科技		灵活分配学时和开始时间						8
美学-艺术教育	造型	3	2	1	1	1		8
	音乐	2	2	1	1	1	1	8
物理					2	2	2	6
化学						2	2	4
选修课				3	3	3	3	12

可以看到，巴伐利亚州实科中学的课程设置充分体现了实科中学基础知识与实践能力、职业定向并重的教育特色，在要求所有学生学习德语、数学、英语、历史、地理、物理、化学、艺术和体育等基础课程，促进他们全面发展的同时，还通过不同专业方向的选修和强化课程帮助学生进行职业定向、培养他们参与实际工作的实践能力，保障学生未来进入高级职业教育学校的竞争力。

(3) 文理中学初级阶段(5—10 年级)

文理中学(Gymnasium)主要面向那些未来将进入大学学习的学生，偏重学术性、理论性的知识教育。文理中学的学习内容主要分为两个部分，一部分是全面的通识教育课程，这是所有学生都必须学习的学科，包括：德语、外语，数学、物理、化学、生物，历史、社会、地理、经济和会计，音乐、艺术，宗教和伦理，体育。学习范围以及学时安排按照文教部长会议(KMK)规定的指导原则来进行设置，要能够满足高中毕业文凭考试(Abiturprüfung)的要求。另外一部分内容则针对学生个人不同专业学习方向，学生可以在文理中学的中级阶段(8—10 年级)选择不同的方向来确定个人的学习重点。根据学科教学方向的不同，巴伐利亚州的文理中学也分为不同的类别，包括以物理、化学、生物和信息科学等为教学重点的自然科学技术文理中学(NTG)，以语言、哲学、历史等为教学重点的语言文理中学(SG)，及其特殊形式人文文理中学(HG)，以音乐等为教育重点的艺术文理中学(MuG)和以社会科学为重点的经济和社科文理中学(WSG)(表 3-8)。

表 3-8 巴伐利亚州文理中学的分类及其课程重点[1]

文理中学	学科重点	外语课程
自然科学技术文理中学	物理、化学、生物、信息科学	英语-拉丁语,或者拉丁语-英语或者法语-英语
语言-人文文理中学	语言和文化教育	拉丁语-英语-法语(法语可以用西班牙语、意大利语或者俄语代替)或者英语-拉丁-法语;在人文文理中学,可以是拉丁语-英语-希腊语或者英语-拉丁-希腊语
艺术文理中学	音乐、艺术、文学、戏剧、必修的乐器课	拉丁语-英语或者英语-拉丁语
经济和社科文理中学	企业管理和会计,企业信息或者社会常识和社会实践基础教育	英语-拉丁语或者英语-法语或者法语-英语

不管是哪种类型的文理中学,外语学习都是非常重要的一部分内容。文理中学的外语课程非常丰富。在文理中学的初级阶段,五、六年级学生必修课程中的第一、第二外语可以是英语、拉丁语或者法语,而语言文理中学则须在八年级时选修第三外语,可以是法语、西班牙语、意大利语、希腊语或俄语。在选修课方面,几乎所有的文理中学都会开设多门其他外语课作为选修,比如中文、日语、土耳其语、捷克语等等。

除了外语课的多种选择,学校还会提供其他的拓展视野或者加深知识的选修课程,以满足学有余力的学生的需求。比如开设艺术、文化、外语、哲学和其他学多方面视野的选修课,组织数学、自然科学、历史、音乐和古代语言、企业策划等方面的竞赛以及一些假期课程和学生活动。

三、中学高级阶段课程设置

在德国的教育系统中,中学的高级阶段通常特指文理中学的 10—12 或10—

[1] 巴伐利亚文化部. http://www.km.bayern.de/epaper/gymnasium_2012/index.html.

13 年级(传统文理中学为 13 年学制,但目前正在逐渐缩短为 12 年),因为传统上只有文理中学的学生才有机会参加高级中学毕业考试、获得高等教育入学资格,因此这一教育阶段在德国也被称为文理中学高级阶段(Gymnasiale Oberstufe)。高中阶段的教育目的主要是进行深化的基础教育、提高一般的学习能力以及进行科研学习和学术研究的入门教育。从教育内容上看,中学高级阶段很重要的任务就是在德语、外语和数学课程上加深知识、提高能力和技能,同时根据学生的兴趣、天赋和未来的学业规划进行区分不同的专长方向的学科知识学习。高级阶段的课程既要有学科性、体现学科特点,又要进行跨学科综合并展开学科间关联。各州文教部长会议(KMK)在 1972 年关于中学第二阶段中文理中学高级阶段构建的协定中就这一阶段教育的基本结构达成了一致:这一阶段由一年的“定向阶段”(Einführungsphase)(十年级)和两年的“资格阶段”或者叫“深造阶段”(Qualifikationsphase)(十一、十二年级)组成。入门阶段的课程主要是基础知识课程,而两年的深造阶段的课程则有基础水平的基本课程部分和高水平的提高课程部分共同组成。

1. 中学高级阶段的学习内容及课程要求

以 1972 年文教部长会议(KMK)的协定为基础,目前德国各联邦州高中的课程基本上都会分为必修和选修课两个部分。而课程的具体组织以及为学生提供个人学科方向选择的必修和选修课的设计则由州自主制定标准。根据不同的要求对课程进行分配,来达到大学入学的标准要求或者达到中学毕业考试统一要求(EPA)的水平。其中德语、数学和外语至少 3 学时。高要求的学科至少 4 学时。

文教部长会议(KMK)将中学高级阶段必修课和选修课所涵盖的内容划分为五大任务领域:一是“语言-文学-艺术领域”,包括德语、外语、艺术、音乐以及艺术领域的其他分支;二是“社会科学领域”,包括历史、政治、社会、地理、经济、法律,根据各州的规定,还可以包含哲学、伦理或者宗教问题;三是“数学-自然科学-技术领域”,包括数学、生物、物理、化学、信息、技术学科以及其他各州进行特别规定的课程;四是在一些州,宗教被视为一个独立的知识领域;第五领域是另体育。在这五个领域之外,各州也可以申请开设新的学科,不过新的学科必须经过各州基础教育管理部门的许可才能够开设。

由于学生在文理中学高级阶段所学的课程成绩将按一定比例计入最后毕业的总成绩，为保证达到相对统一的毕业标准文教部长会议还对文理中学11—12/13年级资格阶段的课程设置提出了下面若干具体要求。

(1) 各领域核心课程的最低设置要求：

① 在语言-文学-艺术领域，德语和高级外语须修满4个学期，在文学或者艺术学科修满2个学期；

② 在社科领域，历史或者一门其他包含了历史内容的社会学科须修满4个学期。如果选择了一个不包含历史内容的社会学科，必须额外修2个学期的历史课程；

③ 在数学-自然科学-技术领域领域，数学和自然科学各修4个学期，可以是一门自然科学科目修4个学期，也可以是两门自然学科科目各修2个学期；

④ 体育必须修满4个学期；

⑤ 宗教和伦理课程的最低设置要求由各州自行决定。

(2) 学生必须至少选择两门学科达到高级要求，每门每周5学时，或者至少三门学科达到高级要求，每门至少4学时。这其中一门必须为德语、外语、数学或者自然科学其中的一门，另一门由各州自己决定。

(3) 在定向阶段通常要求学生修两门外语，可以是两门进一步学习的高级外语，或者一门进一步学习，一门新的外语。对于在进入高级阶段之前，有一门外语已修了4年以上的，可以免修第二外语。

(4) 进入高级阶段学习之前没有坚持学习一门第二外语的，必须在高级阶段持续学习一门第二外语，必须每年达到12周学时，而且不能有一个学期得0分。在这门第二外语中，必须选取资格阶段两学期的成绩加入最后的总成绩中。在定向阶段新学的一门外语必须达到基本水平要求。

(5) 同外语授课的专业知识课程可以被记作外语课程，只要该专业学生在进入定向阶段前至少已经连续学习了两个学年，或者在资格阶段继续学习。

(6) 各州可以根据情况有选择地将学生某一项“特殊成绩”算到资格阶段的学习成绩中来。这个特殊成绩可以是各州举办的竞赛、一篇学年或者学期论文、

一个项目或者实习等。(KMK, 1972)

文理中学高级阶段的教育面向最后的高级中学毕业考试和大学入学资格。毕业考试包含四门或者五门科目。学生必须参加三门笔试和至少一门口试。考试科目必须包含德语、第一外语或数学中的两门,同时也要包含三大领域课程中的一门必修课。但并不是学生修过的所有课程都能够作为高级中学毕业考试科目,只有学生在定向阶段至少修满一个学习的课程才能够作为考试科目。其中笔试的必修科目中必须至少有两门是高水平的科目,且其中必须有一门是德语、外语、数学或者一门自然科学。笔试的科目也可以额外添加口试,而口试的科目则不能重复已经笔试过的科目。在考试中,艺术、音乐、体育都可以作为学生选择的考试科目,只不过对这些科目有特殊的规定:如果造型艺术、音乐或者其他的艺术课程是作为笔试科目,那么这门口试科目可以有一个包含笔试部分的特殊专业考试。体育可以作为口试或者笔试科目,如果是笔试科目,则是一个专门的包含笔试部分的学科考试;如果作为口试科目则有一个专业实操部分和一个口试部分。虽然德国高中在课程设置上有很大的灵活度,但是高级中学毕业考试要求的相关规定在一定程度上限定了高中的课程设置和课时安排,学生在选修课程上也会首先考虑毕业考试的要求。

2. 案例——北莱茵-威斯特法伦州中学高级阶段的课程设置

北莱茵-威斯特法伦州在教育领域属于联邦德国比较激进的一派,在历次教育改革中总是走在前列。在北莱茵-威斯特法伦州,中学高级阶段包括文理中学和综合中学两种学校类型。从 2005/06 学年起,该州将文理中学学制由 9 年压缩成至 8 年(G8),即总学制 12 年。而直接面向大学入学教育的文理中学和综合中学的高级阶段在课程要求上是完全一致的,因此也被统一称为"文理中学高级阶段"(Gymnasiale Oberstufe)。同文教部长会议(KMK)相关协议要求相一致,北莱茵-威斯特法伦州的文理中学和综合中学的高级阶段也都是分为一年的定向阶段和两年的资格阶段,最后以高中毕业考试结束。

(1) 课程内容

北莱茵-威斯特法伦州文理中学高级阶段的课程分为三大领域。"语言-文学-艺术领域"课程包括德语、英语、拉丁、法语、意大利语、日语、俄语、中文、西班牙语、希腊语、土耳其语、荷兰语、希伯来语、现代希腊语、葡萄牙语、艺术、音乐和文学;"社会科学领域"课程包括历史、社会科学、地理、哲学、教育学、心理学和法律;"数学-自然科学领域"课程包括数学、物理、生物、化学、信息科学、技术和营养学。

为了保证通识教育,北莱茵-威斯特法伦州要求文理中学高级阶段每个学生必须连续选修三个领域的课程,不能中途放弃某一个领域或者用另一个领域的课程替代某一个领域的课程。宗教和体育虽不归属于任何一个领域,但是也是选修课程的一部分。此外,各个学校还设置了项目课程和提高课程。项目课程是在资格阶段供学生自由选择的 2 个周学时的课程,项目课程内容与资格阶段的重点学科相互联系,能够扩展学科内容,为学生提供了跨学科学习的空间。例如,在语言-文学-艺术领域中将音乐和英语结合起来的项目课程——"一个英语音乐剧的创作和表演",或者在社科领域中以历史学科知识为主题设计的项目课程——"两个世界的相遇——公元 9 年的条顿堡森林战役",等等。提高课程可以在核心学科德语、数学和外语中选择,着眼于提高学生的能力,每周上两个小时,每半年可以换一门提高课程。在定向阶段,学生每半年可以至多选择两门提高课程,在后两年的资格阶段,总共可以选修两个半年的提高课程。

(2) 课程安排及选择可能性

北莱茵-威斯特法伦州中学高级阶段的学生平均周学时为 34 小时,3 年必修课总学时需达到 102 学时。具体的学习安排则由学生自己根据学校要求自行组织,学生可以从三个学科领域中选择自己的学科,并通过选择两门外语或者两门自然科学-技术学科来确定自己的学科重点。在资格阶段,学生可以自己决定通过选择一门音乐或艺术学科、两门文学课或者两项乐器或声乐课程来完成艺术和音乐的必修课。学生可以自己决定是继续学习在中学第一阶段学习的外语还是再学习新的外语。项目课程或提高课程也是学生自己选择。尽管学生选课有这样的自由度,但是如表 3-9 所示,学校还是通过对特定科目、学科领域的选修义务和开课设置来对学生的选择可能进行限制。

表 3-9 北莱茵-威斯特法伦州中学高级阶段学生课程计划的基本要求

课程类型	定向阶段(10 年级)	资格阶段(11—12 年级)
必修课	德语	德语
	外语(一门从初中开始学习的外语,如果中学没修二外,须再新修一门外语)	外语
	艺术或音乐	艺术或音乐或者文学、乐器和声乐(连续修两个学期)
	社科领域一门	一门社会学科(从定向阶段就开始一直学习的)
	数学	数学
	生物、化学或物理	一门自然学科(从入门阶段开始一直学习的)
	宗教(或哲学)	宗教或哲学(连续修两个学期)
	体育	体育
	另一门外语或者自然科学-技术学科	另一门外语(或者另一门外语讲授的专业课程)或自然科学-技术学科
		历史和社会学科(连续修两个学期)
选修课	一门必修以外的学科	
	一门提高课程	
总计	必修 9 门,选修 2 门	

这些限制要求包括:

(1) 直到高中毕业考试,下面的几门课程必须是连续选修的:德语、一门外语、数学、一门社科和一门自然科学(生物、物理、化学)、体育以及高中毕业考试科目。

(2) 在资格阶段的 4 个学期必须修 8 个高级课程和至少 30 个得到承认的基础课程。

(3) 在中学初级阶段没有修第二外语的学生,必须在高级阶段新选修一门语言 4 个周学时基础课,连续修到毕业。

(4) 学生必须选择额外连续修一门外语或修一门自然科学-技术学科,直到高中毕业考试。

(5) 高中毕业考试科目只能选择在定向阶段已经修过的课程，四门考试科目必须覆盖语言-文学-艺术、社科和数学-自然科学-技术三个领域。其中语言-文学-艺术领域只能选择德语和另一门外语。

(6) 四门毕业考试科目必须在德语、数学和一门外语中选择两门。

(7) 第一门提高课程学科必须是定向阶段学习的外语、数学、一门自然科学或者德语中的一门。第二门提高课程的学科学生可以自由选择。

(8) 宗教课不属于三个任务领域中的任何一个，但是在高中毕业考试中，可以作为社会科学领域的学科，但是这种情况下，必须再额外连续修一门社会科学的课程。不修宗教可的学生选择哲学作为替代，如果选择哲学作为毕业考试科目，则必须在资格阶段额外修两门社会学科课程作为宗教课的替代，可以是历史和社会科学，但是不能是必修课。

(9) 宗教和体育不能同时作为高中毕业考试科目。

需要注意的是，因为德国中学高级阶段课程采用课程制而非班级制进行设置，在符合上述选课要求的前提下，学生们的课程计划各不相同。为了有一个更加直观的呈现，我们在下面引用北莱茵-威斯特法伦州文教部给出的两个不同专业方向的学生课程安排计划，来说明文理中学高级阶段学生选修课程的可能性(表 3-10)。

表 3-10 北威州文理中学高级阶段自然科学方向学生选课案例

学科领域	学科	入门阶段		资格阶段				高中毕业考试科目	资格阶段认可的课程	
		第 1 学期	第 2 学期	第 1 学期	第 2 学期	第 3 学期	第 4 学期		提高课程	基础课程
1. 语言-文学-艺术	德语	3	3	3	3	3	3	3		4
	英语	3	3	3	3	3	3			4
	拉丁语	3	3							
	艺术	3	3	3	3					2
2. 社会科学	哲学	3	3	3	3	3	3	4		4
	历史	3				3	3			2
	社会科学	3	3	3	3	3	3			4

续表

<table>
<tr><td rowspan="4">3. 数学-自然科学-技术</td><td>数学</td><td>3</td><td>3</td><td>5</td><td>5</td><td>5</td><td>5</td><td>1</td><td>4</td><td></td></tr>
<tr><td>生物</td><td>3</td><td>3</td><td>5</td><td>5</td><td>5</td><td>5</td><td>2</td><td>4</td><td></td></tr>
<tr><td>化学</td><td>3</td><td>3</td><td>3</td><td>3</td><td>3</td><td>3</td><td></td><td></td><td>4</td></tr>
<tr><td>物理</td><td>3</td><td>3</td><td>3</td><td>3</td><td>3</td><td>3</td><td></td><td></td><td>4</td></tr>
<tr><td rowspan="4"></td><td>体育</td><td>3</td><td>3</td><td>3</td><td>3</td><td>3</td><td>3</td><td></td><td></td><td>4</td></tr>
<tr><td>总周学时</td><td>36</td><td>33</td><td>34</td><td>34</td><td>34</td><td>34</td><td></td><td></td><td></td></tr>
<tr><td rowspan="2">资格阶段认可的课程数</td><td rowspan="2"></td><td rowspan="2"></td><td rowspan="2">10</td><td rowspan="2">10</td><td rowspan="2">10</td><td rowspan="2">10</td><td rowspan="2"></td><td>8</td><td>32</td></tr>
<tr><td colspan="2">40</td></tr>
</table>

这个案例的学生属于自然科学专业方向，数学、生物、化学和物理都连续选修6个学期，并且以数学和生物作为提高课程，因而在资格阶段增加了这两门课的课时数，同时又以哲学作为连续选修的社会学科，连续修满6个学期，这名学生的毕业考试科目为数学、生物、德语和哲学。

下面的案例是一名外语专业方向的学生的选课计划，除了连续修满语言-文学-艺术领域课程之外，以英语和德语作为提高课程(表3-11)，并连续选修了自然科学领域的化学课，其毕业考试科目为英语、德语、化学和历史。这两个案例周学时在定向阶段两个学期分别为36和33学时，资格阶段每学期34个学时，总学时数都达到205个。在资格阶段都分别学习了10门课程。

从上面对于课程设置的介绍可以看到，德国文理中学的高级阶段教育可以说是一种名副其实的“应试教育”，因为10—12年级的课程设置和学生的选课要求从一开始就是针对高级中学毕业考试的。但是与“一考定终身”或只重视考试科目的应试教育不同的是，德国文理中学高中阶段是将毕业考试与课程体系进行统一的设计，在区分重点科目(既是学习重点，通常也是考试科目)的同时，也通过必修课和必修领域的要求做到各个学科的学习都能相对平衡地达到一定程度，做到毕业考试与平常成绩并重，专业学习与通识教育并重。

表 3-11 北威州文理中学高级阶段外语方向学生选课案例〔1〕

<table>
<tr><th rowspan="2">学科领域</th><th rowspan="2">学科</th><th colspan="2">入门阶段</th><th colspan="4">资格阶段</th><th rowspan="2">高中毕业考试科目</th><th colspan="2">资格阶段认可的课程</th></tr>
<tr><th>第 1 学期</th><th>第 2 学期</th><th>第 1 学期</th><th>第 2 学期</th><th>第 3 学期</th><th>第 4 学期</th><th>提高课程</th><th>基础课程</th></tr>
<tr><td rowspan="4">1. 语言-文学-艺术</td><td>德语</td><td>3</td><td>3</td><td>5</td><td>5</td><td>5</td><td>5</td><td>2</td><td>4</td><td></td></tr>
<tr><td>英语</td><td>3</td><td>3</td><td>5</td><td>5</td><td>5</td><td>5</td><td>1</td><td>4</td><td></td></tr>
<tr><td>法语</td><td>3</td><td>3</td><td>3</td><td>3</td><td>3</td><td>3</td><td></td><td></td><td>4</td></tr>
<tr><td>音乐</td><td>3</td><td>3</td><td>3</td><td>3</td><td>3</td><td>3</td><td></td><td></td><td>4</td></tr>
<tr><td rowspan="2">2. 社会科学</td><td>历史</td><td>3</td><td>3</td><td>3</td><td>3</td><td>3</td><td>3</td><td>4</td><td></td><td>4</td></tr>
<tr><td>社会科学</td><td>3</td><td>3</td><td>3</td><td>3</td><td>3</td><td>3</td><td></td><td></td><td>4</td></tr>
<tr><td rowspan="2">3. 数学-自然科学-技术</td><td>数学</td><td>3</td><td>3</td><td>3</td><td>3</td><td>3</td><td>3</td><td></td><td></td><td>4</td></tr>
<tr><td>化学</td><td>3</td><td>3</td><td>3</td><td>3</td><td>3</td><td>3</td><td>3</td><td></td><td>4</td></tr>
<tr><td rowspan="8"></td><td>宗教</td><td>3</td><td>3</td><td>3</td><td>3</td><td></td><td></td><td></td><td></td><td>2</td></tr>
<tr><td>体育</td><td>3</td><td>3</td><td>3</td><td>3</td><td>3</td><td>3</td><td></td><td></td><td>4</td></tr>
<tr><td>深化科目（数学）</td><td>2</td><td>2</td><td></td><td></td><td>2</td><td></td><td></td><td></td><td></td></tr>
<tr><td>深化科目（法语）</td><td>2</td><td>2</td><td></td><td></td><td></td><td></td><td></td><td></td><td></td></tr>
<tr><td>项目课（音乐）</td><td></td><td></td><td></td><td></td><td>2</td><td>2</td><td></td><td></td><td>2</td></tr>
<tr><td>周学时</td><td>36</td><td>33</td><td>34</td><td>34</td><td>34</td><td>34</td><td></td><td></td><td></td></tr>
<tr><td rowspan="2">资格阶段认可的课程数</td><td rowspan="2"></td><td rowspan="2"></td><td rowspan="2">10</td><td rowspan="2">10</td><td rowspan="2">11</td><td rowspan="2">10</td><td rowspan="2"></td><td>8</td><td>32</td></tr>
<tr><td colspan="2">40</td></tr>
</table>

〔1〕 Ministerium für Schule und Weiterbildung des Landes NordrheinWestfalen[R]. Die gymnasiale Oberstufe an Gymnasien und Gesamtschulen in Nordrhein-Westfalen. Düsseldorf, 2014.

第三节　德国基础教育的教材使用

一、教材的定义

德国各州对于基础教育教材的定义和范畴不尽相同。广义上的教材即德语所说的“学习材料”(Lernmittel)或者“教学材料”(Lehrmittel),是指一切教学所需的书籍、材料和资料,所指的范围非常广泛,一般来说既包括课堂上使用的“课程材料”(Unterrichtsmittel),也包括学生自己预习和复习所使用的所有教辅材料,如教科书、工具书(词典、读物、练习册等)和其他课程和练习材料。

而狭义的教材专门指教科书或者课本(Schulbuch)。各联邦州《学校法》及相关法规中对于中小学教材的规定一般都是就广义上的学习材料而言的,但是,各州对广义的教材所涵盖的具体范围的规定并不一致。例如,黑森州规定只有学生在课堂上长期使用的印刷刊物或数字材料才必须接受教材审核并获得许可,而下列这些出版物和数字学习资料则不需要许可——词典和百科全书、工具书、德语和外语读本、笔记、歌本(除了宗教课的歌本)、公式集、实验指导、表格资料、法律文本和法律文集。而巴伐利亚州则将圣经、祷告书、赞美诗、教理问答、音乐理论、音乐教育及实习教科书等用于教学的出版物也都纳入教科书的概念之中(姜敏英, 2009)。

还有不少州将课程教学所需的的“教学媒介”(Unterrichtsmedien)和消耗品等也归入教材范围,例如,柏林规定教学所需的数字存储介质、教学软件、实验材料等也都属于教材的范畴。在下文中,如果没有特别指出,我们所说的“教材”都是指广义意义上的学习或者教学材料,因为大多数联邦州对教材的规定都不仅限于狭义的教科书。

二、教材的审定

由于各联邦州教育自治，德国基础教育系统并没有全国统一的教材。在联邦层面，各州文教部长会议（KMK）颁布的教育标准规定了中小学各个学科的学习在每个学段结束时应该达到什么样的知识和能力水平，各州文教部则根据教育标准制定各学科的教学大纲。根据教育标准和各州的教学大纲，出版社和个人自行设计、编写中小学教材，由各州文教部进行审核。一般来说，教材审核主要针对小学和中学初级阶段的教材，中学高级阶段和职业教育教材在多数州无需经过审核。所以说，各州教育管理部门对于教材的编制和使用有审核权和管理权，因此有学者将德国的这种教材开发模式称之为“民间编写、地方审核的制度类型”（姜敏英，2009）。德国中小学教材审定的一般程序是，民间出版社自行选题、设计、组织编写教材之后定期交送该州文教部下设的专门或者临时的教材审核委员会进行审核（Zulassung）。审核获得通过后，该图书或者学习材料即被文教部列入官方公布的教材清单中供学校和教师选择使用。

目前，虽然在多数联邦州中小学教材的审定是一项强制要求，但是也已经有一些州对这一制度进行了改革，取消了州文教部对于教材的审定机制。如从2004年起，柏林州就取消了教材审定中心，各学校可以自行决定使用什么样的教材、教辅书、读物以及其他的课堂辅助和练习材料。学校对于教材的选择主要基于以下两个方面的考虑：一是每年的全校教师大会和各学科教师专业会议所确定的教材选用的基本原则和各学科教材的特殊要求；二是考虑学校资金情况和每年学校代表大会上通过的预算分配和适用原则。所有学校在教科书和学习材料的选择上基本上都是遵循经济、节省、合理和有效的原则，并考虑到市政府制定的年度教学材料最低费用标准（Mindeststandards für Lernmittel）。如果学习材料在种类、内容和教学方法上没有根本性的差异，那么学校通常会选择价格最低的材料以节省经费开支。此外，没有或取消教材审定程序的还有汉堡州、萨尔兰州和石勒苏益格-荷尔斯泰因，在这几个州，教材的选择完全由学校自行决定，但教育行政部门对教材选择有监督权。

1. 巴伐利亚州教材审核的程序

在那些规定必须进行教材审核的州，虽然具体的审核标准和规定描述各有不同,但是从总体上看,审核程序、审核原则和基本标准是一致的。下面我们就以巴伐利亚州的教材审核为例,介绍德国中小学教材审核的审核程序和审核标准。在巴伐利亚州,教材审核相关规定被写入了州《学校法》中,并通过《学习资料许可条例》(*Verordnung über die Zulassung von Lernmitteln*)对教材的审核过程和审核基本标准做出了明确的规定。教材审核由州文教部课程和文化委员会执行,并由文教部最终给予教材允许使用的资格。《学习资料审批条例》中规定了教材审核的下列程序性步骤。

(1) 审核申请

学习材料的出版社有权提交申请。宗教学科的学习材料也可以是由相应的宗教团体进行申请。申请要通过书面方式进行,且必须在所申请审定通过的学习材料上标注清楚其所适用的学校类型、年级和学科。针对该教材所申请适用的类型的学校都要付上两份审核副本,审核副本是学习材料的印刷样本或者是彩印本的完整扫描件。

(2) 审核程序

提交的审核副本原则上要由两名鉴定人进行审核,鉴定人由州课程和文化委员会选出任命。宗教学科的学习材料如果由该宗教团体提出申请的话则由相应的宗教团体进行审核。

(3) 审核通过

将给予申请者该学习材料在某一类型学校的某个年级/学科中的使用许可证明。如果没有明确给出说明的话,该许可也适用于该申请者所申请的其他学校类型/年级/学科。

(4) 样本存档

在申请者获得了许可证明后,必须给州课程和文化委员会所要求数量的该学习材料的存档样本。必须确保存档样本和获得许可证明的审核样本内容是一致的。

(5) 结果公开

获得州课程和文化委员会许可的学习材料要通过总目录的形式在州课程和文化文员会的网站首页上公布出来并注明许可时间。许可的收回和撤销的公布以在总目录上不再列出该学习资料的方式进行。如果在总目录上不再出现的学习材料在其被从总目录中删除时有学校还在使用,只要该材料还适用于当前的教学大纲以及课程的需要,那么就还可以使用。

(6) 再版

已获得许可的学习材料如果要再版,申请者必须将改变的内容通报给审核委员会,该通报即作为许可申请,条件和审核申请一样。如果通报在递交六个月内没被告知开始审核程序或者许可被拒绝的话,即可视为再版获得许可。

(7) 学校实验和试用的许可

为了学校的教学实验或者出于教学原因,特别是为了检验新的方法和教学知识,学校可以向州课程和文化委员会提出申请,在限定的期限内适用其他的学习材料。如果该学习材料符合许可前提,委员会就可以批准。[1]

为了审核公正、客观地进行,巴伐利亚州还对审核程序进行了具体的规定以规范鉴定人的审核行为。首先,审核需要"中立和客观",不得包含对作者、出版社的评价以及学科训导。其次,审核意见必须具体。越具体地说明其缺点,也能够越能够推动教材的改进。例如,应该具体指出哪一页什么地方有什么类型的错误并举例说明等。而且关于教材的不足(以及错误)和对教材修改的建议必须明确区分开来。在鉴定的最后,鉴定人应该给出一个明确的总结性的评价,可以是"建议通过"并附上希望在教材出版前得到改进的地方;或者是"建议延期通过",但出版社必须进行一些小的改动(具体做怎样的改动也要明确说明);或者是"建议不通过",但也要指出将来修改和改编的建议。

此外,还有一些程序性的规定来保障审核过程的公正、独立,例如送审教材由学校领导直接递送到州文教部相关部门,而鉴定专家的名字和银行账号只能出现在内部签字文件中。

2. 巴伐利亚州教材审核的标准

对于教材内容的审核有两个层次的参考标准。一是所有教材审核都必须考

---

[1] Verordnung über die Zulassung von Lernmitteln[EB/OL]. [2014-07-22][2015-02-23]. http://www.gesetze-bayern.de/jportal/?quelle=jlink&docid=jlr-LernMZulVBY2009rahmen&psml=bsbayprod.psml&max=true&aiz=true.

虑的一般性标准;二是针对特定学校类型、学年和学科教材的特殊标准。审核鉴定人在进行审核时,两种标准都需要考虑到。

以下,我们仅对巴伐利亚州教材审核的一般性标准进行介绍,旨在呈现德国中小学教材基本审核要求的概貌。针对特定学校、学年和学科的标准过于详细繁复,限于篇幅我们不再展开介绍。

(1) 审核通过的基本前提

不能与现行的法律冲突;满足教学大纲的要求;满足教学知识的要求,特别是方法性的和教学法的基本要求,并且内容符合相应的学校种类和年级的要求;在宗教学科,要同宗教团体的信仰基础相一致;不得包含课程所不需要的广告。

(2) 基本的标准

教材必须结构清晰,能够供自主学习使用,符合《学习材料许可条列》的相关规定,此外教材在内容上必须满足如下条件:

① 能够满足课程目标,符合教学大纲中所确定的目标、内容和能力;

② 能够有导向学习结果的思考过程和引导,并且有相应的学习过程;

③ 能够作为教学和参考书使用。

④ 能够包含某个特定学科一学年课程的所有材料,内容不能过多或者过少。

⑤ 从外观上能够供多年使用,不能有学生可以写字的空间[1]。

但是下列几类教材可以不必满足上述条件:

① 那些对文本进行特别的筛选、汇总、分类或者用图片或数字展示的书籍(如读物、现代语言的特定国情或者文学主题方面的文本集、地图集、公式集等),在内容上可以与上述要求不同。

② 那些用于特定教学项目的专题性的教材,即通过对整个学习材料中一些内容的压缩和逐步地整理,对某一个或者多个学习领域的内容进行额外的加深的学习材料,可以不用涵盖一个学习阶段的所有学习内容和能力要求。

③ 那些教学大纲不是按照年级编写的课程(例如特殊学校课程和专门为生

---

〔1〕 主要是基于教材能够循环使用的要求。

病的儿童开设的课程),可以不必遵守上述须涵盖一学年课程内容的要求,比如可以涵盖2、3个年级的内容。

此外,练习册类的学习材料应该服务于教材的预习、复习和加深。它们不必一定包含某一学科一个学习阶段的所有内容和能力要求。但其所对应的内容板块必须在标题中标注清楚。练习册不能够作为教科书来使用。

(3) 对教材形式的一般要求

① 图片和文本必须清晰,重要的内容需要强调。插图必须与教材的目标相关。

② 图片和绘画不能只是作为插图,还必须有提出问题、完善文本或引出文本的作用,须遵循形式多样化的原则。

③ 应该有一个关键词目录以及一个查询部分。地图集和其他的考试工具,书中不允许有内容上的评判。

④ 摘要和规则应该在语言和理解上符合学生的理解力。

⑤ 教材必须能够供学生简单地进行规律性的、独立的复习,保证基础知识和基本能力。必要的基础知识、练习材料和拓展延伸性的内容之间必须有十分清楚的划分。

⑥ 每个学科的教材应该包含足够的、丰富的任务和练习材料,使得复习和加深、独立作业以及促进个性化发展成为可能。

⑦ 问题也要包含基本知识,练习说明必须易理解。

⑧ 教材应该包含对补充和辅助文献以及其他材料的建议。

⑨ 教材能够通过字母-数字或者其他形式的密码,让学生能够在网上获得额外的电子学习材料。

⑩ 教材的纸张和影印质量必须很高,能够长期使用。教材也不能太重。

⑪ 如果可能的话,教材和练习册应该用环保纸张印刷。

⑫ 练习册必须能够供学生在上面书写标记使用一年,并且至少是装订好的。

(4) 从教学大纲的视角规定的内容上的标准和要求

① 符合法律法规的要求,既包括联邦基本法、州宪法的要求,也包括《学校

法》的相关规定以及其他一般性的法律法规的要求。

② 教材须同教学大纲要求相一致;必须考虑到教学大纲的所有层面的要求。

③ 在教科书中不能缺少教学大纲中规定的任何内容和能力,也不能超过教学大纲所规定的目标、内容和能力的范围。

④ 文本、图片和图标等必须符合教学大纲的目标、内容和能力要求。

⑤ 教材应该考虑跨学科的任务以及对德语语言的保护。

(5) 其他要求

① 描述和选择。对学习内容和能力目标的描述,对所使用的文本、应用和表格的选择必须恰当。教材不允许包含灌输的内容。不能诋毁歧视某个个人和群体。比如说对德国犹太人历史的描述,必须注意从全面的观点进行。

② 平等。必须注意对男性和女性平等地描述,不能只从男性的观点和视角来描述。

③ 融合的思想。教材应该促进不同社会背景、不同性取向以及不同语言文化的人之间无偏见的相互交往。

④ 全纳性。教材应该考虑展现健康人和残疾的人的共同生活的可能。教材和布置的学习任务应该尽可能考虑个人的先天知识和先天能力,为促进差异化的个体间的有效交往提供可能。

⑤ 媒体教育。教材应该尽可能地考虑使用从印刷刊物到数字媒体的所有可能的媒介形式。

⑥ 跨学科和学科交叉的视角。教材应该包含跨学科的视角,展现学科间的横向联系并且支持学科交叉的教育任务体验。

⑦ 事实的准确性和方法性。教材必须考虑到各学科那些最新的知识和学科教学标准。作者在方法的选择上是基本自由的。教材不能有知识性的错误。

⑧ 年龄和时间安排的恰当。教材应当符合教学对象的年龄和理解能力,符合大纲所要求的课程时间和节奏安排。

⑨ 积极性。教材必须能给予学生和教师足够的动力来实现教学大纲提出的目标,掌握学习内容和获得相应能力。因此教材应该做到:以学习单元的形式

恰当地组织;新知识要和学生已掌握的知识相联系;表现形式上多样化;课程设计上考虑学生的能力和兴趣,让他们积极参与;创造开放的学习环境,促进独立思考和解决问题;有一些额外的倡议(团队合作、学习游戏、项目等);通过作业(课后任务)和问题激励学生在学校之外继续学习。[1]

三、教材的使用

德国多个州学校法都规定,普通基础教育学校有“免费使用学习资料的权利”(Lernmittelfreiheit 或 Lehrmittelfreiheit),也就是说,中小学校所使用的教材和学习材料应该尽可能地让学生免费获得。但由于各州教育自治,对于免费学习资料的界定各不相同,加上相关的预算资金所限,各州中小学校学生可以免费使用的教材的范围和数量也不尽相同。

一般而言,各州中小学目前常用的一种教材使用方式是学校购买教材,学生免费或支付一定的费用借用教材,教材在不同年级学生之间循环使用。因而我们能够看到在上一部分关于巴伐利亚州教材审定情况的介绍中,教材外观要也被要求能够供多年使用,而且不能有学生可以写字的空间。另外,即使是推行循环借用教材制度的州,也有部分家长会根据自身经济状况为子女自行购买教材。

事实上,德国近年来由私人(家庭)支付或参与分担教材费用是一个趋势。一种解释是一些联邦州的资金缺乏导致在公共教材方面的预算减少,因此家长必须在教材和学习材料上花费越来越多的钱;也有另一种观点认为,由家庭自付或分担教材费用能够更好地维持教材的状况,也能够促进知识材料的更新。各个州由家长支付教材费用的具体方式也不尽相同,例如下萨克森州以收取一定教材借用费的形式来让家长分担教材成本,而萨尔兰州会免除低收入家庭借用教材的费用。

比如,柏林州规定基础教育阶段的教材分为免费教材和自购材料两个部分。上课必需的学习材料则由学校提供,学生以借用的形式免费使用,但是为了节省

[1] Byerisches Staatsministerium für Bildung und Kultus, Wissenschaft und Kunst. Kriterien zur Begutachtung von Lernmitteln(Stand: Januar 2014)[S].

公共开支，学生自己也要购买一部分的学习材料。但柏林州明确规定，每个学年学生自己购置的学习材料最多不超过100欧元。因各种困难享受特定公共福利（如失业救济、住房补贴、生活必需品援助等）的家庭则无需自己承担任何学习材料费用，这种情况下，通过相应的证明，学校向学生完全免费提供所有需要的学习材料，所需资金由公共财政补贴，但学生必须在规定的日期前提交免费教材申请。

在柏林，每学年开始时学校都会给学生家长发一份学习材料清单，列出了所有该学年课程需要用到的学习材料，并标明可以从学校借用的材料和需要自费购买的材料。但是有一些学校设有"学习材料资金"帮助学生和家长减轻购置教材的经济负担。学习材料基金是购买教科书和其他学习材料一种实用和实惠的选择，学生每年向该基金缴纳固定数额的钱，然后可以从学校借到须自费购买的学习材料。学习材料资金的制度和管理事宜，例如每年应缴的费用额度，都是通过每年的学校全体大会决定。学习材料基金的设立是学校行为，不是法定学生必须参与的项目，学生仍然可以不参加基金自费购买学习材料。学校提供的免费教材由公共财政购买，这些教学材料属于柏林州的公共财产，不允许外流或者收取费用借出。所有学生借书时必须填上自己的姓名和借书时间。学生必须爱护所借的图书，学校也会推荐学生使用书皮将图书包装起来使用。在借阅期限到期时，学校要检查所还书籍的质量，如果书籍丢失或有损坏，学生需要赔付。

我们再来看一下黑森州中小学教材使用的例子。与柏林州情况不同，黑森州所有公立中小学和享受公共补贴的私立学校基本上所有的学习材料都由公共财政免费提供，包括教材、自然科学课程所需的实验材料以及学习软件等。学生以借用的形式获取教科书和其他印刷材料。但是学生个人使用的书写和绘画材料、计算器、乐器等不在免费提供的教材范围之内。每年黑森州文化部会按照每个学校上一年度学生总数来拨付相应的预算资金，供学校购买学习材料。州财政只拨付用于教材和学习材料的总额，资金的具体分配和使用由学校自行决定，但学校必须保证学生获得足够的学习材料。

需要特别说明的是，尽管各州都有教材审核制度，但每年通过审核获得许可的教材都有很长的一个清单，例如巴伐利亚州2014年仅小学德语课获得许可的教材就有60多种。在这么多教材中最终选择哪些教材用于课堂教学以及学生课前预习和课后复习,则由各个学校自行决定。比如根据黑森州的教科书自选办法,学校从文教部给出的教材清单中选择教科书,除了要考虑到学科、教学方法和内容编排等基本因素外,也会考虑该教科书是否符合学校的办学宗旨,是否满足学校关于教科书使用期限、教科书使用频率、使用可能性等方面的期望。此外,教材价格是否符合学校的教科书预算也是极为重要的参考因素。各联邦州政府的教材经费都是参考往年的标准并根据学生数经过严格计算之后确定和拨发给学校的,因而,各个学校对教材的选择须非常慎重,以在预算范围内购得最合适的教材。除了从州文教部公布的教材清单中选择教材之外,有一些州则会规定某些特定的教材的选择完全有学校决定(姜敏英, 2009)。比如黑森州规定,如果文化部没有特别说明,那么学校有权在官方公布的教材清单之外自主选择下列学习材料:一年级的德语课读本和数字教学材料,高中阶段和职业文理中学的德语、外语、数学、生物、化学、物理和音乐课的教材和数字学习材料等。

在学校内部的教材选择机制上,作为教材直接使用者的教师的意见发挥主要作用。通过学科教师的专业会议机制,各个科目的任课教师共同讨论该科目教材的选择标准,并对文教部推荐的教材进行初步的筛选;同时,学校代表大会就每年学校教材采购经费在不同年级和学科间的具体分配做出决定;之后再通过专业教师会议最后确定选择哪些教材。如本书第七章第一节所述,在教师会议和学校代表大会上,都会有学生和家长代表的参加,对讨论和决定的过程进行监督并提出意见。学校的教材采购通常一年一次,而且每年需要向州文教部返还那些该校不再继续使用的教科书和材料,供教育管理部门统一分配,让这些教材在其他有需要的学校继续循环使用。

第四章

德国基础教育的教学与方法

第一节　德国教学论的发展脉络及核心特征

作为一门学科的“教学论”(Didaktik)是德国对现代教育学发展的一大贡献。根植于德国的哲学传统和文化渊源,教学论初创于19世纪初德国的新人文主义的风潮,并在20世纪中期发展成为一个专门学科(Zierer et al, 2012)。在二战后数十年的发展过程中,德国教学论以其思辨哲学和批判-反思的特征与根植于经验主义的美国“课程-教学论”构成了当代教育学的两大主要范式,对世界各国产生了重要影响。

一、德国当代教学论的发展脉络

德国在近现代西方教学论和教学理论发展史上占有举足轻重的地位。1612年,德国教育家拉特克(Wolfgang Tatke)首次提出了教学论的概念;19世纪初,被视为教育学学科创始人的德国哲学家、心理学家赫尔巴特(Johann F. Herbart)提出了教育的“教育性教学”原则,开始把教学论置于教育的中心(Kansanen, 1995)。二战后,一方面通过在大学中设立专门的教授席位,“普通教育学”(Allgemeine Didaktik)作为教育学的一个分支学科在德国实现了制度化;另一方面,以克拉夫基(Wolfgang Klafki)和海曼(Paul Heimann)为代表的一批德国教育学家分别沿着“以修养为中心”和“以学习为中心”两大理论取向开始对教学论进行系统化的探索(Zierer et al, 2012),开创了德国教学论研究30多年的繁荣发展。

围绕“修养”(Bildung)这一核心概念,克拉夫基在20世纪50年代末、60年代初提出了著名的“教学论分析五原则”,并对范例教学等教学法进行了发展,强调教学作为一种反思性实践的意义,开创了以修养为中心的教学论流派。克林伯格(Lothar Klingberg)、布兰克茨(Herwig Blankertz)、本纳(Dietrich Benner)等教育学家都被认为是这一流派的代表人物(Meyer, 2015)。克拉夫基本人也在近40多年的时间里对他所开创的教学论流派不断进行反思和扩展,并将这一流派导向"批判-建构的教学论"(Zierer et al, 2012)。

20世纪60年代,海曼在其教学论研究中把学习参与者的人类学-心理学条件和社会-文化条件作为前提纳入教学分析,开创了以学习为中心的"柏林学派";80年代,同作为柏林学派代表人物的舒尔茨(Wolfgang Schulz)在海曼理论的基础上进一步延伸,形成了"汉堡教学设计学派"。

在30多年的发展过程中,"以教养为中心"和"以学习为中心"的两大教学论学派各成体系,但也在一定程度上相互影响和借鉴。例如,克拉夫基在后期将评估纳入其理论体系,舒尔茨在其汉堡教学设计模式中也加入了克拉夫基主张的批判的视角。这两大学派在德国和世界上产生了极大的影响,尽管同一时期,德国的教学论研究者们还从不同的理论视角出发建构了如"控制论教学论""批判-交往教学论"等超过40个不同的理论模式(克罗恩, 2005),但只有以教养为中心的教学论流派(包括后期的批判-建构教学论)和以学习为中心的教学论流派(柏林-汉堡教学论)被认可为德国当代普通教学论的经典(Zierer et al, 2012)[1]。

从20世纪60年代到90年代的近40年时间,是德国普通教学论的"黄金时代"。新千年伊始,德国学生在PISA测试中的糟糕表现一度让德国传统的教学论和教学法陷入批评的浪潮。实证导向和经验研究的路径、教育心理学和学科教学法受到教育研究者越来越多的重视,德国的教学论和教学法研究正在向着更加注重实践和更加多元化的方向发展。

二、德国当代教学论的哲学基础

尽管在发展过程中分化出发展多种不同的理论流派,但德国教学论在整体

〔1〕 20世纪70年代,也有学者将"控制论教学论"视为当时联邦德国与克拉夫基和海曼的理论相并列的第三大主要的教学论(参见 Reich K. Theorien der Allgemeinen Didaktik[M]. Stuttgart: Ernst Klett Verlag, 1977),本章第二节也将对控制论教学论做简要介绍。

上依然显现出与德国近代哲学文化传统密切相关的典型特色，由此形成其特殊的“教育学-教学论”范式，与 20 世纪以来在美国发展起来的“教育科学-课程论”传统形成鲜明对比，共同构成了影响当代教育学研究的两大主要范式（王飞，2012）。

德国教学论根植于德国 19 世纪初的新人文主义思想，并具有德国思辨哲学和精神科学（Geistwissenscahft）的显著特征。近代德国的思想家和哲学家们继承了德意志民族在长期分裂的历史境遇中不断追求自我认同而形成的思辨精神，他们从宗教改革和启蒙运动中汲取理性光芒的滋养，也吸收了康德哲学的批评精神和费希特对“自我意识”和精神力量的推崇。他们从一开始就摒弃了对于现实问题的经验探讨，而试图在“在经验世界之外去寻求一种超验的、永恒的东西”（王飞，2012），他们专注于寻求对于本质问题的解答和对于“人之为人”的探索。这构成了德国当代教学论的哲学基础。

当代德国教学论的构建，离不开 “修养”（Bildung，也译作教化、教养）这一具有新人文主义色彩的概念。修养的意义远远超出了教育和教学，强调的是人作为一个有机整体的发展。19 世纪德国新人文主义代表人物和教育家洪堡（Wilhelm von Humboldt）曾经阐述道，“修养”指向“某种更高级和更内在的东西，即一种由知识以及整个精神和道德所追求的情感而来的、并和谐地贯彻到感觉和个性之中的情操。”因而“修养”是通过教育实现人感谢和理性的共同发展，达到“向普遍性的提升”。（加达默尔，2004）而洪堡提出的著名的“由科学达致修养”（Bildung durch Wissenschaft）的观点就是强调通过科学探究建立对自然世界的秩序的理性理解，促进了学术知识和道德教育的统一。

教学论专家昆慈利（Rudolf Künzli）对“修养”的概念作了如下阐述：

“修养是一个超越了知识和技巧本身的概念，是指通过主动参与到文化遗产中来并创造性地获得它们而形成个体的过程。其最初的任务不是要问学生如何学习或如何使学生接近知识，也不是确定学生应当能做什么或知道什么。相反，教学论专家最初的任务是追求文化所赋予的知识和技巧在形成品德上的意义。这才是考虑对象时所关注的焦点，而正是这一焦点决定了各种可能的教学方法及其情境与相互联系。”

他进而解释了德国教学论的根本特征：

“教学论首要的基本问题是要追问，为什么学生要学习这个课题？如果不能至少间接地对修养有所助益，任何教学目标都是不值得的。所以，首要的任务是依据修养找出将要学习的对象的意义，然后才去追问它能够和应当对学生有何意义，以及学生如何能够自己体验这种意义。”（Künzli，2000；转引自丁邦平，2009）

“修养”的概念是德国当代教学论建构的基础。在此基础上发展起来的教学论继承了新人文主义的传统，从一开始就超出了具体的教学方法和教学策略的层面，而是关注于人的成长这一更加本质层面上的意义。即便是海曼为代表的以学习为中心的教学论学派，也同样从教育的根本目标出发进行理论建构，并且同样强调反思在教学中的意义，因而在很大程度上也显现了德国古典哲学的特质。

三、德国教学论理论与实践的主要特征

总体而言，基于特定的哲学和文化传统，德国当代教学论体现出显著的思辨哲学的特征，指向教育的根本目标——人的发展，侧重于对于教学理论的建构，较少受到经验主义的影响，因而与20世纪美国实用主义影响下发展起来的“课程-教学论”范式形成鲜明对比。德国教学论的的典型特征体现在从理论到实践的方方面面。

首先，德国教学论特别注重理论的建构，这与其思辨哲学的传统一脉相承。教学论的目的是人的“修养”即整体性的发展，在这个目标之下，再发展和建构教育的内容和方法。虽然德国教学论在20世纪经过了数代教育家的发展，分化出不同的理论流派，也对经验主义、实证主义和科学主义的教学论流派进行了借鉴和吸收，但德国当代主流的教学论范式依然传承了“修养”的核心概念，其关注的核心是“为什么要学，为什么要教”的问题，其次才是“教什么”和“如何教”的问题，德国当代教学论的主要流派，也基本是按照这样的逻辑建构和发展起来的。而对于德国影响较大的教学论流派，本章后面将用专门部分进行介绍。

其次，在人文主义传统的影响下，德国教学论把促进“理解”作为教育教学的

核心。德国教师特别强调学生知识学习的透彻、完整和严密，这有点类似于今天我们所说的强调教学质量。这与洪堡的新人文主义传统是一脉相承的——只有真正理解知识，才可能把知识内化成实现人的"整体性提升"的能力，才能真正把知识与道德的发展结合起来。因而相比于急于完成教学计划的要求，德国教师们更加注重学生对于知识是否已经吃透和深刻了解。有研究者通过比较英、法、德三国教育理论发现，德国的教师在教学中习惯将学生在家庭作业中出现的知识性错误拿来作为案例向整个班级进行讲解来帮助学生加深理解，并且经常以此作为一节课的开始，这样教师可以检验学生对于知识的理解，并且通过共同讲解来帮助所有学生加强理解。而比起严格按照教学大纲赶进度，德国教师们更加注重学生是否真正把知识学透彻(Pepin, 1998)。

此外，在德国的教学论体系中，教师的角色至关重要，并且在教学实践拥有很大的自主权。为了更好地实现"修养"的教育目标，教师首先需要具备极高的知识和道德素养。19 世纪初洪堡主导的一系列改革中的重要一项，就是确定了文理中学教师的国家公职人员地位并设立相应的国家考试制度，只有经过学术和研究训练的大学生，才能参加教师国家考试成为文理中学教师。在此之后，国家考试制度逐渐发展到面向所有类型和层次学校教师。在这样一套资格证书制度体系内，教师被视为拥有知识话语权的专业人士，能够在较大的空间内自主进行教育活动，在促进人的发展、实现人的整体性提升这样的教学论目标下，自主选择教学内容和方法。虽然各州文教部都会颁布教学大纲(Lehrplan)，但在德国的语境中教学大纲是"关于'在学校中应该教和学些什么的'规范框架"(Mitter, 1981)，一般包含对教育目标的陈述和知识主题的说明，其功能更接近于教学指导方针，不会对教学内容和过程做过多详细的规定。德国教师的教学活动以教学大纲为参考，但有较大的自主权选择教学内容、教学材料和安排教学活动。这与以英美为代表的盎格鲁-萨克森教育体系不同，后者的教学计划通常规定了较为详细的教学内容，甚至还包括适当的教学组织形式的选择，教学方法和媒介，教学材料的适应和教学过程的评估等，而教师则更像是教学计划的执行者(王飞, 2012)。

受到德国教学论注重理论建构、强调批判和个体反思的传统影响，相对于英美等国家的教师，德国的中小学教师普遍秉持相对保守的教学风格。例如德国教师习惯在教学中将整个班级整合在一起，进行更多的集体讲授。他们强调逻辑，授课以一种结构化的形式进行，对于一些新颖的甚至是"花哨"的教学方法和技术往往会冷静地保持一定距离，而不是急于求新求变。这种教学风格尤其体现在数学教学中，有学者在比较了英国、法国和德国的教师教学风格后指出，德国教师的数学课更加强调逻辑和证明，教学方式是非常严格，教师的教授占了很大比重。特别是在强调学术性知识学习的文理中学，数学课的讨论是非常深入的。而在鼓励采用创新性的解题办法和解题思路方面，德国教师却相对谨慎和保守(Pepin, 1998)。

在这样的教学论传统影响下，虽然德国基础教育在结构上是多轨分流的，但不同类型学校的教师在教育法和课堂组织上还有具有很显著的相似性。德国教学论特别强调教育的"整体性"——教育不仅仅是智识层面上的，也是实践层面上的。这一观点对德国职业教育的影响同样深远。在德国，每一个职业都被认为是有尊严的，需要全心的投入和付出，也是需要通过系统的教育培养才能够胜任的。接受技术训练和职业教育的过程，同样也是人的整体性发展和"修养"的过程。这也是为什么虽然主要受到人文主义传统的影响，但德国教学论同样强调实践的原因。

第二节　二战后联邦德国的主要教学论流派

一、以"修养"为中心的教学论流派

以"修养"为中心的教学论是德国战后最重要的教学论流派，以 20 世纪 50 年代范例教学法的发展为开端，由克拉夫基继续发展出范畴教学论和教学论分析原则，在 20 世纪六七十年代德国的教育理论大讨论中，克拉夫基不断吸收其

他教学论流派的观点，对其理论进行反思、修订和发展，最终在80年代中期提出了“批评-建构教学论”作为修养为中心的教学论流派的延续和革新(李其龙，1993;杜惠洁，2006)。克林伯格、布兰克茨和本纳等教学论专家也被认为属于侧重修养的教学论流派(Meyer，2015)。篇幅所限，我们在这里选取范例教学法和克拉夫基的教学论分析原则作为这一流派的代表性理论进行简要介绍。

1. 范例教学

范例教学(Exemplarität 或 Exemplarisches Lehren)是德国20世纪50年代发展起来的一种教学法流派，也被认为是20世纪以来在全世界影响最大的三大教学法之一。二战后初期，已经有很多学者开始使用范例教学的概念;20世纪50年代初，数学、物理教学论专家瓦根舍因(Martin Wagenschein)对范例教学进行了理论建构并首先将其用于教学实践，后来克拉夫基等学者对范例教学进行了进一步的发展，形成了一套系统的教学论。

范例教学论的基本观点是:通过来自日常生活的那些基础、简明但又隐含本质因素的典型的实例和事例进行教学，帮助学生从这些范例中获得对于一般性、结构性和本质性规律、特征的认知，从而主动地建构自己的知识体系。并且范例教学的意义不仅存在于课程教学活动本身，而是指向教育的根本目标。用这一学派代表人物克拉夫基的话来说，这是一种能够促进学习者独立性的“教养性的学习”(克拉夫基，1998)，由此能够把知识学习和了解科学的系统性、培养积极的学习态度以及情操修养的提升结合在一起。

范例教学论的发展有其特定的历史背景。20世纪50年代，结束战争和纳粹统治的德国(前联邦德国)百废待兴，提升教育质量、促进人才培养成为迫切的社会需求，当时德国教育界主要采用传统的分科教学法，强调大量知识的灌输和应试。同时，科学技术的飞速发展带来了知识的几何式增长，德国教育主管部门开始推行一种百科全书式的教学方式，教学计划和教材的内容被不断扩充。其结果是课程知识和教材内容繁复庞杂，学生的知识学习碎片化，“只见树木不见森林”;同时，学生的学业负担和应试压力大大加重，学习兴趣受到打击，更多是被动式的接受。这种状况引发了教育官员、教师和教育学家的广泛关切，他们认识到必须对课程和教学内容进行改革。

在这一背景下,1951年秋在巴登符腾堡州图宾根大学举行了一次由教育学家、各级学校校长、教师代表和各地教育主管部门官员代表参加的关于德国教育改革的讨论会,并发表了著名的“图宾根决议”。决议指出了德国中学、大学教学中存在的问题,认为当前的教学活动“对提高成绩的追求存在误解”“没有(学习的)彻底性和完整性,成绩就无从谈起;而不对教材和内容进行自我约束,彻底性和完整性也就无法实现”,过多的、烦琐的教学和教材内容反而让学生无法真正领会最根本和基础性的知识,“不能让德国教育的精神生活因为(教学)材料的充盈而窒息”,应当让教学回归到最根本和本质的知识教授,而“考试作为一种教学方法应当更加侧重于理解而非记忆”,应当“把呆板的教学计划原则改成指导性的教学方针,并减少不必要的课时”(Wagenschein, 1951)。正是在这次会议上,历史学家海姆佩尔(Hermann Heimpel)提出了应围绕“范例教学”进行教育改革的主张。但范例教学这种形式并不是一种新的发明,而是在已有的教学实践和一些教学家、哲学家的论述中已经存在的。

图宾根会议之后,数学和物理学教学论专家瓦根舍因首先将范例教学运用到实践当中。瓦根舍因主张,只选择那些特定的主题,即范例,进行强化学习,每一个范例都像镜子一样,能够反映整体。而这里的整体既是指知识的整体性,也是指作为一个整体的学习者。他特别强调教学的“彻底性”(Gruendlichkeit),认为只有把一个范例学透,彻底掌握,才能长久地掌握知识,因而应当保证学生把足够的时间用在范例的学习上(Wagenschein, 1965)。

研究者通常把范例教学的原则归纳为基本性、基础性和范例性(代表性)三点。所谓基本性(Elementare),是说范例教学要着眼于一个学科最基本的概念、规律法则和知识内容;基础性(Fundamentale)是指教学应当面向所有普通的受教育者,符合他们的智力水平、认知能力和现实经验。所以这两个原则分别是指向教学内容和教学对象的。而范例性(Exemplarische)则是为了实现前两个原则对教学提出的要求,即教学主题和教学设计作为连接教育内容和教育对象之间的桥梁要有代表性和示范性,能够引申至其他更为普遍的情况(李其龙, 1984)。

在具体的教学设计和组织实施中,范例教学主张不再按照传统的学科内部体系结构,逐个部分进行教学,而是采用课题的形式设计和实施教学。例如在数学和自然科学领域，不是逐个讲解定理或法则，而可以从现象入手；如物理教学中把“自由落体”这个现象作为一个课题，从中引出关于能量、质量、惯性和引力等概念及规律来。对于历史教学而言，课题可以是典型事件、典型人物；对语文教学来说，一个课题可以是一位重要作家，一篇或者一组文章。课题的选择不是随意的，而是要遵循范例性的原则，能够作为突破点，或者可以举一反三推及开来，并且能够持续地激发学生的兴趣和求知欲，从一个知识点转到下一个知识点，瓦根舍因将此称为“继承性”(Genetisch)(Wagenschein, 1966)。而且根据前面讲的基础性、基本性和范例性的三原则，这些看似独立的课题集合在一起，实际能够反应整体性的学习要求，从而保持教学的系统性。

范例教学的过程则被研究者归纳为典型的四个阶段：第一个阶段是“范例性地阐明‘个’的阶段”——教师课题性教学中以个别的具体案例、也就是作为整体性反映的范例来说明本质。第二阶段是“范例性地阐明‘类’的阶段”——即从第一阶段讨论的“个”的问题推展开来，或者对不同但相关的“个”进行归纳，去讨论“类”的现象。第三个阶段是“范例性地掌握规律和范畴的关系”——即前两个阶段从“个别”抽象到“类”之后，探讨其背后的规律性知识。第四个阶段是“范例性地获得关于世界与生活的经验”，是在前三个阶段基础上进一步的提升，在对自然规律、知识范畴或社会概念的了解的基础上，获得关于客观世界和人类社会更一般性的认知，把这种认知转化为学生自我发展的一部分(李其龙, 1986)。

范例教学论代表人物之一的施腾策尔(Arnold Stenzel)曾经用地理教学中对俄罗斯南方草原景观的讲授作为例子说明范例教学的四个阶段。他这样描述：可以用乌克兰防风林带作为案例来讲解俄罗斯南方草原的景观。在范例教学的第一阶段，学生需要对乌克兰防风林的案例进行充分、彻底的探讨。到第二阶段，学生不仅通过乌克兰防风林代表的案例了解到俄罗斯南方草原景观的整体性的特征，还可以认识一系列类似景观的本质特征，如美国中西部草原景观等。第三阶段则是通过对各种草原景观的归类，了解草原化过程，认识人类活动与气候、地理条件相结合后对自然环境的干预结果。到第四阶段，学生们将进一步思考和理解人类与自然的关系(李其龙, 1986)。

范例教学论在 20 世纪五六十年代对前联邦德国的基础教育产生广泛影

响——教科书和教学计划内容得到精简，学校教育致力于学生能力发展，文理中学高年级将班级组织改为课程制，毕业考试科目减少至四门。这一时期，范例教学论也在国际上产生了很大的影响，多个国家的教育研究者和政策制定者都对其进行了介绍和推广。但是，范例教学论也存在一些弊端，例如有批评者认为范例教学论从另一方面增加了教师的工作负担，而一些原则在实践操作中也存在难度，如如何选择范例才能保证知识学习的系统化等。20 世纪 70 年代以后，克拉夫基等教育学家对这一教学论进行了进一步的发展。

2. 克拉夫基的教学论分析

前马尔堡大学教授、德国教育学会终身名誉主席克拉夫基(图 4-1)是蜚声世界的德国当代教育学家，是以“修养”为中心的教学论流派的核心人物。他在范例教学影响减弱的 20 世纪 70 年代持续地参与德国教育改革的论争，并对已有的教育理论不断进行反思和发展，将教育理论不同流派的讨论引向深入。同时，他也主导和参与了这期间德国教育系统的若干项重大改革。而他先后培养的 60 余名从事教育学理论研究的博士在德国各个大学教育学教席任教，成为时至今日引领德国教育理论研究的重要力量。

克拉夫基在教育理论研究中的贡献包括对范例教学论进行发展提出了“范畴教学”(Kategoriale Bildung)的理论，对实质教育论和形式教育论的对立进行了批判性反思，并在教养教学论的基础提出了批评-建构教学论。而在教学方法特别是教师的教学准备方面，他提出的“教学论分析五原则”具有理论和实践两方面重要意义，被广泛贯彻到德国教师教育和教师教学实践中。以下我们就对他的这一教学论分析法进行简要介绍。

图 4-1 德国教育学家克拉夫基[1]

克拉夫基认为，能否将教育理论贯彻到实

[1] 马尔堡大学主页。

践的关键在教师,教师教学成功的关键则在于备课。而传统的教育学理论通常认为教师备课主要是教学材料的组织和具体教学方法的准备,克拉夫基则提出,教学论分析(Didaktische Analyse)是备课的核心,教师必须要深刻领会教学内容,明白教材的目标、结构、各部分内容之间的逻辑关系,同时也要站在学生的角度上思考教学内容中的难点,并在此基础上选择最恰当的教学方法。他把这种教学论分析的要求归纳为以下五个基本问题。

(1) 范例性意义

教学课题能够揭示怎样的普遍性事实？教学内容能够引出哪些总体性问题？对于教学课题范例性的探讨能够让学生获得哪些相互关联的基本原则、规律、结构、矛盾、处理的可能性(技术,方法)？作为教师我将从原则上向学生展示哪些对我而言有本质意义的内容？

(2) 现实性的意义

学生已经掌握了什么？关于今天的课题他们已经具备了哪些能力？他们对今天的课题已经了解了多少？在今天的教学中他们将在哪些地方应用他们已有的知识或能力？

具体来说,这个问题可以再具体分解为:今天所选择的课题是否已经在学生的提问中出现？学生们对这个课题是否有兴趣或学习的需求？学生们是否已经从他们在校外获得的经验对课题有所了解？这个课题是不是他们迫切想要了解的？在哪些方面学生们已经获得了进入这个课题的途径,哪些方面还没有？

(3) 未来性的意义

这个课题对于学生的未来有怎样的意义？这个课题在何种程度上对学生未来的个人发展和职业生活具有意义？

这个问题可以继续分解为:这个课题在学生的生活或者他们所处的现实世界之中是否拥有一个活跃的位置？这个课题是否在未来依然(或必须)具有意义？学生是否已经意识到这个课题对于未来的意义,这种意义能否启发他们？这个课题对于未来的意义是否在目前还难以被学生意识到,而是教师必须独自承担起启发的责任？课程的内容是否有助于实现普遍的道德目标,如自我责任、成熟,等等。

(4) 课题性的结构化

(从前三个问题进入教学法的视角后)课程内容应当按照怎样的结构进行讲授?

这个问题可以再进一步细分为:课程内容各部分之间有怎样的逻辑或事实关系?课程内容在意义上是否是有层次的?内容处在怎样的情景之中,其事实性的前提是什么?课程内容的哪些特殊之处可能让学生理解起来比较困难?哪些是学生应该获得的最起码的知识?

(5) 内容的可获得性

有哪些特别的例子、现象或者情境能够让学生对于课程内容产生兴趣、愿意提问、能够理解?

这个问题可以再进一步细分为:哪些恰当的"直观"(事例、现象、情景、尝试、模式)能够激发起学生对于教学内容和结构的兴趣,愿意提出问题?哪些能让学生对他们的问题尽可能独立地进行回答?又有哪些能让范例性的案例、其中的基本原则和相关的知识内容、结构变得富有成果,能够应用和练习?(Klafki, 1958)

克拉夫基的这五步分析法为教师提供了一套教科书式的备课指导方案,涵括了教学的目标、意义以及教学组织和内容选择的方方面面,具有较强的操作性和实践意义。更重要的是,教学论分析的这五个原则都指向教师的批判性反思,通过不断的推进和细化反思来引导教学准备的过程,并通过角色的转换思考学生对于教学内容的接受情况。而教学论分析的起点和终点都是教学目标的实现,也就是学生对于知识的掌握及知识对于他们现实和未来生活的意义,也就是"教养"的教育目标的实现。

克拉夫基的这五步教学论分析法提出之后,在德国和世界范围内都产生了深刻而广泛的影响,他提出的"以教学论分析作为备课的核心"的原则被深深植入德国的教师教育和教师的教学实践。即使放在今天的教学情境下,这一教学分析模式依然有重要的理论和实践意义。

二、以学习为中心的教学论学派——柏林教学论

柏林教学论学派(Berliner Schule der Didaktik)是在 20 世纪 60 年代紧随着

范例教学论的盛行而发展起来一个新的教学论流派,因其三位主要代表学者海曼(Paul Heimann)、舒尔茨(Wolfgang Schulz)和奥托(Gunter Otto)都出自柏林高等师范专科学校而得名。

柏林教学论学派是在对当时德国流行的以范例教学论为代表的各种教学理论进行反思和批判的过程中发展起来的。学派的代表人物在20世纪60年代初先后撰文,指出范例教学论虽然对教学目的分析和教学内容的选择做出了重大的理论性贡献,但却忽视了教育过程中的其他一些因素例如教学方法,也缺少把各种因素纳入教学论思考的系统性结构。因而柏林学派的理论建设就重点放在了对于教学过程的诸因素进行系统性的结构分析上面。

1. 柏林教学论学派的理论

柏林学派对于教学分析的理论观点被归纳为四个因素和两个前提条件。

四个因素分别是:

(1) 意向(Absichten/Ziele)。指教学目标的确立,包括认知目标、情感目标和实用目标三个方面。

(2) 内容(Inhalte/Gegenstaende)。即教学内容,分为科学性、技术性和实用性三个领域,并且需要具备现实意义。

(3) 方法(Methoden/Wege)。即具体的教学方法。

(4) 媒介(Mittel/Medien)。即教学材料、教学手段和教学工具。

两个前提条件分别是:

(1) 人类学-心理学条件(Anthropogene Voraussetzung)。也就是教学活动所有参与者(教师与学生,特别是学生的)自身的特点,包括年龄、性别、性格、天赋、兴趣等。

(2) 社会-文化条件(Sozio-kulturelle Voraussetzungen)。是指教学活动参与者的文化、宗教信仰、阶层等社会文化性的条件,以及学校文化氛围、规章制度等可能对教学产生影响的外部条件(Heimann et al, 1979)。

2. 柏林教学论学派的结构分析

柏林学派倡导的教学的结构分析,就是对以上四个因素和两项前提进行逐个反思，讨论它们之间是否适切，如何相互配合以实现教学目标。这个分析的过程可以分解为围绕以上四个因素和两个前提条件的一系列的问题，我们在这里用表格的形式进行呈现（表 4-1）。

表 4-1 柏林教学论学派的教学分析法(Heimann et al, 1979)

对学习参与者的人类学—心理学条件进行分析

- 每一个学生具备怎样的学习背景？
- 每一个学生的发展水平如何？
- 每一个学生有怎样的态度、动机？他们是否是乐于接受的？
- 他们生活在怎样的环境中，从中获得了怎样的态度、能力、学习风格？
- 所有学习参与者以往的经验有哪些？
- 小组是怎样组成的？谁是领导？谁具有影响力？小组的氛围是怎样的？
- 学生和老师之间是怎样的行为关系？
- 学生们会有怎样的兴趣？

对学习参与者的社会—文化条件进行分析

- 学习的场所在哪里？
- 学习的场所有哪些空间条件？
- 可以利用的时间有多少？
- 此外还有哪些不可改变的条件？
- 有哪些来自外部的影响或控制因素？（例如电源和电力的供应情况）
- 学生们的年龄？他们处于怎样的发展阶段，是女性还是男性？
- 有哪些来自学校、父母和社会的期望？
- 学校秉持怎样的教育理念？

对意向进行分析

- 我（我们）想要获得什么？为什么？
- 这些目标从何而来？何以成立？
- 目标与前提条件是如何相适应的？
- 这些目标是可以实现的吗？还是需要根据前提条件进行调整？

对内容进行分析

- 教学的内容是什么？
- 内容与目标是否相互适切？
- 如何在学习参与者的人类学-心理学和社会-文化条件限制内对内容进行恰当地界定或扩充？
- 内容与学习参与者的人类学-心理学和社会-文化条件是否存在矛盾？

续表

对方法进行分析
• 在对两个前提条件和教学的意向、内容进行分析之后,教育对于如何实现(教学目标)有怎样的想法? • 有哪些可行的步骤? • 教师可以做什么、说什么、提供什么?如何建构和呈现学习内容? • 是否有必要改变目标,因为找不到实现它的方法?或者需要对内容的选择、条件框架或教师自己的前设条件作出调整?
对媒介进行分析
• 教师是否掌握媒介或材料?或者必须做出改变,因为媒介无法使用?(例如,教师想展示图片,但缺少投影仪) • 媒介与参与者的前提条件、与教学的意向、内容和方法是否适切?

柏林学派主张教师在备课时,按照上述的问题对学生的状况以及教学的核心因素逐一进行分析,并提出了五项基本原则。

(1) 所有这六项因素都是相互关联的。每一个因素都必须基于其他五项因素进行观察和分析。

(2) 基于这一分析模型制定的教学计划应当是一个各因素相互关联的决策系统,对其中每一个具体部分所作的决定,都要考虑与其他部分是否相适应。

(3) 决策时也要考虑外部条件框架(如空间、时间、地点等),需要时应根据目标对外部条件做出调整。

(4) 虽然这六项因素是按照一定顺序进行陈述的,但在教学分析和设计中不必应按照这一顺序进行,因为所有因素都是相互影响的,因而可以从任一个因素开始分析,然后再根据这一因素与其他因素的关系转到下一个分析点,以此类推。

(5) 每一次按照计划完成授课后,其结果或成果关乎所有学习参与者。备课时所设计的教学目标是否实现,哪些内容、方法、媒介被改变、或者没有发生,这些对于教学结果的判断分析都应当成为下一次备课需要考虑的前提条件。(Heimann et al, 1979)六个因素之间的逻辑关系可以用图 4-2 来表示。

很多研究者认为,柏林教学论学派提出的教学分析法一大突出的原创性贡献,就是把学习参与者的人类学-心理学条件和社会-文化条件作为前提,纳入教

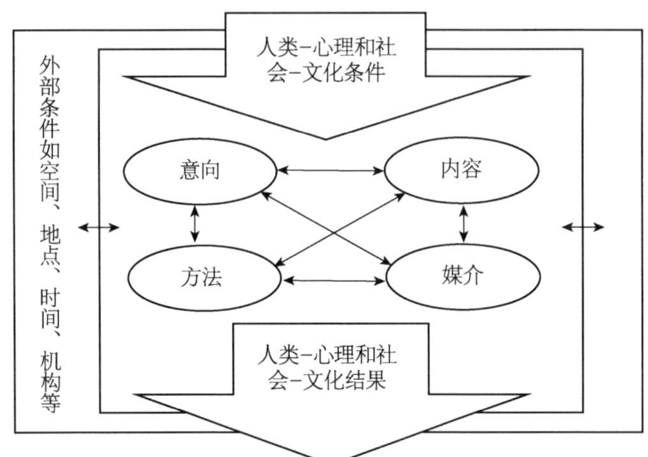

图 4-2 柏林教学论学派的教学分析法(Heimann et al, 1979)

学分析,用以说明教学活动不是独立存在的,而是与师生的生理、心理条件以及所处的外部社会环境密切相关,这是以往的教学论没有涉及的。

而这一理论模型把关注点放在了教学过程本身,不仅提出了教学的构成要素,而且是从教师的视角对备课和教学涉及作了具体的阐述,具有可操作性(Petessen, 2000)。柏林学派的教学论分析提出之后,舒尔茨等教学论专家对其进行了阐释和发展,出现了多个教学设计的理论流派,其中影响较大的是“汉堡教学设计”模式。因为柏林教学论学派开创的理论流派更加注重教学过程本身,注重学习者的角色,因而被概括为以学习为中心的教学论流派,与教养教学论并列成为德国战后教学论发展最重要的两条脉络(Zierer, 2012)。

三、“控制论”教学论

除了克拉夫基代表的修养教学论流派和以学习为中心的柏林教学论流派,在 20 世纪德国教学论发展的黄金时期,也有其他一些理论模式蜚声一时。例如受到系统论、信息技术发展而形成的控制论教学论,和深受法兰克福学派影响的批判-交往教学论等。其中,控制论教学论在 20 世纪六七十年代产生了较大的影响,甚至被当时的一些研究者视为与修养教学论和柏林教学论并列的第三大主流学说(Reich, 1977)。下面,我们就对这一理论学说进行简要的介绍。

20世纪六七十年代，随着信息技术的发展，信息理论、系统论、行为科学等自然科学和工学理论学说也开始对德国的教育学研究产生影响。控制论教学论（也被称为“控制论意义上的教学论”或“基于控制论和信息理论的教学论”）就是在这一时期由库伯（Felix von Cube）和弗兰克（Helmar Frank）等人发展建构起来的新的教学论流派。

这一教学论流派在理论上最大的特色是将教学看做一个控制的过程（Regelungsprozess），即“基于特定目标对学习者行为进行管理的过程”（Martial 1986）。学派代表人物弗兰克吸收了控制论的相关理论，借用控制系统的概念“目标值”“控制者”“执行器”“检测器”“接收方”和“干扰因素”建立了一个关于教学系统的“控制环”模型（图4-3），每一个概念都对应教学过程中的一个因素，如教师、学生、媒介，而不同因素之间传递的“信息”——控制、反应、策略、“实际值”等，则用来表明不同因素之间是如何相互作用的。

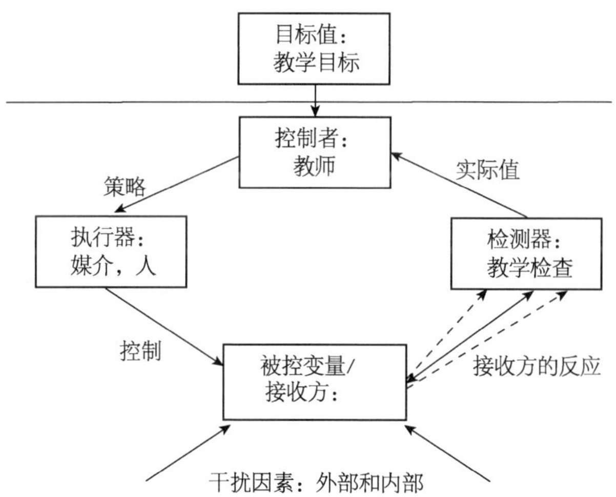

图4-3 作为控制环的教学过程（Martial，1986）

在这个系统中，目标值（Soll-Wert）就是学习目标。学习目标位于教学控制环的外部，为教师即控制者（Regler）所熟悉，并且是控制者控制行为的基础。为了实现学习目标，教师作为控制者负责教学策略的设计、执行以及必要的调整，同时选择教学的媒介和方法。而在教学系统中发挥执行器（Stellglied）作用的是媒介（图像、实验、文本等）或人（例如进行讲授或报告的教师、同学），在教学策略的框架下,媒介的使用是为了对作为被控变量(Regelgroesse)或者说接收方(Adressat)的学习者产生作用。但学习者对于教师教学策略的接收,不仅受到通过执行器,也就是媒介所贯彻的"控制"的影响,同时也受到干扰因素(Stoergroessen)和副作用(Nebenwirkungen)的影响。

干扰因素在教学控制系统中是那些"所有教师无法预知、接收方(学生)所面临的影响因素"。这些因素既可能来自外部(如同学、书本),也可能来自内部(如疲劳、情绪)。而副作用则是指"媒介和控制操作产生的与实现教学目标无关的影响"。学生是否实现了学习目标,教学的控制是否有效,需要通过检测器(Messfuehler)也就是教学检查(Lernkontrolle)来进行评估。因而检测器和控制者之间是"反向耦合"(Rueckkloppung)的关系。教学检查的形式是多样的,并且可以促使教师调整教学策略。而在测量传感器和接受者之间,也是一种反向耦合的关系,也就是说,学生也可以通过教学检查收到关于自己学习状态的信息(Martial 1986)。

库伯和弗兰克等人希望用这样一个基于控制模型建立的教学控制环,表明教学活动的基本结构和不同因素之间的作用关系,从而帮助教师和学生优化教学和学习策略。他们还进一步提出了若干具体的优化策略,以及学习过程的不同类型,在此暂不作赘述。

第三节 新世纪以来德国教学理论和实践的新趋势

进入新世纪以来,德国基础教育教学理念、方法呈现多元化发展的趋势。一方面,传统的德国教学论与学习理论、实验心理学、以及"课程-教学论"的发展成果相互借鉴,使得德国的教育理论研究向着交叉融合、注重批评反思,以及理论与实践相结合的方向发展。另一方面,当代社会科学技术的迅猛发展、知识生产模式的转型以及社会人口和文化结构的变迁也为教学理论和教学实践提出新的课题。在这一节中,我们将首先介绍德国教学理论研究者们在2000年以来研究取向的变化和理论探索的新发展;之后,我们将着重介绍在新的社会背景和知识环境下德国教育政策部门正在大力倡导的跨学科教学和跨文化教学。

一、德国教学理论的新发展

德国学生在2000年PISA测试中的糟糕表现在德国引发了长达十年的"PISA震惊",除了基础教育系统结构性的问题倍受抨击之外,在教师教育和教学实践中具有重要地位的传统教学论也受到质疑和批评。经典的普通教学论被认为不能很好地适应当代社会和知识发展的新要求,没有带来学生学业成绩提升的效果。一些研究者通过实证研究指出,传统教学论提出的教学分析和教学设计模式并不实用,教师们在现实的教学中很少去实践这些理论方法。另外,虽然教学论研究者在过去几十年中一直在进行各种理论建构,但没有真正的理论创新能够取代克拉夫基和柏林-汉堡教学论两个主要流派的统治地位,德国的教学论研究或许需要一场根本上的"范式革命"(Zierer, 2012)。

来自社会舆论的批评、教育国际化的压力以及德国教育学界的反思共同推动了2000年以来德国教育学理论研究范式、方法和知识取向的转变。德国的教育理论研究者们开始广泛借鉴学习理论、教育心理学和课程-教学论的成果,实证主义取向的教学研究受到越来越多的重视,学习者被置于新的教学理论的中心,与学科相关的教学论研究兴起。下面,我们从三个方面对这些新的变化进行简要介绍。

1. 更加注重实证主义取向的教学研究

实证主义研究在德国教育学界的兴起与"PISA震惊"之后教育政策界强烈要求以教育标准提升学校教学水平的呼声密切相关。教学研究逐渐从"输入"(input)导向转向"输出"(output)导向,以那些可以通过实证研究方法进行验证的具体和清晰的能力指标取代传统上模糊的"教养"概念作为教育教学的目标。这一新的趋势已经对德国基础教育的实践带来了颠覆性的变革,2006年之后,几乎所有州的中小学课程和教学大纲都按照新的能力指标体系进行了改革(详见第六章)。

另一个值得注意的变化是,2000 年之后很多大学的普通教学法教席在原教授退休之后被取消或改为“实证教学研究”教席,这也很清楚地表明了德国教育研究向实证主义的转向。也就很多研究者认为,德国教育研究的这种范式的转向与国际流行的从“教学到学习”的研究取向的变化以及盎格鲁-萨克森系统“课程-教学论”传统的影响密切相关。

2. 学科教学法研究的兴起

实证主义研究兴起的同时,学科教学法也逐渐取代普通教学论成为当前德国教学法研究的主流。在对过去教学理论的反思中,德国的研究者认为,没有一种普通教学论能够提出适用于所有学科教学的普遍性原则,教学活动永远是在特定学科的知识情境中进行的,因而必须要加强学科教学法进行研究。同时,只有在学科的情境中,才可能对教学的成果进行实证的检验。目前学科教学研究最为活跃、成果最集中的是数学领域(Meyer, 2012)。

3. 普通教学论的新发展

在学科教学法研究兴起的同时,德国的教学论研究者也在尝试吸收实证主义研究的范式和学习理论、教育心理学、课程教学论等领域的成果对传统的普通教学论进行改造和发展,其中影响比较大的包括海尔穆克(Andreas Helmke)的“供给-使用”教学模式(Angebots-Nutzungs-Modell)和汉堡大学的教学论研究者们建构的“教养过程教学论”(Bildungsgangdidaktik)。

海尔穆克在他的“供给-使用”教学模式(Angebots-Nutzungs-Modell)中借鉴了实证主义导向的教学研究方法和教育心理学的相关成果,将教学视为教师提供的一个特定的机会,这样的供给能否被很好地利用取决于多重因素,包括教师的专业能力和个性、课堂教学、学生个体的学习潜能及其学习活动、家庭、环境等。海尔穆克把质量的概念引入了这一模式,他区分了一般性教学的质量和专业知识教学的质量,同时也把教学材料的质量和学生自己的学习活动纳入考量,提供了一个更具有实证研究意义的教学分析框架(Helmke, 2010)。

汉堡大学的迈耶(Meinert A. Meyer)等一批研究者提出了“教养过程教学

论”(或教养过程研究)是对克拉夫基教养教学论的进一步发展。“教养”(Bildung)在这里被扩展为一个一般意义上的规范性概念(Zierer, 2012),教养过程研究则是对“学习者教育体验和个体发展”的研究(Meyer, 2012)。学习者自我建构教育过程的意义被突出出来——必须把学习者视为他们自己的教养过程的主体和设计者,在此基础上,才能恰当地进行课程和教学的设计、评估,才能对所有制度化的教育过程进行重新建构(Hericks, 2009)。所有的课程和教学大纲都要为学生的个体发展提供空间和时间(Zierer, 2012),而教师则应当在在教学中,区分学生个体对于教学内容意义的建构和教师本人的专业建构之间的区别,并努力弥合两者的差异(Meyer, 2015)。从这一理论视角出发,汉堡大学的教育研究者对不同学科的教学活动进行了大量的实证研究,在德国教育理论研究界产生了较大的影响。

二、跨学科教学的理念与实践

1. 跨学科教学提出的背景

过去20年中,跨学科教学(Fächerübergreifender Unterricht 或 Fächerverbindender Unterricht)成为德国教师教育和教学研究机构倡导的一种新的教学和课程组织方法,在萨克森等联邦州,跨学科教育已经被写入教学大纲,成为指导教师教学实施的指导性原则之一。

跨学科教学的兴起有其特定的背景。当代社会知识、信息的爆炸性增长和全球化日益广泛的渗透带来社会的急剧变迁,新的职业类型不断出现,工作的形式越来越多样化,就业市场对劳动力技能的要求不断增加,职业的稳定性被打破,青年人未来的职业图景也因而变得越来越复杂,难以预知。这种变迁对学校教育中的知识传授也提出了新的挑战,以往分科教学和集中于单一专业的学术训练或职业技能教育已经难以应对未来多变的职业发展前景和日益激烈的社会竞争。学校教育面临的新课题是,如何更好地帮助学生获得应对复杂问题的理解能力和实践技能,以及如何帮助他们建立真正适应于终身学习的知识基础。在这样的背景下,跨学科教学成为德国基础教育教学的一个发展方向。

2. 跨学科教学的定义和目标

“跨学科”本身在知识社会学、教育学等领域中还是一个有很多争议和讨论的概念范畴，而跨学科教学在德国教育学界也属于“新生事物”，因而并没有唯一的概念定义。通常普遍接受的一种观点是，跨学科教学是相对于传统上的“分科教学”而言的，指一定程度上打破学科边界、同时涉及多个学科的教学模式。例如，德国教育学家彼得森（Wilhelm H. Peteren）就将跨学科教学定义为一种“介于完全分科教学和完全不分科教学之间的教学组织形式”（2000）。

跨学科教学并没有完全摒弃学科的概念，而通常是以一个学科为核心选择特定的教学主题，同时围绕这一主题，联系多个学科中与其相关的知识内容进行教学设计和教学实施的形式。因而跨学科教学的课题更具包容性，通常涉及多个不同的学科。例如“全球变暖”可以是地理学的一个教学课题，但同时也涉及物理、化学和生物知识，甚至也可以联系到社会学科的知识如对相关公共政策的制定进行讨论。

与分科教学的目标一致，跨学科教学首先要实现其所涉及的各个学科相关知识点的教学目标，但是跨学科教学的意义又不仅限于此。跨学科教学采用课题式（或主题式）的教学模式，以一个具体的“课题”或“主题”为中心，将多学科知识联系到一起，用于分析或解决一个复杂问题，而这样的问题通常与现实生活联系更为密切。因而跨学科教学的目标在于学生综合能力的培养，包括实践技能、技术能力、社会能力的培养，思维方法的训练甚至道德的培养（例如在面对多种问题解决手段时，学生需要通过价值、道德和伦理判断做出选择）（Peteren，2000）。所以跨学科教学的目标最终指向人的全面发展。从这个意义出发，跨学科教学不仅仅是一种教学组织形式，也代表了一种教育理念。

3. 跨学科教学的设计实施

跨学科教学的形式灵活多样，可以由教师个人根据教学需要自主设计跨学科课程，也可以由多位教师进行合作授课。根据学生认知特点和接受能力的不同，跨学科教学的课题在所涉的知识范围和难度上也有很大差别。表4-2是勃兰登堡州学校和媒体研究所（LISUM）为小学阶段的体育教学所设计的一个跨学科教学的方案建议。可以看到，属于体育课内容的跑、跳、投掷和竞技运动可以与常识课中有关良好个人生活和运动习惯的内容相结合,也可以为数学及简单物理学的相关知识点如定向、测量、理解距离、速度和时间的关系等提供现实的模拟案例,普通的体育教学因而能够扩展为跨学科教学。

表 4-2 体育跨学科教学案例(LISUM Bbg, 2003)

体育课内容	跑、跳、投掷和竞技运动
常识课知识点	• 个人卫生 • 感冒预防 • 健康饮食 • 合理运动
数学知识点	• 尺寸与测量 • 长度 • 时间 • 自制的和标准化的测量仪器 • 表格和图示 • 角度 • 定向和方向描述
物理知识点	• 匀速运动距离和时间的测量 • 绘制匀速直线运动的距离和时间图 • 匀速直线运动中距离和时间的关系

跨学科教学同时也适用于更加复杂的、涉及知识面更广的课题。表 4-3 所呈现的就是勃兰登堡州学校和媒体研究所(LISUM Bbg, 2003a)为中学进行复杂跨学科课题教学所设计的一个"可持续发展"的教学案例。可持续发展是涉及知识面广并且具有重大现实意义的复杂课题,对于这一问题的学习既能够联系多个学科的基础性知识内容,促进学生分析问题和解决问题能力的提高,又指向价值观、社会责任和公民义务的养成。从表 4-3 对这个课题教学设计的内容分解可以看到,复杂的跨学科课题可以分出若干具体的知识性和能力性的子目标,进而分解为多层次的内容要点。

作为一个复杂的跨学科课题,这些内容要点如"能源和物质流动""消费行为""交通运输"等,本身也都属于跨学科的知识点,围绕每一个知识点,教师都可以进行跨学科的教学。就跨学科教学的组织而言,教师可以选择一个具体的视角，将这些知识要点有机地贯穿起来。例如，表中所示的“可持续发展的校园”，就是一个相对微观的视角，而“全球变迁-全球正义”则是一个宏观的视角。

表 4-3 复杂课题的跨学科教学案例(LISUM Bbg, 2003b)

课题名称：环境的可持续性与生存能力		
目标	内容要点	可选择的课程组织视角
• 认识到公民的权利和义务，并获得根据可持续发展的原则对环境进行保护的能力和意愿 • 获得分析冲突、评估解决方案、达成妥协的能力和意愿。通过模拟来了解国际和国内社会寻求解决环境问题并达成共识的努力 • 获得参加具体的生态发展计划或项目的能力和意愿，并增强责任感 • 获得对于人-自然-环境复杂关系的理解和基本认知 • 理解联合国提出的关于可持续发展的“21 世纪议程”在经济、生态、地方和全球性发展中的复杂性，并能够给出解决问题的建议 • 获得生态保护能力，锻炼社会参与、沟通和交往能力 • 能够对于学习成果进行积极的展示，并向公众进行传播，影响自己身边的世界	• 能源和物质的流动 • 建筑材料，住房面积；宠物，园艺和园林设计；生态房屋；聚居区和定居点；城市居民 • 摄食；消费习惯和消费行为；肉食消费；外来产品的消费；生活资料的运输 • 服装和化妆品；广告；生态服装；天然化妆品 • 人口流动和休闲；交通工具的选择；土地利用；交通噪声；远程旅游；体育活动 • 生活方式，消费模型，价值观 • 结合本地的“21 世纪议程”进行教学；参与可持续发展的项目	• “可持续发展的校园”：校园内的资源使用原则；能源和水的使用，废物利用；办公必需品；车道规划；决策参与；公平性 • “可持续发展的地区”：自然景观的保护及其休闲价值；文化景观的保护；参与保护和塑造地方文化和个体认同 • “可持续发展的德国”：环境利用和资源消耗；能源储备与能源消耗；交通和休闲产业，货物运输；肉类产品及其工业加工；房屋和建材 • 全球变迁-全球正义：水和土地资源的过度消费；贸易与消费；旅游

表格中罗列出的具体的知识要点可以在很多个学科找到相应的切入点，与本学科的知识点进行对接。如表 4-4 所示，可持续发展的课题可以用于学习“物种多样性”“光合作用”等生物知识，学习“金属与合金”“大气污染”等化学知识，甚至也可以作为外语教学的主题。例如在法语课上讨论法国的环境政策，在英语课上就可持续发展的主题做简述或进行写作。这样的复杂跨学科课题也为教

学提供了多种可能性，可以由多个教师和年级进行合作授课，也可在一个班级内进行分组教学，还可以在学校中以“主题周”“主题月”等形式组织教学和学生活动。

表4 4 “环境的可持续性与生存能力”课题所涉及的学科知识点(LISUM Bbg, 2003b)

学科	相关联的知识点或子课题
生物	动植物与生活环境的适应性；生物之间的营养供给关系；人类对自然的干预；污染物，保护物种多样性，栖息地污染；世界人口增长，碳排放；植物的适应性，光合作用，物质存储，腐烂和分解；生物系统的发展进化，人类的进化
化学	金属和合金；氢气作为未来能源载体；大气污染；酸雨；碳氢化合物；塑料
德语	设计未来(科幻写作)
法语	法国的环境政策
英语	相关主题的英文简述
地理	热带草原干湿气候的变化；气候带分布；热带雨林——“一个敏感的地理生态系统”：可持续的土地利用；自然的稳定性和不稳定性——以气候为例；景观规划——“环境设计首先要了解环境”
历史	历史进步的代价；慢速发展还是快速发展
数学	家庭和学校的电力消耗和利用率；节能计算；交通统计；对产品包装是否符合规定进行校准

三、跨文化教育的理念与实践

1. 跨文化教育提出的背景

20世纪90年代以来，全球化趋势深入发展，欧洲一体化进程加速以及不断增加的外来移民为德国教育系统带来新的挑战。一方面，德国与欧洲其他国家以及国际社会越来越频繁的互动和移民数量的快速增长加速了社会文化多样性的发展趋势；另一方面，极端的民族情绪也有所抬头，排外事件时有发生，并引发不少社会问题。在全球化的背景中建立对多元文化的社会认同，增强公民的文化理解力、包容力，促进社会公平和社会融合成为德国教育系统面临的重要任务。

因而，自20世纪90年代中期以来，德国教育政策部门和教育研究者越来越多地强调进行跨文化教育(Interkulturellen Bildung und Erziehung)的重要性和紧迫性。1996年,德国各州文教部长会议(KMK)颁布了《关于在中小学校进行跨文化教育教学的建议》(以下简称《建议》),阐述了跨文化教育教学的重要性、必要性及其基本的原则,这成为德国中小学开展跨文化教学的参考。2013年,文教部长会议(KMK)又对该《建议》进行了补充。

2. 跨文化教学的目标

文教部长会议(KMK)在1996年颁布的《建议》中指出,"面对不断增长的社会文化多样性,学校教育的任务是保障每一个儿童和青少年,无论他们的社会文化背景和出身怎样,都能获得充分的教育参与和均等的教育机会,并尽可能实现最好的学习成果。由此促进社会的一体化进程,增强文化的开放性,减少结构性的社会歧视,促进一个和平、民主的社会共同体的建设,并在全球化的世界中传达一种负责任的行动选择"(KMK, 1996)。跨文化教育则是实现这一目标的重要手段。

具体而言,跨文化教育希望在所有学校中实现不同社会-文化-语言背景的学生教育参与和个人发展的平等,从对学生群体多样性的充分认知和尊重出发,消除校园、课堂和教育系统中那些公开的或隐蔽的歧视。而学生在获得平等的教育参与和个体发展机会的同时,也能够建立对于自己身边社会以及世界文化多样性的客观认知,建立个人与他者、个体认同和社会认同之间的和谐关系,同时掌握应对差异和文化冲突、促进社会一体化发展的能力。

跨文化教学的目标是学生跨文化能力的培养,文教部长会议(KMK)在《建议》中提出,学校应当在所有学科的教学以及课外活动中促进学生跨文化能力的获得。跨文化能力包括以下几个相互依存的方面。

(1) 了解和认知的能力。将文化视为不断变化的集体认知和解释模式;对社会文化现象的出现、变迁及其发展趋势进行分析;将过去和当前的集体经验,特别是"他者形象"的构成作为跨文化的经历加以认识。

(2) 反思和评价的能力。对与自己的文化所绑定的固有印象、解释模式、社会价值体系和固有的成见进行反思;对"他者"和他者的解释模式保持开放的态度;在与他者的对话中能够承受与自己的解释模式发生的矛盾,并能够从多个角度考虑社会文化的发展过程。

(3) 行动和处置的能力。承担促进个人、学校和社会领域平等参与的责任;有意识地反对歧视和种族主义;在与他者进行沟通和合作中消除基于利益、社会文化或者语言的障碍;在尊重他者利益的基础上进行协商,和平地解决冲突。

在文教部长会议(KMK)《建议》的基础之上,各州文教部和教学研究机构分别制定了在中小学校开展跨文化教学的具体的策略和方案,将跨文化教学的目标原则进行了具体化。下面我们以梅克伦堡-前波莫瑞州(以下简称"梅前州")为例,对德国中小学跨文化教育在课程教学中的具体目标和原则进行介绍。

根据梅前州教育、科学和文化部(MBWK Mecklenburg-Vorpommern)2002年颁布的《中小学跨文化教育的总体纲要》(以下简称《纲要》),跨文化能力是"有关跨文化的正确的见解和态度,以及那些能够帮助学生在跨文化情境中进行正确判断和做出正确行动的知识",具体而言,则包括以下四个方面:

(1) 常识能力。对自己的文化和他者文化的价值、态度的认知,对价值观的相对性以及对全球一体化和全球相互依存的关系的了解。

(2) 社会能力。包括在互动和沟通中解决矛盾冲突的能力,对于处于他者文化中的个体发挥同理心(Empathie)的能力。

(3) 自我能力。了解对自己产生影响的文化价值和态度,认识决定自己个体认同的解释模式。

(4) 方法能力。对自己的和他者的文化进行分析,了解由此产生的不同的行为模式,并能够和平解决因文化差异而产生的冲突(Dangelat et al, 2002)。

这四个能力维度的划分与前文所介绍的文教部长会议(KMK)从"了解和认知""反思和评价"以及"行动和处置"三个方面对跨文化能力进行的归纳有异曲同工之处,都包含了学生面对跨文化问题以及在跨文化的情境中能够正确的认识、分析和行动的能力。

3. 跨文化教学的设计实施

跨文化教学不同于其他科目的教学,是一种知识学习、能力训练、情感发展和社会实践相结合的复杂的教学形式。根据梅前州文教部《纲要》的建议,跨文化教学应当按照“认知—理解/共情—行动”的三个层次递进。

第一个层次是了解和认知。学生建立对自己的社会化、自己所处的群体、自己的优势和自我价值判断的认知;获取有关自己和他者生活状况的基本知识,认识到相似性和差异的存在;认识不同的传统中存在的共同准则,也认识到成见和偏见的存在。

第二个层次是理解和共情(Empathie,也译作“同理心”)。学生在认知的基础上建立对陌生事务的兴趣;能够对各种经历和经验保持开放的心态,让自己进入角色或视角的转换,站在他人的立场上进行感知;能够质疑自己的视角和观点,在具体的情境(生活条件、历史经验、价值体系等)中看待自己和他人的行为,能够尊重和欣赏差异性。

第三个层次是基于理解的行动。学生能够在自己所处社会结构之外的进行定向和行动;能够找到共识作为与异文化和平共处的基础,能够基于共同认可的规则处理冲突;对于不同的世界观、生活方式、规范和价值体系予以尊重和欣赏;能够进行跨文化的合作;能够倡导平等,反对排斥,积极致力于不同文化之间的沟通(Dangelat et al, 2002)。

跨文化教学最核心的教学法原则是视角的转换和对话。通过视角的转换能够让学生认识到,自己和他人的行为都与特定的条件和情境相关。视角的转换需要在不同的层次上进行练习,例如社会角色转换,年龄、性别的转换,宏观和微观视角的转换等,也可以通过游戏(例如角色扮演)或思考的方式进行练习。这种角色可以唤起学生问题意识,帮助他们获得关于他者或少数群体的经验。

跨文化教学的出发点是日常生活的经验世界和学生个人的经验。教师应当以直接的、感性的体验作为出发点,来建设性地利用学生的兴趣。跨文化教学的课题应当选择那些能够引发学生的兴趣,并能直接参与讨论的,例如风俗传统、其他国家青少年的生活,代际关系,友谊-爱情-两性关系,青年和宗教等。

在教学的媒介的选择上,教师应当充分利于新媒体技术,帮助生能够扩展视野,为跨文化的主题贡献材料和理念。可以利用其他国家的照片、广告、漫画、笑话和涂鸦等作为教学材料，通过叙述性的、解析性的、趣味的方法进行文化角色的换位，让学生得到敏感的体验，激发他们的兴趣。

在课程的组织上，跨文化教学也是一个跨学科教学的过程，并且特别适用于开放性的课程形式，比如那些能够促进学生进行独立学习和自我管理的课程形式，让学生在提高自我意识的同时，也能够通过积极地反思包容其他的经验和视角。语言教学在跨文化学习中发挥着核心的作用，梅前州文教部甚至建议中学阶段那些非语言类的课程也应当尝试外语授课。除了课程教学之外，跨文化教育也非常适合用项目工作和专题活动的形式进行。例如校外活动，参观访问、学生交换，开展跨文化的主题周、主题日，等等。跨文化教学特别鼓励学生自己组织学习项目或专题活动，能够促进他们的整体性思维，为处理跨文化的现实问题创造重要的条件。

主题的选择对于跨文化教学尤为重要。虽然不是所有科目的所有主题都适用于跨文化教学，但每一个学科都可以从内容上发展出跨文化的维度。比较常见的跨文化教学主题包括：语言和文字，服饰和饮食，休闲，情感-两性关系-道德观念，家庭出身和家族溯源，儿童和教育，代际关系，日常工作和节日，住房和邻里关系，生死、哲学、宗教和神话等。在主题的选择和教学要点的设计上，应当考虑到学生的发展阶段、知识基础和认知能力的差异，并结合各门科目的知识特点。

表 4-5 列举了梅前州跨文化教学《纲要》为中学各科目跨文化教学提供的主题示例，可以看到各个科目都能够结合各自知识教学的要求探索跨文化教学的可能。例如在德语教学中，可以通过学习那些世界性的文学作品增强学生对于幸福、正义、爱和痛苦等主题的共同体验，用一种间接的方式鼓励学生进行视角和角色的转换。外语教学则提供了学生直接进行跨文化体验的平台，能够拓展学生对于德国和欧洲以外世界的认识，通过对特定文化条件下的行为、规范和价值进行反思建立对跨文化沟通的敏感性。而数学教学则能够通过追溯各种不同的数字和计算文化的根源，以及设计各种数学问题情境来体现文化的多样性。而社会课程则直接面对现实世界中的文化冲突问题，为学生培养跨文化的反思、评价以及行动能力提供了案例。

表 4-5 中学各科目跨文化教育的方法和主题示例(Dangelat et al, 2002)

科目	主题示例
德语	外国文学、文学比较;不同的文学形式如游记、戏剧、童话、传说、等;诗歌的内容和形式及其社会文化背景;沟通习惯和礼仪的国际比较;文化禁忌和错误;不同文化背景下的概念意义的比较;媒体中的外国和外国人形象
外语	欧洲和世界的语言文化财富;英语及其衍生语种;欧洲小语种;语言作为文化认同、生活和思维方式的表达;欧洲公民掌握多语种能力的必要性;在选修课增加外语的教学项目;用外语教授其他科目的课程
数学	评估统计数据;不同度量单位的意义及其换算;文化饰品的设计和制作(例如教堂的窗户);认识著名的数学家;由数学思维到哲学思维
自然科学	人类的演进-所有人的平等价值;对于其他文化、宗教的人以及对残疾人的责任意识;人类世界的生命过程;地球上不同文化的人的多样性
劳动-经济-技术	经济秩序作为社会治理的一项永久任务及其与自由、安全、公正等社会政治目标的实现;企业作为社会和经济活动的中心;国际经济关系,不同的经济、法治、政治和社会制度,世界经济的主要问题,国际合作的形式;未来世界的技术
历史	战争和拒绝战争作为人类历史的一部分;民主的发展;普遍的人权及其文化理解;世界种族冲突的历史;历史发展的同质性和异质性
地理	对空间、时间和世界的理解;地理空间的多样性;人口、语言、总价、习俗和传统的传播;少数民族
社会	联合国的历史、功能、工作方式和问题;欧洲一体化问题,欧盟委员会,欧洲现代国家的形成;国际组织;国家联盟的形成和兴衰;社会体系的功能和目标;民族国家的角色和功能;第三世界的形成及其问题;移民潮;德国的少数民族,等等

第五章

德国基础教育教师发展

第一节 德国的教师教育

德国教师教育有良好的传统,以生源的高质量以及专业知识与实践技能并重的培养模式著称;国家考试是德国教师资格授予的特色制度,系统的在职继续教育则为德国教师继续进修和职业发展提供了机会。近十年来,随着博洛尼亚进程的推进以及新的基础教育标准体系和质量体系的建立,德国教师教育正在经历重大的变革,专业学位部分取代国家考试,统一的教师标准被引入教师教育的方方面面,德国教师教育正在走向更加专业化。

一、德国教师教育标准

德国是世界上最早建立专门师范教育和实施教师专业化的国家之一,早在1784年,德国就有了专门的师范学校(Normalschule)。19世纪初,作为洪堡主导的教育改革的一部分,普鲁士最早建立了教师国家考试制度,确定了文理中学教师作为国家公职人员的地位。经过两百余年的发展,今天德国教师教育以高起点和高要求著称:教师教育的功能主要由研究型大学承担,只有通过文理中学毕业考试且成绩良好的学生才有资格选修教师教育专业;担任小学和主科学校教师必须达到大学本科毕业水平,而想要成为中学教师则必须获得硕士学位;除了要接受3～5年的大学理论教育之外,所有的教师候选人必须进行为期2年的见习培训,通过2次国家考试之后才能获得教师资格。这些基于传统形成的制度被认为是德国教师学术水平和教学质量的基本保障。

但是,进入21世纪以来,德国教师教育面临新的挑战。原本自我感觉很好的德国教育,当德国学生首次参加国际(PISA)测评,就遭到“名落孙山”的打击,震惊之余让德国教育界开始深刻地反思自身教育体系存在的问题。除了分流制度的弊端之外，教学质量和各地区教育发展的不平衡也成为讨论的焦点，建立一个统一的全国教育标准体系作为课程教学、教育监测和质量评价的参考框架成为近十年德国教育改革的一个重要内容。同时，博洛尼亚改革进程推动的高等教育学制改革和模块化教学的实施也对德国大学教师教育提出了改革要求，教师教育也需要一个统一的标准体系作为大学培养计划制定和课程设置的参考，进而促进各州之间教师资格互认，保障教师流动。在这样的背景下，文教部长会议(KMK)分别于2004年和2008年颁布了《教师教育标准：教育科学》和《各州统一的教师教育学科专业和学科教学法的内容要求》，以这两份文件为基础的标准体系为德国的教师教育和教师继续教育明确了目标、建立了统一的参考和评价框架。

1. 教师教育标准

2004年颁布的《教师教育标准：教育科学》(以下简称《教师教育标准》)是从教育学的要求出发，对德国各学科、各层次教师的基本任务和所应具有的基本能力的规定和描述。其内容可以概括为“五大任务—四个领域—11种能力”。五大任务是对德国教师基本职责的详细描述，分别是：

(1)“教师是教与学的专业人员，他们的核心任务是有目标地并依据科学的认识，设计、组织与反思教与学过程，并对此进行个性化评价与系统评估。教师的职业质量决定着其教学的质量。他们传递基本知识、能力、技能和方法，使得学习个体能够自主掌握终身学习的过程。”

(2)“教师要认识到，学校中的教育任务与教学以及学校生活密切相关。教育是尝试有意识地、有意图地影响学生的个性发展。只有当教师为学生提供各种可能的体验，并且自己作出榜样，那么正面的价值取向、态度以及行为就能产生有说服力的影响。另外与家长的沟通越密切，这一教育任务越容易完成。如果出现教育问题或者学习过程受到挫折，教师与家长双方需要相互理解，共同寻找有建设性的解决方案。”

(3)“教师在教学中从事评价与咨询任务，培养学生的职业能力、理性能力与责任意识。这需要教师有较高的教育心理学与诊断学能力。同事之间需要协调相关的判断标准，以及对学生和家长的咨询内容。拥有诊断能力的目标也在于,对每个学生采取适合他们的个性化支持手段。以这种方式,学生将体验到,他们在学校受到公平和公正的教育,并能够充分利用各种教育机会。"

(4)"教师要不断发展其能力,利用各种培训机会,不断提升自己职业活动中的新能力,增加科学知识。为此教师要经常与校外的各种机构以及劳动市场保持联系。"

(5)"教师要参与设计学校发展规划,参与建设学习型学校文化以及创设优良的学习氛围。这里也包括协助校内外评价的实施。为能共同促进学校发展、实施学校项目,教师需要有协作、负责与团队精神。"(KMK, 2004)[1]

在这五大任务的基础上,《教师教育标准》进而提出了教师在教学、教化、评价和创新这四大领域应当具备的11种能力,并且对每一种能力又分理论学习和见习实践两个阶段进一步细化为若干具体的指标,以描述性的规定对每一项能力指标在特定阶段(理论学习或见习)所应当达到要求做出了说明。国内学者孙进已经在2012年对这一指标体系进行了译介,我们在此引用如下(表5-1)。

表5-1 德国教师教育标准的能力领域和指标描述[2]

第一能力领域:教学——教师是教和学方面的专家

能力1:教师按照学科专业及实际情况的要求设计课程,并正确地加以实施

理论学习阶段	见习阶段
• 了解相关的教育理论,理解教育理论方面的目的以及由此推导出的标准,并批判性地对此加以反思; • 熟悉普通教学法和学科教学法,知道在设计课程时要注意些什么; • 了解不同的授课方法和作业形式,并且知道如何根据具体的要求和情境恰当地加以应用; • 掌握媒体教育学与媒体心理学的知识,了解根据具体的要求和情境在课程中恰当地应用媒体的可能性和局限性; • 熟悉评价教学效果与课程质量的程序	• 能够结合学科专业与学科教学法方面的论述来规划和设计课程; • 在内容、方法以及工作和沟通的形式中做出选择; • 能在教学法方面恰当地融合现代化的信息技术与交流技术,并反思自己对媒体的应用; • 会考核自己教学的质量

[1] KMK. Standards fuer die Lehrerbildung: Bildungswissenschaften. Bonn: KMK: 2004. 关于此五项任务的译文引自:徐斌艳. 基于能力标准的教师教育改革[J]. 基础教育,2012(4):5-10.

[2] KMK. Standards fuer die Lehrerbildung: Bildungswissenschaften. Bonn: KMK: 2004. 以下表格中4个领域能力指标的解释译文引自:孙进. 德国教师教育标准:背景·内容·特征[J]. 比较教育研究,2012(8):30-36.

续表

能力 2:教师通过设计学习情境来支持学生的学习。教师鼓励学生,让学生有能力建立知识间的联系以及应用所学的知识	
理论学习阶段	见习阶段
• 熟悉学习理论以及学习的形式; • 知道如何让学习者积极地参与课堂教学,支持他们对知识的理解和迁移; • 熟悉学习动机与成就动机理论并知道如何在教学中应用这些理论	• 激发学生使用各种不同的学习形式,并给予支持; • 根据有关学生如何获取知识与能力的知识来设计教学过程; • 唤起并强化学生学习的积极性和成就动机; • 领导和陪同学习小组
能力 3:教师帮助学生发展自主学习与工作的能力	
理论学习阶段	见习阶段
• 了解能够积极影响学习成就和工作结果的学习动机和自我激励策略; • 了解促进自主、自决以及合作式学习和工作的方法; • 知道如何在课程中发展终身学习的兴趣	• 传授和促进学习策略与工作策略; • 向学生传授自主、自决以及合作式学习和工作的方法

第二能力领域:教化——教师履行其教化职责

能力 4:教师了解学生的社会文化生活条件,在学校的框架下对学生个人的发展施加影响	
理论学习阶段	见习阶段
• 了解有关儿童和青少年发展与社会化的教育学、社会学和心理学理论; • 了解学生在学习过程中所处的不利境地,知道如何提供教育救助和采取预防性措施; • 在设计教育教学过程时注意跨文化维度; • 了解性别特征对教育过程的影响及其意义	• 认识到学生所处的不利境地,提供教育救助和采取预防性措施; • 向学生提供个性化的支持; • 注意到各个学习小组中的文化和社会背景的多样性
能力 5:教师传授价值和规范,支持学生自主地判断和行动	
理论学习阶段	见习阶段
• 了解并反思民主的价值和规范以及对此的传授; • 知道如何促进学生形成有价值意识的态度和发展自主判断和行动的能力; • 知道如何支持学生应对个人的危机和决策情境	• 反思价值与价值态度并采取相应的行动; • 和学生逐步地练习自主的判断和行动; • 使用富有建设性地应对价值冲突的形式

续表

能力 6:教师可以找到解决学校和课堂中困难与冲突的办法	
理论学习阶段	见习阶段
• 掌握有关交流与互动(特别是师生互动)的知识; • 熟悉谈话的规则以及相互交往的基本原则,即那些对于课程、学校和家庭工作重要的规则和原则; • 了解儿童和青少年阶段的风险和危险以及相应的预防和干预措施; • 善于分析冲突,了解建设性地解决冲突以及应对暴力的方法	• 能够设计课程和规划学校中的社会关系和社会学习过程; • 与学生一起确定相互交往的规则并加以落实; • 根据具体的情况应用预防和解决冲突的策略和行为方式

第三能力领域:评价——教师合理而负责地完成评价工作

能力 7:教师能够诊断学生的学习前提和学习过程,有针对性地促进学生的学习,向学生及其父母提供咨询	
理论学习阶段	见习阶段
• 知道不同的学习前提会如何影响教学活动,并知道如何在教学中照顾到这种情况; • 了解高天赋和特殊天赋以及学习与工作障碍的各种表现形式; • 熟悉诊断教学过程的基础; • 了解对学生及其父母提供咨询的原则和方法	• 能够识别发展现况、学习潜力、学习障碍以及学习上的进步; • 能够认清学生在学习方面的起点,并应用特定的促进措施; • 能够辨认出学生的天赋,知道如何促进有天赋学生的发展; • 协调学习的可能与学习的要求; • 根据具体的情况使用不同的咨询形式,能将咨询功能和评价功能区分开; • 在提供咨询与建议时与同事进行合作; • 在发展咨询服务项目时,与其他的机构进行合作
能力 8:教师根据透明的评价标准评价学生的成绩	
理论学习阶段	见习阶段
• 了解成绩评价的不同形式及其功能和优缺点; • 了解成绩评价的不同参照体系,并能对其进行比较权衡; • 了解对成绩评价进行回馈的原则	• 能够依照标准设计考题并针对目标群体做出相应的表述; • 根据学科专业和具体的情况应用评价模型和标准; • 与同事就评价的基本原则进行交流; • 向目标群体恰当地说明评价的结果并指明下一步学习的方向; • 将成绩考核用作对自己教学活动的建设性回馈

续表

第四能力领域:创新——教师需持续不断地发展自己的能力

能力 9:教师对于教师职业的特殊要求有清醒的认识。他们将其职业视为是负有特殊责任和义务的公共职务	
理论学习阶段	见习阶段
• 了解教育体制的基础、结构以及作为组织的学校; • 了解其活动的法律框架(例如基本法,学校法等); • 反思自己有关教师职业的价值观和态度; • 知道有关负担和压力研究的主要结果	• 学会应对压力; • 有针对性地、节约地使用工作时间和资源; • 利用同事间的相互咨询支持课程开发和缓解工作压力
能力 10:教师视其职业为持续性的学习任务	
理论学习阶段	见习阶段
• 了解自我评估和外部评估的方法; • 阅读和评判教育研究的结果; • 熟悉学校中的组织条件和合作结构	• 反思自己的工作经验和能力及其发展,能够从中获得启发; • 将教育研究的结果用于自己的工作; • 为自己和他人将自己的工作及工作结果记录下来; • 给他人提供回馈,并通过听取他人的回馈来完善自己的教育工作; • 充分利用各种参与的机会; • 了解并利用提供给教师的各种支持; • 参加正式的、非正式的、个人式和合作式继续教育项目
能力 11:教师参与规划和实施学校项目和计划	
• 了解并反思不同类型的学校和教育途径各自特定的教育任务; • 熟悉学校发展的目标和方法; • 知道成功进行合作的条件	• 将课程研究和教育研究的结果应用于学校发展; • 使用对课程和学校进行内部评估的程序和工具; • 以合作的方式规划学校项目和计划,并加以落实; • 支持小组取得好的工作成绩

2. 学科专业标准

2008 年通过的《各州统一的教师教育学科专业和学科教学法的内容要求》(以下简称《学科专业标准》)是在《教师教育标准》的基础上对教师从事具体的学科教学所应具备的学科专业知识和学科教学法能力的制定的一般性标准要求。包含两部分内容,一是从一般意义上对所有未来的教师在学科专业方面应当掌握的的专业知识和能力进行了定义和描述；二是针对 20 个普通教育学科和 2 个职业教育学科，分别对其授课教师在学科专业和学科教学法方面应当具备的知识和能力进行了规定。

这一标准对教师应当掌握的学科专业能力(Fach-und Fachrichtungsbezogenener Kompetenzen)从“贯通性的学科专业知识”“学科专业的认知能力和工作方法”以及“学科教学法”三个能力领域和大学理论学习及见习训练两个阶段进行定义(KMK, 2008)，在这里我们也引用国内学者孙进的翻译进行介绍(表 5-2)。

表 5-2 德国教师学科专业能力标准[1]

	学科专业知识	认知能力和工作方法	学科教学法
大学学习	• 获得了有关其学科专业领域扎实的和结构化的专业知识(支配性知识)，他们可以随时使用并进一步拓展这类知识； • 可以借助概括性的介绍(导向型知识)了解本学科当前的基本问题； • 可以反思并使用有关本学科的知识(元知识)，并可以援用重要的思想史和科学理论方面的方案； • 能够通过了解其他学科进一步扩展自己的专业知识并由此发展跨学科的能力	• 熟悉本学科的认知手段和工作方法； • 能够在其学科的核心领域应用这些方法	• 拥有有关学科教学法理论方面的扎实的和有条理的知识，能够从教学法的角度分析学科知识内容及其教育效果； • 熟悉并且能够使用学科教学法和学习心理学研究所取得的有关本学科学习的研究结果； • 熟悉本学科成绩评判的基础； • 了解学生的哪些特征会妨碍或促进其学习取得成功，并且知道如何据此有针对性地设计不同的学习环境
见习训练	• 规划和设计学科教学； • 处理复杂的课程情境； • 促成可持续性的学习； • 掌握本学科的成绩评价方法。大学阶段的学习应为这些能力的获取打下基础		

《学科专业标准》的第二部分是对 20 个普通教育学科/类别和 2 个职业教育学科专业能力和教学法能力标准的具体描述，并将其称之为“学科概貌”(Fachprofile)。这 22 个学科/类别分别是古典语言、劳动/技术/经济、艺术、生

[1] KMK. Ländergemeinsame inhaltliche Anforderungen für die Fachwissenschaften und Fachdidaktiken in der Lehrerbildung[C]. Bonn: KMK, 2008. 本表中学科专业能力标准具体指标的译文引自：孙进. 德国教师教育标准：背景 · 内容 · 特征[J]. 比较教育研究, 2012(8): 30-36.

物、化学、德语、地理、历史、信息技术、数学、音乐、现代外语、哲学、物理、基督教宗教学、天主教宗教学、社会知识/政治/经济、体育、小学教育、特殊教育、经济与管理以及金属工艺学。

每一个学科"学科概貌"的第一部分都是对学科专门能力(Fachspezifisches Kompetenzprofil)的定义,第二部分是对专业学习内容(Studieninhalt)的描述,包含了该学科教师所应掌握的知识点内容及学科教学法要点。鉴于篇幅,这里对"学科概貌"不再展开介绍。

2004年《教师教育标准》和2008年《学科专业标准》的颁布标志着德国教师教育第一次有了全国统一的标准体系,为大学师范专业教学、培养和学制改革以及见习教师培养和教师继续教育的改革发展建立了参照框架,也使教师教育的质量评价的标准化成为可能。尽管这两个标准的贯彻实施是一个还在进行中的过程,德国教师教育的很多方面依然延续着20世纪70年代基本形成的特色,但很多州和地区、大学、教师教育机构已经在进行诸多改革的尝试。在下面部分介绍德国教师教育的制度概貌和特色时,我们可以将这一教育标准作为背景参考,以便更好地理解德国教师教育的传统和正在经历的变革。

二、大学阶段的教师教育

1. 教师教育机构

德国教师职前教育分为大学师范专业学习和实践学习两个阶段。提供师范专业教育的机构包括大学(Universitäten)、工业大学(Technische Universität)、应用科技大学(Fachhochschulen)、艺术高等学校(Kunsthochschulen)和音乐高等学校(Musikhochschulen)。只有在巴登-符腾堡州还保留有传统的师范高等学校(Pädagogischen Hochschulen)作为专门的教师教育机构,培养小学教师。在各个大学,师范教育作为一个专门的培养类别由教育学院/系与其他各专业院系(哲学、语言文学、数学、物理等)共同承担,并由专门的教师教育处进行协调和管理。

2. 入学资格

大学师范教育专业的基本入学资格与大学入学资格相同,都必须通过文理中学毕业考试(Abiturpruefung),并且各大学多数与教师教育专业相关的院系的学生均可同时攻读师范专业。但事实上，多数大学通常都要求报名攻读师范专业的学生文理中学毕业考试成绩达到“好”(gut，五个评分等级中的第二等)；同时，很多大学师范专业都有学额限制，即使达到入学要求，申请人也经常面临长时间排队或更严苛的筛选。并且，很多大学的师范专业学生都是同时修读包括师范在内的两个主科专业或一主一副两个专业，学习压力较大。因而，能够进入师范专业并坚持完成学业的一般都是学业成绩较好和学习能力较强的优秀生，这也从一个方面显示了德国大学师范教育的严苛和高质量。

3. 培养类别与学习内容

长期以来，德国各州教师教育在培养类别、课程设置、修业年限和毕业要求上各不相同；而博洛尼亚进程启动以来，德国教师教育都在经历结构性的重大变革，各州、各学校的改革措施和进度各不相同，因而很难对德国教师教育的现状进行一个整体性的统一描述。从大学教师教育的培养类别来看，目前大致有按照学校类型(小学、实科中学、主体中学、文理中学、综合中学等)分类和按学校层次(小学层次、中学初级、中学高级等)分类两种主要方式，而随着基础教育学制改革的推进，目前这种两种分类形式也正在趋向融合。在这里，我们参考各州文教部长会议(KMK)2014年对教育现状的描述，大致可以将大学阶段的教师教育分为小学教师、初级中学教师(包括实科中学、主科中学及文理中学和综合中学的第一阶段)、高级中学教师(文理中学和综合中学第二阶段)、职业学校教师和特殊学校教师五种不同的教师教育类型。但各个州之间教师教育培养类别的具体划分有所不同，例如在勃兰登堡州和汉堡市，小学教师和初级中学教师的培养是一起进行的。而在柏林，中学教师被作为一个培养类别，特殊教育教师的培养与其他类别是整合在一起的，只需在所修专业上进行区别。在这里，我们按文教部长会议的划分，对教师教育大学学习阶段五种不同培养类别的基本要求和培养内容做简要介绍。

(1) 小学教师

小学教师培养在大学学习阶段一般至少需要7个学期也就是三年半的时间。按照博洛尼亚改革以来实行的欧洲学分转换系统(European Credit Transfer System, ECTS)，学生需要完成至少约180～210个学分。尽管各个州和具体学校之间小学教师教育的内容和结构之间有具体的差别，但大致都包括教育学理论、执教学科专业知识、学科教学法三个方面的理论学习以及教学实习。很多大学的教师教育项目都要求学生从第一学期就开始参加教学实习。

小学师范专业需要选修至少一门执教学科并学习该学科的教学法。在一些州，根据当地教师教育的相关规定，也可能要求小学师范教育选择一个学科领域或者几个相互结合并有教学法内容的学科进行学习。而关于执教学科的学习除了需要对学科知识有总体的了解之外，学生还必须有一个重点的专业方向/领域。各州关于小学教师教育中选修学科的要求各有不同，但德语、数学、艺术、音乐、体育及自然和社会实物(Sachunterricht)是所有州都有的选修执教学科。

(2) 中学初级阶段教师

与小学教师一样，中学初级阶段教师教育需要完成至少 7 个学期的大学学习和 210 学分。学习内容包括教育学理论学习、学科专业学习和教学实习三个主要部分，其中学科专业学习应包括至少两个执教学科的理论知识和教学法，而学科专业学习和教育学理论学习的比例应为 2∶1。而根据各州对于不同类别教师教育的具体要求，有的大学要求中学初级阶段教师教育专业学生选择一门主要执教科目，再另选两个次要科目或一个学科领域。

(3) 中学高级阶段教师

中学高级阶段教师(文理中学和综合中学的高级阶段)是各类师范教育专业中要求最高的一类，需要至少经过本科阶段 6 个学期和硕士阶段两个学期的学习，完成 300 学分。而那些目前还在按照博洛尼亚学制改革前的传统模式以第一次国家考试为毕业要求进行高中教师教育的州或大学，则通常要求学生完成 9～10 个学期的学习和 270 学分。

与其他类别的教师教育一样，中学高级阶段师范专业学生也需要进行教育学、学科专业和教学实习三个方面的学习。而相对于小学和中学初级阶段教师教育，中学高级阶段教师教育对于学科专业学习的要求更高，需要对两个学科专业进行学科知识和教学法的深入学习，并在每个专业方向上完成 90 学分。

(4) 中等职业学校教师

中等职业学校教师教育既适用于相当于中高级阶段的职业学校(Beruflichen

Schulen)的教师，也适用于在普通中学(综合中学或整合中学)教授职业技术科目的教师。这一类型职业教育的学制通常与中学高级阶段教师教育一样，需要至少完成本科阶段6个学期和硕士阶段2个学期的学习，并且需要额外进行2个学期的实习，即总共10个学期，完成至少300学分。学生可以在完成9个学期、270学分的学习之后参加第一次国家考试。

具体来说，职业学校教师的教育内容首先包括侧重职业或商业教学方向的教育学和教学法学习，这一部分的学习加上实习一共需要完成90学分。其次，学生需要在各自的专业方向内选定两门执教学科，并专业方向和执教学科的专业知识领域学习相关课程，完成180学分。在一些州，两门执教学科中的一门可以由一个较为宽泛的职业专业方向或特殊教育方向代替。通常职业学校教师教育包括以下主要的专业方向：经济与管理、金属工艺、电子技术、工程技术、木制工艺、纺织技术和设计、实验室技术和过程工艺、传媒技术、色彩技术、室内设计和表面处理、健康和个人护理、营养和家庭经济、农学、社会教育、护理、汽车工程、信息技术等。

(5) 特殊教育教师

德国历来非常重视特殊教育，对于特殊教育教师的培养也有一套系统模式。各个大学特殊教师专业的教学内容既包括普通教育学的理论学习和教学实习，也包括特殊教育学理论学习和教学实习。此外，学生需要选择至少一个执教学科或教学领域作为专业方向学习相关专业知识和教学法。特殊教育专业的培养至少需要八个学期，共完成240学分，其中在特殊教育领域要完成120学分。

特殊教育领域专业知识部分又有具体的专业方向划分，分别针对以下不同的特殊教育需求：听力障碍、视力障碍、精神发育障碍、身体和运动发育障碍、学习障碍、语言障碍、情绪和社会发育障碍等(KMK, 2014)。

以上是对德国各州教师教育大学学习阶段培养类别和学习内容的大致介绍，下面我们再以柏林洪堡大学为例，对教师教育的结构、内容和要求进行具体介绍。

洪堡大学所在的柏林州教师教育改革走在各州前列，根据2012年柏林州对《教师教育法》的修改条款，柏林已经以学位制度取代了传统上的第一次国家考试作为大学教师教育的毕业要求。同时，学士-硕士两个层次教师教育的定位也更加明确的区分开来——学士阶段逐渐以“士多元学士”(Polyvalenter Bachelor)项目取代一开始就区分教师专业类别的培养方式,强调通识性、基础性和综合性;硕士阶段则明确区分未来的教师类别方向,强调专业性。但目前柏林教师教育的结构性改革还没有最终完成,尚处于过渡阶段,体现为不同的教师培养类别在硕士教育层次分属学制不同(2～4 个学期)的几种硕士项目。从 2015/16 学年冬季学期开始,柏林州教师教育大学学习的高级阶段将统一改为四个学期(包括一个实习学期)的硕士项目。

以柏林洪堡大学为例,其教师教育目前分为小学师范教育(L1)、主科中学、实科中学和综合中学师范教育(L2)、特殊教育(L3)、文理中学和综合中学高中阶段师范教育(L4)、职业学校师范教育(L5)以及与柏林艺术大学合作开设的艺术师范教育(L6)六大培养类别,所有类别都是相互衔接的学士-硕士项目。有 24 个专业可供教师教育学生选修作为主科专业,分别是生物、化学、德语、英语、伦理学、基督教宗教学、法语、地理、历史、希腊语、小学教育、信息技术、意大利语、拉丁语、农学和园艺学、数学、哲学/伦理学、物理、康复治疗和特殊教育、俄语、西班牙语、体育、企业会计学和商务教育。

在学士教育层次,洪堡大学教师教育专业学生不再按未来职业选择细分培养类别,而是均属于“多元学士”项目,学制为 6 个学期。学生需要从上述 24 个专业中选择一个主科专业一个第二主科专业,此外还需学习与职业相关的教育学知识——包括教育学、学科教学法、德语作为第二外语和实习四大部分,总共修满 180 学分。各部分学分要求见表 5-3。

表 5-3 洪堡大学教师教育学士项目结构[1]

<table>
<tr><td colspan="3">学士阶段(多元学士项目)6 学期,180 学分</td></tr>
<tr><td>主科专业一:70～80 学分</td><td rowspan="2">主科专业二:60 学分</td><td rowspan="2">教育学专业:30～40 学分
(包括实习)</td></tr>
<tr><td>毕业论文 10 学分</td></tr>
</table>

在硕士教育层次,洪堡大学目前根据未来执教的学校类型分三个不同的硕

[1] HU Berlin: Lehramtsstudium an der Humboldt-Universitaet zu Berlin[EB/OL]. [2014-05-25]. https://www.hu-berlin.de/studium/lust/lehrer.

士项目，分别是培养面向小学、主科中学、实科中学和综合中学教师的“小硕士”项目(学制 2 学期)、特殊教育硕士项目(学制 3 学期)和培养文理中学教师和职业学校教师的“大硕士”项目(学制 4 学期)。各个项目的课程结构如表 5-4 所示。

表 5-4　洪堡大学教师教育硕士项目结构〔1〕

<table>
<tr><td colspan="6">“小硕士”:2 学期,60 学分 (小学、主科中学、实科中学和综合中学教师)</td></tr>
<tr><td colspan="2">主科专业一学科教学法
11 学分</td><td colspan="2">主科专业二学科教学法
16 学分(包括实习)</td><td rowspan="2">教育学理论
15 学分</td><td rowspan="2">德语作为
第二语言
3 学分</td></tr>
<tr><td colspan="4">硕士论文 15 学分(可从主科专业一或二中选题)</td></tr>
<tr><td colspan="6">特殊教育硕士:3 学期,90 学分 (特殊学校和普通学校内的特殊教育教师)</td></tr>
<tr><td colspan="2">特殊教育学
41 学分</td><td colspan="2">主科专业二学科教学法
16 学分(包括实习)</td><td rowspan="2">教育学理论
15 学分</td><td rowspan="2">德语作为
第二语言
3 学分</td></tr>
<tr><td colspan="4">硕士论文 15 学分(可从特殊教育学或主科专业二中选题)</td></tr>
<tr><td colspan="6">“大硕士”:4 学期,120 学分(文理中学和职业学校教师)</td></tr>
<tr><td>主科专业一
15 学分</td><td>主科专业二
20 学分</td><td>主科专业一
学科教学法
23 学分
(含实习)</td><td>主科专业二
学科教学法
23 学分
(含实习)</td><td>教育学
21 学分</td><td rowspan="2">德语作为
第二语言
3 学分</td></tr>
<tr><td colspan="5">硕士论文 15 学分
可从主科专业、学科教学法或教育学理论三大领域选题</td></tr>
</table>

4. 毕业考核

传统上，德国教师教育大学阶段的学习以通过第一次“国家考试”(Staatsexamen 或 Staatspruefung)作为毕业要求；博洛尼亚改革以来，这一考核形式正在逐步被学士-硕士两级学位体系取代，但各州的改革进度差别较大。目前有的州(如柏林)已经基本以新的学位制度取代了第一次国家考试，多数州目前还是新旧两种方式并存。不论是获得学位还是通过国家考试，学生都必须提交一篇学术性的研究论文作为毕业的基本要求。在实施国家考试的州，考生除了提交论文之外，还需参加口试及笔试。

〔1〕 HU Berlin: Lehramtsstudium an der Humboldt-Universitaet zu Berlin[EB/OL]. [2014-05-25]. https://www.hu-berlin.de/studium/lust/lehrer.

需要特别说明的是，在引入两级学位制度的大学和州，尽管小学和初中教师的基本培养要求是6～7个学期的大学学习并获得学士学位，但为了与传统上的教师培养要求相匹配，各州依然要求毕业生须达到硕士学位才能进入带薪见习阶段并参加第二次国家考试，成为公职身份的公立学校教师。但是相比于传统的培养模式，引入两级学位制度后，学士阶段的教师教育更加强调基础性，以学科专业知识学习为主，有的学校（如上文所举洪堡大学的案例）不再明确区分学士阶段教师教育专业类别；学生可以到硕士阶段之后再根据职业兴趣确定专业方向，甚至可以转而学习师范教育之外的其他专业。

三、见习阶段的教师教育

大学师范专业毕业生获得教师教育硕士学位或通过第一次国家考试后，即成为教师候选人（Lehreranwärter）可进入教育职前教育的第二阶段——带薪见习（Referendariat），也叫准备服务期（Vorbereitungdienst）。

各州之间教师见习期长短不一，从12～24个月不等。目前，巴伐利亚和图林根的教师见习期为24个月，黑森州为21个月，巴登-维腾堡、柏林、勃兰登堡、不莱梅、汉堡、梅克伦堡-前波美拉尼亚、下萨克森、北莱茵-威斯特法伦、莱茵兰-普法尔茨、萨尔兰和石勒苏益格-荷尔斯泰因11个州为18个月，萨克森-安哈尔特州为16个月，萨克森州则根据教师候选人教育背景的不同规定了12个月和24个月两种教师见习期的要求。

教师候选人需在每年的规定的时间内向所在州的教育部登记注册，然后由教育部根据需要和候选人学业背景将其分配到各个学校进行带薪见习。带薪见习是以各州《教师教育法》为依据的结构化的教育实践培养阶段，分为理论研讨学习和驻校实践学习两种培养方式，以及导论学习、核心学习、指导下授课、独立授课、一对一辅导等环节。在具体的学习内容上，见习教师将学习包括普通教学法、学科教学法、心理学、学校法和学校实务在内的知识和实践技能。2004年各州文教部长颁布《教师教育标准》以来，各州逐步对见习阶段的教师教育进行了模块化的改革，根据教师教育标准提出的能力要求将见习阶段的理论学习和教学实践整合成若干个不同的学习模块。理论研讨学习和见习教师的考核由各州专门的教师教育机构(教师教育研讨班、教师教育中心等)组织进行;教师候选人所在的实习学校则会有专门的一位资深教师作为候选人驻校教学实践的指导人。下面,这里我们以巴伐利亚和柏林和两个州为例对他们各具特色的见习阶段教师教育进行介绍。

以巴伐利亚州文理中学教师的见习教育为例,24 个月的见习期被分为三个阶段。第一阶段为期 6 个月,教师候选人在指定的文理中学参加教学研讨课程(Seminar),继续学习执教学科的专业教学知识、学科和普通教学法、心理学、学校法和学校实务、公民教育的基本问题等;第二个阶段为期 12 个月,候选人将被分配至其参加教学研讨课的学校之外的另一所文理中学进行驻校实习,由相关科目的资深教师作为其见习导师。在见习导师的指导下,教师候选人须完成一系列的听课、试讲、合作授课、独立授课、教研会议、一对一辅导等一系列的教学实践,并且这期间仍需在开设教学研讨课的学校参加 10 天的课程学习。在最后一阶段的 6 个月时间内,候选人在参加教学研讨课的学校准备和完成第二次国家考试。[1]

柏林已经根据《教师教育标准》对见习阶段的教师教育进行了模块化的改革,基于《教师教育标准》对教师核心能力的要求,将课程学习和驻校见习的学习内容整合为"教学"和"教育与创新"两大学习模块(特殊教育教师另有专门模块)。"教学"模块包含"教师职业基础""课程设计""语言养成""课堂组织""成绩/反思/评价""全纳——对异质性的感知和兼顾"6 个学习单元,"教育与创新"模块包含"发展""反思与价值体系发展""冲突和暴力预防"和"柏林学校发展"4 个学习单元,每个学习单元都有若干具体的培养标准和内容主题,拟定教师候选人需要在每个单元学习至少 10 个小时的课程。同时,教师候选人每周须进行至少 10 个小时的驻校见习,其中包括至少 4 个小时的独立授课实践。[2]

---

〔1〕《巴伐利亚州完全中学师资录取和培养条例》. http://www.gesetze-bayern.de/jportal/portal/page/bsbayprod.psml?showdoccase=1&st=null&doc.id=jlr-GymLehrZAOBY1992rahmen&doc.part=X&doc.origin=bs.

〔2〕Berlin Senatsverwaltung für Bildung, Jugend und Wissenschaft. Handbuch Vorbereitungsdienst. Berlin: 2014.

第二节 教师资格和教师聘任

一、教师资格获得

完成见习学习阶段的教师候选人须参加各州文教部组织的第二次国家考试，通过后即获得各自相应学校类别的教师资格证书，由各州文教部根据公立学校师资需求情况分派至各个学校任教，正式成为国家公务人员。

各州教师教育的第二次国家考试由文教部下属的教师考试局(Prüfungsamt)依照各州《教师教育法》(Lehrerbildungsgesetz) 和《第二次国家考试条例》组织实施。每一位教师候选人都有指定的"考试委员会"作为主考方，委员会由候选人在见习期所参加的研讨课程负责人、授课教师、实习学校的校长和指导教师等人员构成。

各州的考试一般都包括笔试、口试和试讲三个部分。各州的教师教育法对这三部分考试的具体要求有详细规定，旨在全面地考察教师候选人专业知识、教学方法、学术能力、课程设计和课题组织等全方面的能力。笔试即由候选人提交一篇独立完成的研究型论文或报告，通常是在见习期最后一阶段的几个月时间内完成，文章应围绕教学实践进行选题，并符合学术论文的写作规范。口试则是以对考试委员会的提问进行答辩的形式进行，考试时间多为一个小时，问题涉及考生执教学科的知识和教学法以及一般性的教育教学问题和学校实务。在试讲部分考生需要进行三堂课程的授课。全部考试结束后，三部分成绩将按一定比例进行核算，得出考试的最终成绩，通常分为"非常好"(1.0)、"好"(2.0)、"满意"(3.0)、"足够"(4.0)、"有缺点"(5.0)和"不足"(6.0)6 个等级，考生须达到 4.0 以上才视为考试通过，获得本州的教师资格证书。教师资格证书分为不同的类别，对应相应的学校类型。

二、教师聘任

德国公立中小学的教师招聘由各州文教部下设的专门部门负责组织协调。在每年的规定时间段,各学校校长向文教部提交编制内的教师岗位和学科专业需求情况,文教部汇总所有空缺岗位后向社会公布。获得教师资格的申请人可以向文教部下属的"中心招聘处"(Zentrale Bewerbungsstelle)提交申请材料,也可直接向相关学校提出申请,申请材料一般包括个人简历,相关学位证书和成绩单等。国家考试成绩单中心招聘处将根据申请人的情况和岗位需求的情况进行匹配,将符合条件的申请人资料分发至有招聘需求的学校。各学校校长对申请人材料进行审核后选择符合条件的申请人进行面试,学校员工代表大会的成员也会列席面试。校长在面试后将做出评定,选定各岗位的第一候选人和候补者,然后将相关材料返回给文教部的中心招聘处,由中心招聘处通知候选教师,并组织后续的补录和岗位调整工作。

德国各联邦州之间相互承认教师资格证书,即教师可以跨州应聘教师岗位,但需要在申请阶段进行额外的资格审核,以确定可以应聘的学校和岗位类型。除了终身制的教师岗位之外,拥有教师资格证书的教师也可申请成为合同制的代课教师(Vertretungslehrer)或私立学校教师。

第三节　教师在职发展

一、教师继续教育

德国一直以来非常重视教师的在职发展,并视之为教师教育不可或缺的一个环节,是大学师范教育和教师见习之后教师教育的第三阶段,也是对前两个阶段所学的知识、技能进行巩固和提升的必要手段。2000 年以来,在德国大力倡导终身教育、推行新的教育标准和教师教育标准的背景下,中小学教师的在职进修被赋予了更加丰富的意义,其形式也更加多样化。

1. 教师继续教育的形式

(1) 各州以教师进修学院为载体的教师继续教育

在德国,提供教师继续教育项目或课程的机构有很多,其中最主要的是各州文教部直接领导的教师进修学院。教师进修学院在文教部的监督之下,与各州教育研究机构及大学密切合作,制定教师在职培训计划、进行课程设计,同时与地区和地方教育局合作,面向所有中小学教师进行培训。

以巴登-维腾堡州为例,其州属教师进行学院全称为"学校继续教育和教师发展学院"(Landesakademie für Fortbildung und Personalentwicklung an Schule),在三个地市设有分部,面向全州的中小学校和职业学校进行教师培训,每年接纳32 000 名教师参加 1 900 多项继续教育课程,全部费用由州政府承担。

学院提供的教师继续教育内容包括教师能力发展、学校质量发展、教学管理人员培训、针对特定群体的学科专业性的培训等。针对具体学校的要求,学院还可以提供量身设计个性化培训课程,以及向学校和学校管理人员提供针对继续教育的咨询服务,等等。

需要特别说明的是,各州教师进修学院的培训项目往往与各州教育政策议题和教育发展方向密切相关,并与国际和地方教育组织密切合作。还是以巴登-维腾堡为例,除了常规的培训课程之外,学院每年都承担若干与教育发展改革议题密切先关的专项培训计划。例如与欧盟合作,承担欧盟夸美纽斯教师继续教育项目;与德国及巴登-维腾堡州蒙台梭利联合会合作,进行蒙台梭利教学法证书和资格课程的培训,等等。〔1〕

(2) 地区和地方性教师培训项目

地区和地方性教师培训项目通常由各地教育局组织实施,并与教师进修学院、大学教育学院和教师专业组织密切合作,进行课程设计。培训的经费由公共财政承担,教师基于自愿原则参加此类培训活动,并能获得旅费、餐费等补助。

〔1〕 Landesakademie für Fortbildung und Personalentwicklung an Schule. Landesakademie Projekte[EB/OL].[2014-12-24]. http://lehrerfortbildung-bw.de/akaprojekte/.

这一类培训项目形式灵活多样,时间安排紧凑,通常利用学校上课之外的时间进行。地方性的教师培训项目非常频繁,一年能有十几次之多。在很多州,所有教师培训课程和项目被整合在统一的信息平台上,供广大教师选择。以黑森州为例,在其文化部网站上,所有继续教育课程被按照学校类型、组织机构、目标群体、培训地区和专业领域等几个类别进行归纳,供学校和教师根据需求进行选择。

(3) 校内教师培训

校内培训是德国中小学最基层的教师继续教育活动,由各个学校校长和教学负责人组织,可以由各个学校独立进行,如组织举行"教育学日",也可由相邻的几所学校合作组织。培训导师有地方督学、大学教育专家、教师进修学院的讲师,也可由各个学校经验丰富的资深教师担任。校内的教师培训活动通常每月举行 1～2 次,其形式更像是专家指导下的教学经验交流活动。

(4) 大学提供的教师继续教育

作为教师教育的重要主体,德国各个大学也为在职教师提供继续深造和进修的机会。一方面,中小学教师在完成一定年限的教学工作后,可以申请脱产一年到大学学习教师教育课程,完成相应的课程和学分后即有机会获得第二专业或更高一级学校的执教资格。另一方面,随着教师教育专业化水平的不断提升,越来越多的大学建立了教师教育研究和培训中心,与教育行政部门、教师进修学院合作,为中小学校和教师提供短期的培训课程。

除了上述机构组织的教师培训之外,其他社会组织、教育团体、私人机构等也可以提供教师继续教育课程,但通常须在各州文教部备案并获得认证。

2. 教师参加继续教育的制度支持

德国有重视在职人员职业进修的传统,并从 20 世纪 70 年代开始,逐步推行教育休假(Bildungsurlaub)制度以促进在职人员的继续教育,并通过一系列法律文本——如柏林、不莱梅、黑森等州的《教育休假法》,勃兰登堡、莱茵兰-普法尔茨等州的《继续教育法》等予以保障。

作为国家公务员的中小学教师,则根据各州公务员法中对于特殊休假(Sonderurlaub)的规定和学校假期安排享有脱产参加教育培训的权利。在工作一定年限之后,教师可以申请"休假年"(Sabbatjahr)用于脱产参加继续教育,如到大学学习相关课程，获得更高的执教资格。

继续教育对于教师的职业发展而言至关重要。通过参加相关的继续教育课程，教师可以获得担任校内职务性岗位的资格，如校内升学咨询导师、心理辅导教师、学科指导员等；也可以获得担任校长、督学、在见习教师研讨班或教师进修中心任教的资格；从而实现职称和薪资的提升(任学印，宫文英，1997)。

3. 教师专业化——德国教师继续教育的目标

传统上，德国教师继续教育并没有统一的标准，由各州文教部、教师进修中心、地区和地方教育局、教师组织和中小学校自主安排，继续教育的形式、内容安排各异。为了促进各州教师继续教育的协调发展与合作创新，1979年，德国教师继续教育协会(Deutscher Verein zur Förderung der Lehrerinnen-und Lehrerfortbildung，简称DVLfB)成立，成为全国性的教师继续教育合作组织。这一协会以促进教师继续的专业化为宗旨，支持跨地区的教师继续教育和学校发展方面的研究、合作和对话。学会下设的多个研究小组和工作小组，对教师继续教育和学校发展进行长期研究，并定期举办学术会议和交流活动，出版专业学刊和信息简报。

在德国大力倡导终身教育，推进包括教师教育在内的教育标准，促进基础教育质量保障和监测的政策背景下，教师继续教育也被赋予了更高的要求，促进教师专业化成为当前德国教师继续教育的一个核心目标。为此，德国教师继续教育协会专门发布了教师继续教育的十项原则，作为各地区各层次教师继续教育的参考，从中可以看到德国当前和未来教师继续教育的发展方向及目标要求。这十项原则分别是：

(1) 教师继续教育是终身学习的一部分

教师继续教育对促进校园里的终身学习具有重要意义。除了促进和维护扎实的专业知识和跨学科能力之外，继续教育同时给予教师支持，让他们在一个学习型校园中不断更新自己的学习能力，近而能够帮助学生进行自我激励的和持续性的学习。

(2) 教师继续教育的目标是教师专业化

教师继续教育的目标是教师持续的专业化和学校的发展。其中教师的个人发展具有重要意义，其面向的是课程发展、个性发展、学校发展和团队发展。

(3) 教师继续教育处在多重期待的交叉点上

教师继续教育处于学校设计者、组织者和责任人的利益、期望和意图的交叉点上。教师教育涉及多个利益相关方，有义务为其提供支持、咨询和调解；教师继续教育本身不制定规则，却要视学校为客户供专业化的咨询。教师继续教育也要承担质量保障的功能，尽管没有控制权。

(4) 教师继续教育是教师教育的一部分

教师教育的专业化要求在不同教育阶段——准备期、职业入门和继续教育阶段之间保持延续性。职业开端的几年对于教师专业化的发展非常关键。继续教育项目需要包含具有挑战性的、复杂的目标，才能帮助教师实现一个成功的职业生涯，这些目标包含：发展反思性的态度，建立合作性的反馈文化；促进教师间的合作；促进学校向学习型组织的转变；学校管理的资格认证；应对工作压力。

(5) 教师继续教育作为“卓越中心”(Kompetenzzentrum)

作为专业化的中心，教师教育为各种制度化的和非正式的协作、对话绘制了基本概貌，是学校教育理论与实践相结合的所在。教师继续教育的专业性是基于不同实践层面的永久性反思、教师的学习与概念性的和程序性知识的重新连接而形成的。如何促进个人学习过程在学校实践中的迁移和转化是教师继续教育面临的挑战。

(6) 教师教育有助于学校发展和教育质量的发展

学校和教育质量发展从总体上改变了教师教育的功能，对教师继续教育而言尤甚：个人的资格提升必须与学校的系统性利益绑定，继续教育活动的出发点在于学校发展的进程之中。

(7) 教师继续教育需要评估

教师继续教育离不开对其有效性的证明，即使暂时无法评估其长期的和系统性影响。学校和继续教育机构都必须将自己作为学习型组织，接受外部评估和批判性的评价。

(8) 教师继续教育要求继续教育实施者自身接受继续教育

继续教育的教学者和其他专业人员需要掌握并不断发展其自身的专业能

力、实践能力以及对教育过程,教育方法、评估手段和成人教育法的掌握。他们必须具备组织、管理知识和媒体素养。他们自身的继续教育是每一个继续教育项目的基本组成部分。教师继续教育机构必须重视这一点并进行相应的对继续教育实施者进行继续教育的工作。

(9) 教师继续教育发展和利用数字化学习

数字化学习作为继续教育的一种新的组织形式为进修过程提供了更多方法和教学法上的可能性,专业化、高质量的教师继续教育教学应当也能够用数字化学习的形式来体现。

(10) 教师继续教育专业化的发展离不开跨地区的合作

德国教师继续教育协会作为教师继续教育和学校发展跨地区的卓越中心发挥着政策咨询的作用,并通过会议、培训研讨、工作组、出版等多样化的合作形式促进学校教育质量。[1]

二、教师职业发展

1. 教师的薪酬制度

多数德国中小学教师拥有国家(各州)公务员身份,其薪酬参照各州公务员薪酬标准。根据学校类别、教学岗位、年资及行政职务的不同,中小学教师薪酬标准对应公务员薪酬级别中的 A12—A16 级,并进一步细分为 9 个等级,由低到高排列,如表 5-5 所示。

表 5-5 德国中小学教师薪酬等级[2]

级别	职 位
A12	小学或初中教师(小学、主科中学、实科中学、综合中学及文理中学初中层次等)
A12Z	小学或小规模主科中学副校长
A13	实科中学和特殊学校教师;第一次职称晋升后的初级中学教师;小学校长或主科中学副校长
A13Z	高中教师(文理中学、综合中学或职业学校);大规模主体中学中有教师公职的副校长或小型主科中学副校长

[1] DVLfB. Professionelle Lehrerforbildung heute: Thesen zur Posionsbestimmung des BVLfB.

[2] http://www.lehrcare.de/blog/besoldungstabellen-fuer-verbeamtete-lehrkraefte-2014/.

续表

A14	大规模小学或主科中学校长;实科中学或特殊学校副校长,高级教师;综合中学的学部负责人
A14Z	有津贴的职能岗位
A15	实科中学或特殊学校副校长、教学主任
A15Z	文理中学、综合中学和职业学校的副校长
A16	高级教学主任,文理中学、综合中学或职业学校校长

可以看到,德国中小学教师的薪酬等级大致有三个划分维度:学校层次越高,教师职称起点越高,例如中学高级阶段(文理中学、综合中学高中段或职业学校)教师起始职称高于实科中学和特殊学校教师,后者又高于小学和主科中学教师;教师担任的职称岗位或行政职务越高,职称越高;随着年资增高,教师也可获得职称晋升。教师通过在职进修和继续教育获得更高层次学校任教资格,即可应聘相应的岗位,各个学校校长和行政职务的空缺也是通过地方教育局进行公开招聘,所有具有同等学校任教资格的教师都可以进行竞聘。

德国教师具体的薪酬水平依据各州公务员薪酬标准(Beamtebesoldung)制定,除了分为A12—A16 6个薪酬等级之外,每个等级还分为若干档,随着年资增加,教师薪酬档级也随之提高。以巴伐利亚州为例,2013/14学年,一名刚刚参加工作的小学教师(A12级3档)每月基本薪资约为3 221欧元;而一位年资较高的文理中学校长则可获得6 000欧元以上的月薪(表5-6)。另外,教师还可获得部分岗位津贴和特殊津贴,有子女的教师还可获得子女养育补贴。

表5-6 巴伐利亚州教师基本薪酬水平(2013/14学年)[1]

单位:欧元/月

级别	3档	4档	5档	6档	7档	8档	9档	10档	11档
A12	3 221	3 375	3 530	3 684	3 786	3 889	3 992	4 094	4 197
A13		3 777	3 944	4 110	4 221	4 332	4 443	4 554	4 665
A14		4 014	4 230	4 445	4 589	4 733	4 877	5 021	5 164
A15			4 645	4 882	5 072	5 262	5 451	5 641	5 831
A16			5 123	5 398	5 617	5 837	6 056	6 276	6 495

〔1〕 http://oeffentlicher-dienst.info/beamte/by/.

2. 教师的职业晋升

德国大部分中小学教师都是国家公务员身份,成为教师,意味着走上了一条稳定的、科层制的职业发展轨道,参加工作的新任教师也可以预见自己未来的职业发展前景。

在不担任职务性工作和行政岗位的情况下,普通任课教师也随年资增长获得职称和薪资级别的逐步提升。教学能力和专业能力突出的教师可以担任学科指导员、学部负责人等,在教研工作和教学管理上发挥作用。为了获得更好的职业发展机会,教师可以通过继续教育获得新的学科或更高层次学校的执教资格,应聘相应的岗位,薪资水平也能随之提高。除此之外,教师也可通过参加相应的在职进修获得担任职务性岗位的资格,如校内升学咨询导师、心理辅导教师;也可以竞聘校长、督学等。也有的教师通过继续教育获得在见习教师研讨班或教师进修中心任教的资格,离开基层教学岗位,成为教师教育骨干。

尽管多数中小学教师隶属于公务员体系,但作为专业性极高的职业,教师们的职业发展和晋升离不开专业成长,学校和教育系统内的管理人员、督学及其他担任职能岗位的人员同时也是学科知识、教育学、教学法和教学管理领域的专家。教师首先需要成为教学能手、学科专家,才能更好地实现职称、岗位和薪资的提升(任学印,宫文英,1997)。从这个意义上讲,教师的继续教育显得尤为重要。

第四节 教师的监督和奖惩机制

一、教师的监督与考核

德国各州学校法对教师的权力和义务、教师工作准则做出了规定;而对于占教师队伍主体的享有公务员身份的教师而言,联邦和各州公务员法规中对于公务员行为准则的规定也适用于教师。这些法律法规构成了德国中小学教师的基本工作标准和行为规范,是对教师工作进行监督的基础。

在地方教育行政管理层面,教师是学校督导(Schulaufsicht)工作的重要对象。学校督导的三个方面——专业督导、职务督导和法律督导都涉及对教师工作的监督。专业督导针对教师的教学工作,如教学内容是否符合教学大纲,课程组织是否得当等;职务督导主要针对教师的工作态度以及是否满足岗位的基本行为准则;法律督导则针对教师一般行为的合法性。督导工作由地方教育主管部门任命的督导员负责,督导员通过日常检视、听课、教学评估、听取意见等方式开展督导工作,监督的结果写入督导报告,必要时督导员对教师的工作提出建议或改进要求。需要指出的是,学校督导对于教师的监督是与其他督导工作结合在一起的,通常没有专门针对教师的具体化的监督条例。并且,为了充分保护教师自主安排教育教学活动的权力,各个州的学校教育法都对教育督导工作的边界进行了限定,并允许教师对有异议的督导评价进行申诉。

在学校层面内,校长对教师的教学工作有直接的监督权,校委会和教师代表大会也在很多方面对学校整体教学工作和教师个人起到监督作用。另外如果学生和家长对教师工作有意见和建议,也可以通过个人渠道进行沟通,或者向校长或校委会反映由其进行协调。

二、教师的奖励机制

德国教师奖(Deutscher Lehrerpreis)是德国国家层面为鼓励教师教学创新而设立的奖项。该奖项始于 2007 年,每年评选一次,由德国语文学家联合会和沃达丰基金会等机构共同组织,旨在推选和奖励那些致力于教学创新的优秀教师,并由此推广好的教学实践,提升教师职业的公共形象。

德国教师奖设有两个单元:一是“教师:教学创新”单元,由学校推荐那些在教学方法上进行创新、跨学科教学以及注重团队合作的教师团队参加评选。二是“学生表彰教师”单元,由中学毕业班的学生提名推荐他们心目中的教学工作勤勉负责的优秀教师。参选团队和个人需要提交介绍各自教学项目的报告由评委会评选,评委既包括课程教学领域专家,也包括来自联邦教育科研部和州文化部、主办机构以及学生组织的代表。获奖的团队和教师将获得奖金和奖杯。2013 年,有来自 4 个州的 6 个教师团队获得了第一单元的教学创新奖,获得一等奖的是来自石勒苏益格—荷尔斯泰因州于特森市路德维希-梅因高中(Ludwig-Meyn-Gymnasium)的“一个班级编撰一本辞典”项目,另外有来自 8 个州的 16 位教师获得第二单元“学生表彰教师”奖。

除了国家级的教师奖之外,一些联邦州也有面向本州教师的教学奖励。例如在汉堡,当地晚报和储蓄银行于 2010 年发起了汉堡教师奖和汉堡教育奖的评选,面向汉堡市所有中小学教师,按照“有趣和活跃的课堂组织”“教学能力和社会能力”以及“超出普遍水平的教学成绩”三个标准进行评选,每年有 3～4 名教师获奖。

三、教师的惩处和退出机制

在德国,教师如果出现违法行为将受到法律制裁,这对于任何公民而言都是一样的。但除此之外,对于教师工作中出现的不涉及法律的问题,如教学质量、工作态度、学生管理方面的问题,除了由校长或地区督导员与当事教师进行沟通和劝诫之外,并没有其他制度化的惩处方式。另外近年来,德国国内对于教师教学质量的讨论倍受关注,其中一个关键问题就是德国尚没有针对不合格教师的退出机制。

基于传统而形成的“公职”教师制度是影响德国师资队伍良性竞争和退出机制的根本原因。由于大多数教师的公务员身份,教师聘任的人事权属于各州文教部,而最了解教师教学能力的校长们事实上只是教学工作的组织者,既没有权力自主招聘教师也无权辞退教师。尽管德国公务员制度在过去 30 多年中经历了若干改革,一定程度上引入了绩效考核和弹性工作等措施,但至今为止,拥有公职的教师岗位在很大程度上依然是“只进不出”的终身饭碗。

对于那些因为能力、性格或态度原因不能胜任教学工作的教师,目前比较的常见的处理方式是通过校方和地方教育局的协调将调动到其他学校,但事实上这样并不能从根本上解决问题,因而不少资深校长、教育官员、研究者及家长、学生等都呼吁建立有效的教师退出机制。在这方面,一些地区和学校已经开始进行尝试,例如在图林根州耶拿市2011年新建的万花筒综合中学,校长就被赋予了自主聘任教师和必要情况下解聘教师的权力,这是耶拿市基础教育改革一项重要内容。耶拿市从州政府那里获得了包括万花筒学校在内的几所试点学校的人事权,这些学校新聘的教师没有州公务员身份,因而能够由学校自主聘任,但这样的改革还仅仅是小范围的。

第六章

德国基础教育的监测与评价

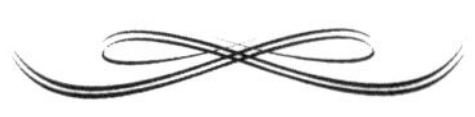

第一节 德国基础教育的国家教育标准

在德国,对中小学学生学习效果进行大规模的调查始于20世纪90年代中期,而当时学业调查主要目的是了解学生在不同领域认知能力的情况。而2001年,5 000名德国中学生参加国际经合组织(OECD)第一次PISA测试的结果“惨不忍睹”,带给德国教育和社会各界极大的震惊。从联邦政府到各州教育部门,提升基础教育教学质量、加强学业成绩的监测和评估成为近十余年德国基础教育改革的核心。2005年以来,在各州文教部长会议(KMK)的推动下,德国初步建立起了全国统一的教育标准框架和一个由不同层次学业成绩监测工具共同搭建的基础教育监测系统;联邦和各州也分别建立了专门的教育质量评估研究机构。

一、德国制定基础教育国家标准的背景

1997年,德国各州文教部长会议(KMK)通过“康斯坦茨决议”决定德国将参加国际性的基础教育学业测评,以便在国际比较中更好地了解德国学生在核心知识领域的优势和弱点。而之后德国学生在TIMSS、PISA和IGLU测试中“不尽人意”、甚至被德国舆论形容为“惨不忍睹”的成绩让一向为自己教育和科研系统感到骄傲的德国人陷入震惊,进而开始深刻反思德国教育系统存在的问题。

从前面章节对于德国基础教育体系的介绍可以看到,传统上德国基础教育采用的是一种“输入控制”的质量管理方式,依据学生分流、分类培养的逻辑在“入口”进行筛选和质量控制。而国际学业测评的结果让德国教育界意识到这种传统的质量控制方式并不能在系统层面提升学生整体的学业成绩,而必须加强

对成绩的检定和测试，也就是“输出控制”。同时，德国教育界也通过国际性的学生学业水平测评意识到，斯堪的纳维亚（北欧）国家和一些盎格鲁-萨克森（英、美等）教育体系的国家所采用的通过定期举行的学业水平调查对学业成绩进行“系统性问责”（Systematische Rechenschaftslegung）的方式是行之有效，这种学业水平调查的主要是通过统一考试或密集的学校评估网络来实现的。而质量发展、质量保障以及外部和内部评估都需要有一个统一且清晰的评价标准为参考，这是德国传统教育系统中缺失的。因而，建立一个全国统一的教育标准体系就成为各州文教部长会议（KMK）的一项重点工作（KMK, 2004a）。

2003 年 12 月，文教部长会议首先颁布了适用于中级学校毕业水平（十年级）的德语、数学和第一外语（英语/法语）三科的教育标准，并从 2004/05 学年开始实施，这也是德国第一个全国统一的教育标准（表 6-1）。2004 年 10 月，文教部长会议又公布了德语、数学和第一外语（英语/法语）三科主科学校毕业水平（九年级）的教育标准和小学毕业水平（四年级）德语、数学两科的教育标准。2004 年 12 月，文教部长联系会议进一步颁布了中级学校毕业水平（十年级）生物、化学和物理三科的教育标准。这几项标准则从 2005/06 学年正式开始执行。至此，德国初步建立起一个全国范围的教育质量发展的共同标准体系。

2012 年 10 月，文教部长会议通过了德语、数学和外语（英语/法语）三科普通高校入学水平的国家标准，这项标准已经从 2014/15 学年开始进入实施阶段，并将在 2016/17 学年成为文理中学毕业考试（Abiturpruefung）的参照标准。

表 6-1　德国教育标准体系

科目	小学	中学初级		中学高级
	四年级结束	主科学校毕业	中级学校毕业	普通高校入学
德语	√	√	√	√
数学	√	√	√	√
第一外语（英/法）		√	√	
生物			√	
化学			√	
物理			√	

注：表中打钩位置表示在相应的学业节点和学科已经制定了教育标准。

二、德国基础教育国家标准的基本特点

目前已经制定并实施的德国基础教育的国家教育标准分为四个学业层次——小学(四年级)、主科学校(九年级)、中级学校(十年级)和普通高校入学(文理中学毕业),主要是德语、数学和外语三大科目,中级学校教育标准还有生物、化学和物理三科。文教部长会议(KMK)指出,标准的制定基于以下几个原则:

原则一:把握各个科目的基本原则。

以小学数学标准为例,标准首先指出了基本数学能力的范畴,即"解决问题、争论、数学描述、交流和建立模型"。

原则二:描述学生在他们教育过程中的特定时间节点必须掌握的各个学科的基本知识和技能。

还是以小学数学标准为例,这份标准在"数和运算"能力部分规定了小学四年级毕业生应当掌握的三个方面的技能及具体的知识点(表 6-2)。

表 6-2 德国小学数学标准中对"数和运算"标准的描述

能力范畴	知识点
理解数字描述和数字关系	• 理解十进制系统 • 1 000 000 以内的数字不同的描述方式以及相互关系 • 了解 1 000 000 以内的数字
理解和掌握数学运算	• 理解四种基本运算及其关系 • 掌握最基本的心算,能够准确地进行逆向运算,并且能将这种基础知识运用到更大的数字的类似运算中去 • 理解和恰当地运用口头和半书写地运算策略 • 比较和评价不同的运算方法 • 发现、解释并改正计算错误 • 认识、解释和运用计算法则 • 理解书面的加法、减法和乘法运算,熟练地计算并恰当地使用 • 通过估算和运用逆向运算来控制结果
在情景中计算	• 解决现实问题,并且能够描述事物之间的关系以及每一个解决步骤 • 检验结果的可靠性 • 在实际问题中决定估算就足够了还是必须有准确的计算结果 • 系统地改变实际任务 • 通过尝试以及系统化的过程解决简单的组合问题

原则三：针对系统的和网络化的学习，遵循循序渐进累积获得技能的原则。

原则四：描述在规定的知识范围内期望学生能够达到的成绩。

原则五：指出各个学科的核心领域，同时给予学校自主进行教学的空间。

原则六：教育标准对于各个学科核心领域和关键能力的规定是概括性、纲领性的，并没有对具体的教学安排、课程设置和教材使用做进一步详细的规定，因而为各州、各个学校和教师个体在教育教学活动中发挥主动性和主导性留出了空间，鼓励教学上的创新。

原则七：规定要求学生达到的一般水平（一般标准）。

原则八：对于相关要求通过举例的方式进行呈现。（KMK, 2004b）

三、德国基础教育国家标准的实施

教育标准的颁布是德国深化基础教育改革、全面提升教育质量的重要举措，教育标准的实施涉及课程纲要、课程教学、教师教育、教材制定等多个方面。

1. 课程纲要（Lehrplan）修订

课程纲要的主题和内容元素，是教育标准中规定的能力要求和课程发展要求的具体化的描述。德国已经颁布的教育标准尚未涉及所有学科，并且只针对特定的学业阶段，而课程纲要则覆盖所有学科的所有学业阶段，是现阶段教育标准的进一步延伸。在教育标准颁布之后，根据文教部长会议的建议，各州先后着手对框架性的课程纲要进行修改，使之与教育标准规定的能力要求相匹配。目前，各州已经基本完成了对小学至初级学习毕业（1—10 年级）课程纲要的修订工作。课程纲要修订的意义在于，学生不论家庭背景、天资和能力如何，不管就读哪种类型的学校，其课程纲要都依据统一的教育标准制定，保障从教育内容上让所有学生达到共同的标准要求。并且，随着课程纲要的修订，各州统一考试的内容以及教材、教辅资料的设计都进行了相应的变化和调整。

2. 能力导向的课程发展

德国各州文教部长会议指出，教育标准的实施最重要的是将教育标准的两大功能——“检验”和“发展”系统地纳入基础教育的课程建设，创新能力导向的课程教学。

教育标准的“检验”功能(Überprüfungsfunktion),是指教育标准的颁布使教育者对能力导向的课程效果进行检验成为可能。在能力导向的课程中,教师可以采用适当的检验和测试程序,知道学生在何种程度上达到了教育标准所提出的能力。由此,不管是在哪一个州,哪一所学校或是一个班级中,课程教学和学习效果就有了一个透明和可比较的质量标准作为基础,从而能够对学习过程和学习结果都有更敏锐和准确的把握。

教育标准的“发展”功能(Entwicklungfunktion),是指将教育标准用于提升以能力获得为目标的学习过程的质量。在教育标准提出的能力(Kompetenzen)目标之下,学生可以领会以知识为基础的技能,这些技能能够用于成功地解决现实世界特定情境中的问题。他们也能够获得解决问题所必须的主动性、处置能力以及社会性能力。而这些特定的问题情境不仅是如日常生活实践中任务,也包括学生所处的文化世界中的各种问题。

这两种功能的实现都有赖于教师对于教育标准所指的学习概念的理解,以及其是否很好地将能力导向的教学理念地贯彻到教学实践当中。能力导向的教学需要教师对目前普遍采用的教学模式进行扩展,不再仅仅聚焦于学科知识的传授,而是更关注于学生基于知识的能力和技能的习得和发展。课程教学的定位是每个学生个人能力的尽可能的发展,而不仅仅关注学生是否记住了课程资料和学习内容。

但是能力导向的课程教学与系统性的知识学习和传授不是相互对立的,而是应当相互配合,共同发展的,知识学习的目的是为了转化为能力,应用于现实世界问题的解决,学生能够基于事实和证据进行思考、采取行动,通过知识发展培养能力。对于课程教学结果和课程质量的评估也应当与学生长远的能力习得相联系。基于此,文教部长会议 2010 年专门颁布文件,对能力导向的课程教学应当具备的特征进行了描述,以帮助学校和教师更好地贯彻教育标准。(KMK, 2010)

3. 教师教育标准化

作为教育标准化的一个重要步骤,各州文教部长会议于 2004 年和 2008 年分别颁布了《教师教育标准:教育科学》和《各州统一的教师教育学科专业和学科教学法的内容要求》(关于这两项标准的详细内容见第五章第一节)。与教育标准一样,这两份教师教育标准以及后续颁布的教师学科专业标准同样是基于能力标准制定的,这被视为教育标准在教师教育领域的贯彻实施。以这两份文件为基础的标准体系为德国的教师教育和教师继续教育明确了目标、建立了统一的参考和评价框架。

文教部长会议还建议,无论是职前培养还是在职发展,教师教育都必须加入新的教学内容和形式,来帮助教师更好地实施贯彻教育标准,采纳教育标准的能力取向,在教学中将教育标准作为验证教学效果和课程发展的工具来使用。同时,教育标准的贯彻不应当影响教师的主体性和进行创新性教育活动的空间。(KMK, 2010)

各高校根据新颁布的教师教育标准对教师教育课程和教学内容进行了调整,以能力标准为核心进行教学模块的设计,柏林、黑森等州也已经完成了见习阶段教师教育的模块化改革。

第二节　德国基础教育质量监测体系

一、德国基础教育质量监测体系的架构

"PISA 休克"推动下的德国基础教育质量保障模式的改革被德国前文教部长会议(主席)艾尔德西克-拉佛(Ute Erdsiek-Rave)描述为教育政策的"范式转变",即从"输入控制"转变为结果导向、问责和系统监测。制定全国性的基础教育标准为开展全国性的教育监测和学业成绩评估提供了参考的框架,在此基础之上,德国逐步建立起一个由不同层次学业成绩监测工具共同搭建的基础教育监测系统。

2006 年 6 月,各州文教部长会议通过了《教育监测总体战略》(*Gesamtstrategie zum Bildungsmonitoring*),开始对全国教育体系进行系统性和科学的评估。希望在此基础上,能够对评估的结果进行分析,以此为依据推动教

育政策和管理方面采取适当的改革措施。这一总体战略包括相互联系的四个层次:一是国际学业测评;二是各州教育标准实施情况统一测评;三是三年级和八年级的学业比较测试(VERA);四是联邦和州的教育报告。

在通过了小学(四年级)、主科中学(九年级)和中级学校(十年级)的基础教育标准之后,为了对标准实施的情况进行系统的监测和追踪,同时也是为了与三大国际性学生学业测评(PISA, PIRLS和TIMSS)接轨,2004年,德国文教部长会议通过决议,开始在全国范围内,在小学四年级、中学九年级两个业节点上开展全国统一的教育标准实施情况的测评,并启动相应的学业成绩追踪研究项目。2006年开始,德国各州开始进行三年级和八年级的年度标准化统考。教育标准和国际、国内三套测评工具科目涵盖了小学数学和阅读(德语)以及中学初级阶段的数学、阅读(德语和第一外语)及科学,形成了一套相互参照和衔接的教育质量测评体系(表6-3)。

表6-3 德国教育标准、教育标准统一测试与国际测试的衔接[1]

KMK教育标准	国际测评	IQB全国教育标准统一测评	各州标准化统考(VERA)
小学阶段(德语、数学)	四年级TIMSS(数学,每4年)和PIRLS(阅读,每5年)	四年级 阅读和数学(每5年)	VERA3(三年级) 德语和数学(每年测试)
主科中学毕业(九年级)(德语、数学、第一外语)	PISA, 15岁(九年级,德语、数学、科学,每3年)	九年级 德语、数学、第一外语和自然科学(每3年)	VERA8(八年级) 德语、数学和第一外语(每年测评)
中级学校毕业(十年级)(德语、数学、第一外语、生物、化学、物理)			

在共同的目标主导下,国际性学生学业测评、德国教育标准统一考试和每次考试后的分析报考共同构成了一套相互衔接的学业测评系统。从时间上看,国内、国际测评以及后续的分析报告衔接是非常紧密的,各个层次和各个项目的考试以及成绩分析比较循环进行(表6-4)。

---

〔1〕 KMK. Gesamtstrategie der Kultusministerkonferenz zum Bildungsmonitoring[R]. Bonn: KMK, 2004.

表 6-4 德国基础教育学业测评和分析报告的时间安排(2006—2017)〔1〕

年份	考试				分析报告			
	PIRLS	TIMSS	PISA	全国教育标准统一测评	PIRLS	TIMSS	PISA	全国教育标准统一测评
2006	考试		考试					
2007		考试			国际比较分析报告		国际比较分析报告	
2008				中学初级：德语、英语、法语考试	各州比较分析报告	国际比较分析报告	各州比较分析报告	
2009			考试					
2010								中学初级：德语、英语、法语各州比较分析报告
2011	考试	考试		小学：数学、德语考试				
2012			考试	中学初级：数学、自然科学考试	国际比较分析报告	国际比较分析报告		小学数学、德语各州比较分析报告
2013							国际比较分析报告	中学初级数学、自然科学各州比较分析报告
2014								
2015		考试	考试	中学初级：德语、英语、法语考试				
2016	考试			小学数学和德语测试		国际比较分析报告	国际比较分析报告	中学初级：德语、英语、法语各州比较分析报告
2017					国际比较分析报告			小学数学、德语各州比较分析报告

〔1〕 KMK. Gesamtstrategie der Kultusministerkonferenz zum Bildungsmonitoring[R]. Bonn: KMK, 2004.

二、参加国际性学生学业测评

2006年各州文教部长会议发布《教育监测总体战略》之后，德国联邦教育科研部(BMBF)决定，德国将持续参加PISA、PIRLS/IGLU和TIMSS三大国际性学生学业评估测试，并将其作为德国国内教育质量监测的重要工具，在国际性比较的参照系中对德国基础教育教育质量进行调查研究。

在此之前，德国已经开始参加三大国际性学业评估。从2000年开始，德国参加了所有五次PISA抽样测试，学生样本来自220所学校，均为九年级。为了将小学教育纳入国际测评的监测框架之中，2001年起，德国开始参加由国际教育成就评价协会(IEA)组织的"国际阅读素养进步研究"(Progress in International Reading Literacy Study，简称PIRLS)。PIRLS每5年举行一次，德国的学生样本是来自约170所小学的四年级学生。德国各联邦州还参加了2006年和2011年举行的PIRLS后续调查。德国参加的第三项国际性学生学业测评是国际教育成就评价协会(IEA)组织的每4年举行一次的国际数学和科学趋势研究项目(International Mathematics and Science Study，简称TIMSS)，同样是以小学四年级学生为样本，测试学生数学和自然科学基础知识掌握的能力。2007年和2011年，德国参加了两次TIMSS测试。

2000年，德国首次参加PISA测试时，阅读单项得分484分，数学490分，科学487分，均显著低于OECD国家平均水平，在德国教育界引发极大的震动。这也成为过去十年中包括建立基础教育监测体系在内的一系列改革措施的重要推动因素。随着德国教育界对教育质量监测重视的提高、教育标准的推出以及一系列促进教育公平、提升教育质量的改革措施的实施，德国学生在国际学业测评中的成绩稳步提高。

还是以PISA测试为例，2003年到2012年的四次测试中，德国学生阅读、数学和科学三个单项的成绩均有显著提升，"表现较差"的学生占比逐步降低。2009年开始，德国学生各科成绩排名均升至OECD国家的中上水平。德国15岁学生阅读单项平均得分为508分，在全部65个参加测试的国家和地区中排在第19位，比各国平均得分496分高出12分；数学单项平均得分为514分，在所有国家中排在第16位，各国平均得分为494分；科学单项平均得分为524分，排在第12位,各国平均得分为501分。[1]

德国学生近年来在另外两项国际学业测评的表现与PISA成绩相当。2011年"国际学生数学与科学能力动态项目"(TIMSS)测试中,德国四年级学生数学得分为528分,在63个国家和地区中排在第18位;在科学测试中,德国四年级学生得分为528分,在60个国家和地区中排在第20位。而在这一年的"国际学生阅读能力进步研究"(PIRLS)测试中,德国四年级学生得分为541分,在58个国家中排在第17位。[2] 未来,德国将继续参加三大国际学生学业测评,并将其长期作为检测德国基础教育质量的工具。

三、全国教育标准统一测评

德国全国教育标准统一考试由教育质量发展研究所(IQB)进行设计并组织实施,测评的目标项目与国际性学业测评相同,旨在考查学生对基础性知识的掌握情况和运用能力。考试的试题设计和程序设计均以国际性学业测评为参考。教育质量发展研究所组织专家根据各个层级教育标准的规定进行命题,并以教育标准为基础对小学三、四年级和中学八、九、十三年级的教学任务进行标准化设计。

同时,为了更好地对国际性学生学业测评和国家教育标准统一考试的成绩进行分析,推进各个联邦州对教育标准的贯彻执行,促进各州积极提升教学质量,在每次国际性测评和全国教育标准统一测评之后,教育质量发展研究所还参考国际性学业测评对于不同国家学生学业成绩进行比较分析的方式,进行各个联邦州统考成绩的比较并发布分析报告。

在考试时间安排上,四年级的教育标准统考每5年举行一次,九年级全国统考每3年举行一次;有关各个联邦州成绩比较分析的报告将于每次考试结束一年后发布。

为了保障教育质量监测各个层次和不同工具之间根据一个统一的参照系进

---

〔1〕 经合组织(OECD)PISA项目主页. http://www.oecd.org/pisa/home/.

〔2〕 TIMSS和PIRLS项目主页. http://timssandpirls.bc.edu/.

行有机结合，各州文教部长会议决定各州自 2008 年开始在学校评估、教育监测、各州间成绩评比和全国教育报告中统一以教育质量发展研究所公布的标准任务为参照系。

迄今为止，德国已经举行了三次全国教育标准统一测评，分别是 2008/09 年对中学九年级德语和第一外语（英语、法语）进行的统一测评，2011 年对小学德语和数学的统一测评以及 2012 年对中学数学和自然科学的测评。下面我们以 2008/09 年的考试为例对全国教育标准统一测评的规模和形式进行简要介绍。

2008/09 年进行的是中学初级（九年级）德语和第一外语（英语、法语）的测评。这一测评共有 16 个联邦州的近 1 500 所学校参加测评，被测对象是这些学校全部九年级学生，总共被测学生数约 4 万人。学校样本根据随机抽样原则选出，涵盖了所有中等学校类型——主科中学、实科中学、文理中学及设有多个课程项目的综合中学。德语和外语考试每科 60 分钟，德语分为阅读、听力和拼写三个部分，外语考试包括阅读和听力两个部分。

除了知识能力测试部分，所有参加考试的学生都需填写一份调查问卷，内容包括包括学生的家庭、经济、社会文化等背景信息，以及对于学校课程教学情况的调查。这些信息将收集起来作为后续对成绩进行分析所用。

统考由教育质量发展研究所（IQB）负责组织试题设计、问卷设计、试测和修改，由汉堡 IEA 数据处理和研究中心（DPC）负责数据处理。试题本身由在汉堡 IEA 数据处理和研究中心经过训练的外部专家进行设计。考试结束后汉堡 IEA 数据处理和研究中心对答卷进行电子化编码和录入并进行基本的判卷计分和结果整理。在此基础上，教育质量发展研究所对考试结果进行了一系列系统的分析并进行了各州之间的比较。考试成绩和分析报告于 2010 年公布。

四、学业比较测试（VERA）

学业比较测试（VERA）的德语名称直译为“比较工作”（Vergleichsarbeiten，简称 VERA），是由教育质量发展研究所命题，面向各州所有学校三年级（VERA3）和八年级（VERA8）全体学生的书面测试（VERA），每年举行一次。德国从 2006 年开始三年级的比较测试，2009 年开始八年级的比较测试。VERA

测试的影响甚至已经超出国界,意大利以德语为主要语言的南蒂罗尔省和比利时的德语区于 2010 年开始参加三年级的 VERA 测试。VERA 测试在各州的具体名称不尽相同,例如黑森州和北莱茵-威斯特法伦州称之为"学习目标调查"(Lernstandserhebungen),汉堡市称为"能力评估"(Kompetenzen ermitteln),在萨克森州和图林根州则称为"能力测试"(Kompetenztests)。图 6-1 是萨尔兰州诺菲尔登小学学生参加 VERA3 测试的情形。

图 6-1 萨尔兰州诺菲尔登小学学生参加 VERA3 测试[1]

VERA3 考试科目为德语和数学,VERA8 为德语、数学和第一外语。在每年的德语测试中,阅读是三年级和八年级共同的必考项目,另外再从听力、拼写、写作和语言使用几项中选择一项进行考试。三年级数学测试项目每年从"大小与测量""数字和运算""形状和结构""空间与图形"以及"数据、频率与概率"据项内容中选择两项进行测试,八年级数学测试则包括所有 5 项。八年级第一外语测试至少要测试阅读理解和听力理解。每次测试前,各州文教部相关部门和教育质量发展研究所(IQB)会一起确定选考的具体科目。

每年教育质量发展研究所都会组织教师设计开发新的试题,由大学的学科

〔1〕 http://www.grundschule-nohfelden.de/paedagogisches-konzept/vergleichsarbeiten/index.html.

教育专家进行评估，并组织数百名学生进行试测，在此基础上制定测试手册，向全国推广。各个州可以自由决定在 VERA3 和 VERA8 的测试中选择一个或多个科目、能力领域作为本州学生必考项目。

与国际性学生学业测评以及全国教育标准统一测评不同的是，VERA 测试并不进行统一阅卷、判分和系统性的成绩分析，而是由各州本地机构和学校教师自主进行，其结果主要供学校、教师和班级自我评估和纵向比较之用。三类测试的关系如表 6-5 所示。

表 6-5 VERA 测评与国际学业测评、德国全国教育标准统一测评的主要区别〔1〕

	国际学业测评	全国教育标准统一测评	VERA
设计	抽样调查	抽样调查	规定年级的学生全部参加
频率	3～5 年一次	小学 5 年一次，中学 3 年一次	每年都要举行
主要目的	系统监控	系统监控	促进教学、学校发展
评价级别	国家	德国各州	学校、学习小组或者班级
执行	外部测试管理员	外部测试管理员	通常是教师
分析	集中	集中	当地进行，教师或者州机构
结果	大约 3 年一次	大约 1 年一次	及时反馈(几周时间)

作为各州文教部长会议 2006 年公布的“教育监测总体战略”的组成部分，VERA 测试成为德国基础教育监测的一项重要工具，其目的是促进“教育系统更加关注学生在学业过程特定节点上在所学领域获得的能力水平而非教学内容本身”。并且，通过将关注重点从教学内容转移到能力上，改变过去基础教育以应试为目标教授静态知识的做法，帮助学生获得举一反三能力，从而具备解决更加广泛问题的能力。2012 年，各州文教部长会议又就继续促进 VERA 测试达成新的协议，进一步强调 VERA 测试的主要作用是促进教学和学校发展，并促进教育标准中与学科知识和学科教学法相关的各项标准的实施。文教部长会议强调，VERA 测试的意义并不在于评分，

〔1〕 Institut zur Qualitätwicklung im Bildungswesen. VERA-Ein Überblick[EB/OL]. [2015-02-23]. https://www.iqb.hu-berlin.de/vera.

也不能用于预测学生未来的学习是否会成功；VERA 并不是要考查学生是否掌握了课上讲授的内容，而是着重考察学生能力的掌握，而能力可能并不与课上所学的内容直接相关。文教部长会议还要求，各个学校的 VERA 测试结果不能以排名表的方式公布。此外，督学人员杳阅 VERA 结果必须遵守严格的规则。

基于促进教学和学校发展的目标，各州文教部长会议建议中小学校教育 VREA 测试的成绩作为学校发展的重要参考。在 2010 年颁布的文件《将教育标准运用到教学发展的基本概念》中，文教部长会议强调，“VERA 测试的成绩应当成为学校以数据为支撑的发展周期的核心部分，并基于‘反馈文化’将数据反馈和数据使用连接起来”(KMK，2010)。

与其他几个层次的学业监测不同的是，VERA 测试对于教师教学和学校发展的促进将以学校为单位通过直接的基于 VERA 成绩的改进措施来实现。VERA 测试将有助于通过测试内容和学生的表现反馈持续关注学生的学业能力，帮助教师提高对学生进行学业诊断的技能。教师可以根据 VERA 测试的结果来对教学进行干预和改进。在学校的层面，REVA 成绩的反馈也有助于学校具体的学科组提升整体的教学水平。

五、国家教育报告

2006 年，德国发布了首份“国家教育报告”(Bildungsbericht)，之后每 2 年发布一次，到 2014 年已经发布了 5 份。这一基于数据指标的全国教育发展状况的分析报告以及与其相关的数据采集、加工、分析和反馈的一整套机制被视为德国教育监测总体战略中的一个重要组成部分。

国家教育报告项目于 2005 年在各州文教部长会议(KMK)和联邦教育科研部(BMBF)支持下正式启动，由位于柏林的德国国际教育研究所(DIPF)作为独立机构具体承担主要工作，同时由德国青少年研究所(DJI)、德国高等教育和科研中心(DZHW)、哥廷根大学社会研究中心(SOFI)以及联邦和各州统计局共同参与。进行报告指标体系设计、数据采集、处理、分析和报告撰写的均为教育和相关领域的研究人员和数据分析专家。

与OECD的《教育概览》类似，德国的国家教育报告也是在一个指标体系框架下，以数据为基础、用实证分析的方法对教育系统各方面的发展状况进行的持续性的追踪、分析和反馈。在内容上，国家教育报告涵盖了学前教育、基础教育各学段、职业教育、高等教育和成人继续教育，并且将正式教育和非正式学习都纳入分析的框架之内；对于主要的数据指标，报告都会进行长时段的纵向比较；社会人口结构变化、性别、社会出身、国籍以及种族等都被作为影响指标进行分析；在分析比较的层次上，主要指标都会按联邦州进行呈现，并进行横向的国际比较。

根据教育报告工作小组对于报告的整体构想说明，报告的核心是一个透明的、系统性的明确不断进行数据更新的指标体系。这个指标体系在目标设计上希望能够在以下三个层次上对教育系统的表现进行考察：第一个分析层次是"个人调控能力"（Individuelle Regulationsfähigkeit），即在个体层面上，分析教育系统在多大程度能够帮助个人获得独立生活并协调与环境和社会关系的基本能力，换句话说，就是考察教育系统在赋予个人最基本的生存和生活能力方面的表现如何。第二个分析层次是"人力资源"（Humanressourcen）。即考察教育系统在何种程度上提供了劳动市场所需的技能，从数量和质量上保障社会赋予发展所必须的劳动力。第三个分析层次是"机会均等"（Chancengleichheit）。即考察教育系统在何种程度上保障了其成员的社会参与，维护社会的凝聚力，反对因性别、宗教、社会出身、国籍或种族不同而带来的歧视。[1]

在具体的指标选择上，德国国家教育报告的指标体系既包括教育过程的"直接产出"（Output），也包括教育的中长期"回报"（Outcome），以及对于社会条件的"影响"（Impact）。同时为了在可操作的范围内进行测量，报告同时选择了若干影响性指标、进程指标和条件指标，最终确立了以下四个层面的11个主要指标（表6-6）。

---

〔1〕 Konsortium Bildungsberichterstattung. Gesamtkonzeption zur Bildungsberichterstattung in Deutschland [EB/OL]. 2005.

表 6-6 德国国家教育报告的主要指标[1]

层面	指　　标
影响层面	① 能力;② 学历;③ 教育收益
背景层面	④ 人口
输入层面	⑤ 教育支出;⑥ 教育人力资源;⑦ 教育项目/教育设施;⑧ 教育参与
过程层面	⑨ 学习时间;⑩ 过渡(升学);⑪ 质量保障/评价

在具体内容结构上,报告按照教育的外部条件、基本教育信息、早期教育、普通学校教育和学龄人口的非正式教育、职业教育、高等教育、成人和继续教育、教育影响和收益这八个固定的部分进行编排。同时,根据教育发展和教育政策的最新动向,每一份报告还会选择一个具有现实意义或与焦点关切相关的特别教育主题进行专门分析,并列为该年度报告的副标题。例如,2014 年的特别主题是“教育系统中的残疾人”,2012 年为“文化、音乐和审美教育”,2010 年为“人口结构变迁中的教育视角”,2008 年为“中等教育之后的选择”(中等教育向职业教育、高等教育及就业的过渡),2006 年为“教育与移民”。下面,我们用表格的形式对 2014 年德国教育报告的主题部分和各部分涉及的具体指标进行列举,以帮助读者对德国国国家教育报告的内容有更直观的了解(表 6-7)。报告的呈现形式图示和文字相结合,简洁直观,主要结论部分都以提要的方式予以突出说明,并依据数据分析提出政策建议。

表 6-7 德国教育报告的内容主题(以 2014 年为例)[2]

主　　题	具　体　内　容
A 结构性条件变迁中的教育	A1 人口发展;A2 经济发展;A3 劳动就业;A4 家庭和生活方式
B 德国教育的基本信息	B1 教育机构;B2 教育人员;B3 教育支出;B4 教育参与;B5 人口的受教育程度
C 儿童早期教育和照管	C1 家庭教育;C2 早期教育的供给;C3 儿童的早期教育参与;C4 早期教育的人员;C5 儿童早期认知能力;C6 向学校教育的过渡

---

[1] Konsortium Bildungsberichterstattung. Gesamtkonzeption zur Bildungsberichterstattung in Deutschland [EB/OL]. 2005.

[2] Autorengruppe Bildungsberichterstattung. 2014. Bildung in Deutschland 2014: Ein indikatorengestützter Bericht mit einer Analyse zur Bildung von Menschen mit Behinderungen[R].

续表

D普通学校教育和学龄人口的非正式学习	D1 学校结构与教育；D2 学校间的过渡和转换；D3 学龄人口的全日制教育和照管；D4 学校教学人员；D5 校外的学习活动；D6 认知能力；D7 离校和毕业
E职业教育	E1 开始培训——职业教育的结构性发展；E2 双元制培训的供给和需求；E3 根据职业类别和教育背景划分的培训关系；E4 培训过程和毕业；E5 职业教育与劳动力市场的关系
F高等教育	F1 高等教育供给；F2 入学与招生；F3 高校的教学人员；F4 学业过程；F5 毕业和毕业生去向
G 成人教育和继续教育	G1 继续教育参与；G2 移民背景人员的继续教育；G3 成人的能力水平和继续教育；G4 继续教育收益
H 教育系统中的残疾人	H1 诊断和发生率；H2 教育供给；H3 教育参与和过渡；H4 人员和质量；H 经费资源；H6 挑战
I教育的影响和收益	I1 教育，就业，收入；I2 生活和社会参与；I3 机会均等

德国国家教育报告中的数据主要来自联邦统计局和各州统计局的官方统计数据。另有一部分数据是由参加教育报告工作的各机构通过抽样调查和专题研究的形式获得的，数据每年都进行更新。每个部分的数据分析都会具体到各个州的情况，并进行国际比较。而个人层面的数据则会按照性别、不同社会出身、是否移民身份等进行进一步的比较分析。报告还建立了专门的在线数据库系统，提供报告的在线阅读、下载和数据查阅的功能。[1]

德国国家教育报告最主要的目标是对德国的教育系统和教育状况进行持续性的、整体性监测和清晰简明的反馈分析。报告的编写者希望用这样一种有充分实证数据支持、全面反映教育状况同时又透明可见和清晰易懂的方式，面向更广大范围的社会公众呈现德国教育系统的状况，从而为教育政策的讨论提供一个统一的认识基础。

实施近十年来，德国国家教育报告对德国教育政策制定、教育研究和公共意见的讨论产生了重要影响。首先，最主要的影响就是为所有教育议题的政策讨论提供了一个共同的认识基础，成为德国近年来很多政策措施提出的依据。例

〔1〕 德国国家教育报告. http://www.bildungsbericht.de/.

如,2008德国第二份国家教育报告公布不久,德国总理默克尔就以报告中的数据分析结论为依据提出了“教育共和国”(Bildungsrepublik)的教育政策理念,并在之后促成了联邦和州政府领导人就德国未来教育发展的政策目标达成一致签署作为今天德国教育政策基本目标框架的“德累斯顿决议”(详见本书第十章第一节)。

其次,国家教育报告的工作机制进一步强化了德国当前的教育研究的实证主义导向。除了用官方统计数据进行直接分析之外,国家教育报告中的数据采集和分析还依赖于一系列辅助的实证研究子项目,涉及儿童和青少年发展、非正式学习、教育收益评估、儿童认知、能力测量、劳动就业和职业发展等不同主题以及与指标体系构建直接相关的方法论层面的研究。这些研究主要是通过竞标、委托科研和外部资助(例如通过德国科研基金会的研究项目进行资助)的方式进行的。国家教育报告的实施也促使各州政府先后启动了地方性的教育报告工作,对本州教育发展状况的持续的数据采集和实证分析。本书第四章第三节有关德国新世纪以来教育理论发展趋势的部分中,已经介绍了德国当前的教育理论研究越来越倾向于以那些可以通过实证研究方法进行验证的具体的能力指标取代传统上模糊的“教养”概念作为教育教学的目标,作为一份全国性的权威的报告,国家教育报告及其相关的研究工作进一步强化了这一实证主义的研究取向。

最后,作为德国教育监测总体战略的组成部分,教育报告最终的落脚点同样是在教育质量的监测和保障上,是质量保障从输入控制向输出控制范式转变的具体体现。教育标准制定了教育系统的质量目标,而国际学业测评、全国教育标准测评和学业比较测试相互衔接,搭建起了对教育的直接结果(output)进行持续监测的工具网络。而国家教育报告和各州的地方报告以及相应的研究工作则构成了在系统层面上对教育质量的各个维度进行长期的追踪、诊断、分析和反馈的工作机制,将基础教育的质量发展与学前教育、职业教育、高等教育、终身教育和非正式学习进行连接,并对影响教育质量和教育成效的因素进行分析,因而能够直接地影响相应的政策工具的设计、讨论和实施。这一整套监测评价体系对于德国传统的教育理念和教育结构而言,无疑具有颠覆性的意义,并产生长远的影响。

第七章

德国基础教育阶段的学校管理

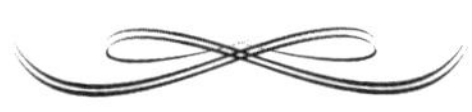

第一节 德国中小学校的内部管理

德国中小学校的校内管理依据各州《学校法》的规定，在校长负责制下实施学校全体成员共同参与的民主自治，通过学校代表大会、教师代表会议、学生代表会议以及家长代表会议等制度充分贯彻民主精神和协商原则。近年来，随着中小学校自主权的扩大，校长领导力建设和学校特色发展成为学校管理中的重要议题。

一、中小学校的行政管理结构

德国中小学奉行校长负责制下的学校民主自治的管理模式。根据各州《学校法》的规定，校长、校务委员会、学校代表大会和教师代表大会等共同组成了中小学校内部权力决策的基本机制。

1. 校长和学校管理层

(1) 校长的职责

根据各州《学校法》的规定，校长是中小学校的领导者和负责人，负担学校事务的所有责任，负责学校按照法律的规定运行，对外代表学校，代行校舍使用权并有权决定学校运营人员和物资的分配、使用，直接参与教师的聘用和调整，有权决定教师和其他教学人员的教学任务。校长的工作责任涵盖学校工作的方方面面，以柏林州为例，州《学校法》规定校长的职责包括以下几个部分：

① 促进教学人员、学校其他职工、学生、监护人以及教育局的合作并谋求教学工作和教学工作的持续提高；

② 负责学校计划的制定、调整、实施以及学校工作的质量保证和内部评估，每年向学校代表大会和教师代表大会提交学校发展的年度报告；

③ 使学生代表和家长代表知悉所有对学生以及学校来说重要的事务，并支持他们的工作；

④ 协助教育机构、职业培训和劳动管理机构、儿童援助和青少年服务机构、福利机构以及其他涉及学生和学校利益的组织和机构的工作，促进学校对社会的开放；

⑤ 代表教育局进行招生，受教育局委托管理学校事务并经营分配到学校的预算拨款；

⑥ 在管理职责范围内对教职人员和学校的员工有命令权；致力于教师以及学校其他人员的继续教育并监督教师继续教育的履行情况；促进实习教师在学校进行的培训并定期了解培训的质量；

⑦ 谋求教学和教育工作的改进，特别是致力于学校内部统一的评价标准的制定；

⑧ 校长在学校自主管理的框架有权安排教师加班，批准教师的副业、特殊休假、离职、公差、进修申请以及其他主管机关分配的任务。

传统上而言，德国的公立学校均属于各州所属的国家机构，教师也主要都是州政府直接聘任的公务员，校长虽然是学校的负责人，但在诸如教师聘任和解聘，学校发展方向等重要事宜方面，校长的权力是非常有限的。近年来，为了进一步促进学校发展，增强教育系统的活力，鼓励学校管理和教育教学方面的创新，德国很多州都扩大了学校的自主权范围，校长的权力和责任也相应的扩大了。例如，我们在第五章教师教育部分已经介绍过图林根州耶拿市基础教育改革的例子。在州政府的批准下，耶拿市的教育人事权改革的试点学校的校长和管理层有权利决定教师(非公务员身份)的聘任和辞退，并在学校的发展方向、育人目标、课程设置和特色发展等方面行使更大的自主权。

(2) 校长的选拔和任用

德国中小学校校长全部通过公开招聘产生。校长首先必须是教学经验丰富的教师，并且具备管理和领导的能力。随着2000年以来中小学校自主管理权的加强，各州对于校长领导力的要求也逐渐提高。很多州都制定了校长岗位的能力要求标准，例如巴登-符腾堡图宾根行政区规定了校长应当在个人能力、社会能力、教学能力和管理能力四个方面达到的要求(Regierungspräsidium Tübingen Abteilung Schule und Bildung, 2009),柏林州则规定,只有那些“具备超出教师培训的要求且对领导学校必不可缺少的知识和能力的人才能被委任为校长”,这些能力包括领导和组织学校的能力、教学评估能力、团队能力、处理纠纷的能力以及与学校和校外机构合作的决心、引领学校创新和继续发展的能力等等,并且这些能力将通过相应的资格评定机制得到认可(《柏林州学校法》)。

各州对于校长的公开招聘程序都有明确的规定。通常而言,各州文教部和地方教育行政部门会在每年的学校职能岗位招聘期通过专门的网络平台和地方性报刊对外公布包括校长在内的各类职能岗位的空缺情况,符合竞聘要求的教师均可提交申请。然后由地方教育局的人事部门对竞聘者进行面试,为每个岗位确定两名候选人,由地方教育局负责人和人事评议会进行考察后推荐给相关学校的学校代表大会。学校代表大会在规定期限内对候选人进行听证并将决议通过的校长人选反馈给地方教育局,最后由地方教育局对新校长进行任命。校长的任期一般为 3 年,到期后可以连任。

除了校长之外,德国的中小学校还根据学生规模设立副校长(或称校长代表、校长助理)的岗位。以柏林州为例,普通学校学生超过 540 人、特殊学校学生超过 270 人,则设一名副校长。副校长协助校长管理学校各项事务,其选拔和任命的程序也基本与校长相同。此外,一般学校还为校长设一名秘书,辅助校长处理事务性工作。需要特别说明的是,德国中小学的校长和副校长任职期间都必须上课,只是课时较普通教师要少。

(3) 学校管理层的扩大

近年来,随着各州中小学校自主权的加强,提高中小学校的内部管理水平和质量的要求也随之提高,柏林、巴伐利亚、石勒苏益格-荷尔斯泰因等州先后通过学校法相关条款的修订,允许学校扩展管理层,自行设立由校长、副校长和教师代表等组成学校的“校务委员会”(Erweiterte Schulleitung)。例如柏林《学校法》规定校务会由校长和 1～4 名教师代表组成,在校长领导下分工负责,支持校长的工作。不同类型、不同规模的学校校务委员会的人数和人员构成也不同,以柏林洪堡文理中学为例,学校层级(校委会)的管理人员主要由校长、副校长和两名教导主任组成。另外，为了更好地协调学校代表大会和管理层之间的沟通，这家中学又从学校大会中选举四名成员与校委会组成为“大校委会”。而柏林安内多-列勃小学一共有31名教师、15名幼师和6名职员，因此学校的校委会设置相对简单，由校长、附属幼儿园园长、总务主任和秘书4人组成。

2. 学校代表大会

德国所有中小学均设有学校代表大会（Schulkonferenz）[1]，由校长、教师代表、学生代表、家长代表、办学方代表（来自教育局或私立学校的办学主体）和企业代表（职业学校）组成。学校代表大会是学校的最高决策和咨询机制，与办学主体、学校管理层、教师、学生和家长等各个利益相关方协调合作，参与学校各项重大事务的决策，对办学主体、校长和教师代表大会的决定有否决权。

学校代表大会的具体人员组成和职权范围由各州《学校法》规定。以柏林州为例，学校大会由校长和13名代表组成，其中有4名教师代表、4名家长代表和4名学生代表，分别由教师代表大会、家长代表大会和学生代表大会选出，另有一名校外代表。其中小学学校代表大会的学生代表必须是五、六年级的学生，且只享有建议权。

柏林州《学校法》第75款规定：学校代表大会的功能在于“协助学生、监护人和学校人员之间的协作”“商讨学校一切重要的事务，在意见不一致时进行调解”“在学校其他委员会享有议事权”，同时“学校大会及其委员会的成员为了承担其职责可以与相关负责教师协商一致进行课堂观摩”。代表大会对学校决策的参与通过“三分之二票数决策”和“简单多数票决策”两种方式实现。其中，须三分之二票数通过进行决策的事项包括：学校运营人员和物资的分配和使用原则；学校计划以及与此相关的学校运行和教学组织原则；申请人数过多时的招生标准和流程；双轨制教育的方针，学校的评估程序，特殊教育的组织；课程表的修订，作业量和布置原则，教学周长度；举荐校长、副校长、以及部门负责人的人选；与其他学校或非教育机构的合作；文理（高级）中学改成一体中学的申请；学校命

---

〔1〕巴伐利亚州称为Schulforum，下萨克森州称为Schulvorstand，莱茵兰-普法尔茨州称为Schulausschuss。

名,等。

可以通过简单多数票决定的事项包括:申请学校类型改革试点,申请特色学校;每天的上课时间,设立全日制学校的申请;学生团体的活动原则,学生交流、国际合作、学生郊游远足及与学校伙伴协议的方针;工作和社会行为的评价;家长及其他人员参与课堂以及其他学校活动的原则;选修课的设置和学校特殊互动的安排;校内商品销售的原则以及在校内投放广告的原则,等等。

此外,学校代表大会还在以下方面对教育主管部门的决定行使听证权:决定学校组织的变化特别是扩展、拆分、合并以及关闭学校之前,组织全日制上课或学校试点改革之前;校内大型基建项目的决定之前;在职业学校设立新的教育计划、专业方向以及重点之前;关于学校发展计划、学校道路安全的重要决定之前以及小学的设立和改变学区之前;决定午餐供应商之前。学校代表大会可以用四个教学周的时间用于上述事项的听证并形成表态。

柏林州《学校法》规定学校代表大会一年至少召开 4 次,由校长担任召集人和主席。可以为了商榷和决定个别事务,尤其是调解教育冲突时学校代表大会还可以建立专门的委员会。

3. 教师代表大会

全体教师代表大会是学校所有教师和教育人员共同的组织,参与学校所有重大事务的协商和决策,特别是参与专业教学和教育工作的安排设置,确保教学质量的持续发展。各州《学校法》对于全体教师代表大会的人员构成和权责范围有明确的规定。例如,柏林州《学校法》归定,每周有 6 名及以上独立课时的教师和实习教师、学校的教育工作者、青少年福利救助中心的人员具备进入教职人员全体大会的资格。另外,教师代表大会也有权选出参加学校代表大会、地区教师委员会、校务会的代表和校内各个专业委员会的教师代表,并指派代表参加学生和家长代表大会。

柏林州《学校法》规定全体教师大会在校长的主持下一年至少召开 3 次。其参与决策的事务范围包括:校务会议的设置和学校内部机构设立的建议;学校规划和专业教学发展;双轨制学习的组织,课程教学的系统安排和评估、教学方式以及学习成果检测和其他教学评价的原则;学生作业的形式、规模以及分配;在学校自主范围内的基本课堂内容的质量标准以及专业教育工作评价和质量保障的方法;教育工作上发生分歧时的处理原则:与其他学校的教学合作;教科书和教学材料的使用原则以及学习资料和教学资料的选择;学时分配的原则,教师参加教学、学生管理和其他工作的人员及时间分配方针;教职人员以及学校其他教学人员的进修制度;对可供学校使用的预算拨款如何支配的建议;对学生的惩戒措施,等等。

除了全体教师代表大会之外,各个学校还根据教学和学校管理的需要设有由部分教师组成的委员会,例如学科专业委员会,年级管理委员会和班级管理委员会等等。教师代表大会充分代表广大教师的利益,对学校管理层的工作进行监督;同时,作为教师的专业组织,教师代表大会对与课程教学和教师专业发展相关的各项事务进行决策,是学校教学工作质量保障的重要机制。

二、德国中小学校的教学与班级管理

德国中小学校的课程教学工作管理由学科专业会议和班级会议两套管理机制交叉负责。学科专业会议是在全体教师大会之下根据教学专业或教学领域设置的小组,包括该专业和领域的所有任课教师,由学科负责人召集。专业会议在全体大会决议的框架内对本专业相关事宜作出决定,例如各学科教学框架计划的制定和调整、课程的设置和调整、教科书和教学资料选择等。专业委员会的职能也包括促进教师的专业发展组织,例如定期通报和交流本专业或教学领域的学术发展情况、专业书籍等。而班级会议(或年级会议)则是按照班级(没有分班的学校按年级)设立的所有任课教师的议事机制,由班主任作为召集人。班级会议的主要职责是针对该班级(或年级)的教育教学工作进行讨论、协商和决策,包括成绩评定、毕业以及学生的学习和社会行为,对学生发展情况的鉴定,家庭作业和课题测试的安排,任课教师之间的合作,跨学科教学活动的协调,学生家长和其他人员参与课程教学和学校其他活动的安排,与家长和学生的合作,对学生的惩戒措施,等等。为了充分的体现民主参与与合作的原则,德国中小学的学科专业委员会和班级委员会均有学生和家长代表列席,参与所有事项的讨论,但不行使表决权。

学科专业会议和班级会议的召集由各个学校自行决定。例如,在汉堡市奥斯特柏克文理中学,班级会议每年固定召开两次全体会议,9 月或 10 月举行班级规划会议,对该班级一学年的重要活动如“班级主题日”等进行计划;2 月份举行第二次全体会议,讨论班级出游,以及对学校成绩评定会议的结果进行反馈等。除了这两次会议之外,班级会议在平常也按需要召开,讨论学生的学业和社会行为,规则的遵守情况,对于违规行为的惩戒措施,班级各项工作的计划安排,教学方法的清晰度,成绩评定的标准等。

与我国中小学一样,德国中小学的每个班级都设有班主任,具体管理班级的各项事务,包括学生出勤管理,学生成绩单评语的拟定,协调各个任课教师,联系家长,组织学生活动、辅助学生进行职业定向、调节学生和师生纠纷,等等。班主任一般都是跟班制,是学生在校期间关系最为紧密的教师。

此外,教务主任(或称教学协调人)也在德国中小学的教学管理中发挥重要作用。教务主任的主要职责是全面负责和协调学校的各项教学工作,根据课程标准和教学大纲的要求协调各个专业小组制定学校的课程设置,特别是跨学科的课程,确保跨学校和学校内部课程的正常进行;协调全校成绩评定标准的统一性,协调各项考试和成绩评定的工作;了解教师们的继续教育要求,促进教师进修计划和进修报告的完成;受校长委托在进行跨学校的教学合作,参加地区的专业会议,等等。

第二节 学校管理的学生、家长和社会参与

一、学校管理的学生参与

在德国的文化中,自立和自我管理是青少年发展的重要目标,德国幼儿园和中小学非常注意培养学生的自我管理能力、民主参与意识以及组织沟通、团队合

作能力。同时，德国中小学校不仅将学生视为教育教学的对象，也把他们看作学校这一组织的不可分割的成员，是与校长、教师平等的参与者，因而在班级和学校活动中赋予学生很大的自主管理权，学校的各项事务决策中也有学生的积极参与。

在德国，中小学生参与学校管理和议事主要通过学生代表会议和“学生发言人”（也叫学生议员）来实现。以柏林州为例，州《学校法》规定，三年级以上的学生每个班级（或年级组）选出 2 名学生发言人，七年级之后，还要选出 2 名学生代表参加班级教师会议。这些学生发言人在班主任和年级负责人的指导下每个月至少要召开一个小时的会议讨论学生事务。小学的学生发言人每个学年至少要举行两次会议。

柏林州所有初级中学和高级中学都设立全体学生代表会议，学生们通过民主选举产生的班级学生发言人、年级学生发言人和学校学生发言人在代表会议中行使表决权。在小学和初级中学一贯制的学校中，五、六年级的学生发言人在全体学生代表会议中拥有表决权，三、四年级的发言人不享有表决权但可以为会议提供咨询。全体学生代表会议还选举产生 4 名学校代表大会的成员、2 名地区学校代表大会成员以及参加教师专业会议和家长代表会议的顾问成员。

全体学生代表会议在全校学生发言人的召集下每月可以召开 1～2 次会议，讨论包括学生活动、教学安排、学校日常工作和学生权益在内的各种事务，也可邀请校长、家长和教师代表参加。

学生代表会议代表所有学生的利益，各个层次的学生发言人则由全体学生通过民主程序选举产生，学生代表会议参与学校事务的原则和方式以及学生发言人的权责范围均由各个州的《学校法》予以规定，和学校其他事务的运行一样有法律框架的保障和限制。通过学生代表会议制度和学生发言人、学生代表参加学校代表大会、全体教师会议和专业及班级教师会议等制度化的方式，学生全面参与学校决策的原则得到了贯彻。这体现了德国中小学组织管理的民主原则，也是社会民主参与精神在学校中的实现。

二、学校管理的家长参与

学生家长在德国中小学校的管理和运行中扮演着重要的角色。德国《基本法》

第 6 条第 2 款规定:“抚养和教育子女是父母的自然权利,也是父母承担的首要义务”,因而家长有权利和义务对学校教育进行监督和参与。一方面,家长对于教育行政部门的教育政策、学校的教育教学和教师的工作等可以依法进行监督;另一方面,家长也通过和家长委员会和家长代表制度直接地参与学校决策、管理和运行。

德国中小学的家长通常按照班级或年级组成家长会议并选举产生家长代表和参加班级委员会的代表。各班级(或年级)的家长代表组成全校家长代表委员会,并从中选举产生全校的家长代表,参加校务会议、教师会议和学生会议的代表,以及参加地区家长组织的代表。家长委员会每年有若干次固定会议,平常若有需要商讨的议题也可由一定数量的家长委员提出后随时举行会议。

学校的家长委员会代表全体家长和监护人的利益,其议题涉及学校教育教学、升学就业、学校后勤安排和学生活动等各个方面,家长们可以通过这一机制交换信息、形成共同意见并反馈给学校和教师,也由此配合学校日常工作和教育教学。家长委员会可以直接邀请校长和教师代表参与会议,也可以通过派驻校务会议和教师会议的代表发挥家长的参与决策、监督、咨询和建议作用。

我们用柏林席勒文理中学的例子来看一下学校家长委员会的工作机制和议题。在学校的主页上,家长委员会的人员构成、规章制度和会议议程等信息一目了然。可以看到,从 2014 年秋季新学年开始到 2015 年 4 月为止,学校家长委员会共召开了三次会议。会议议题包括家委会的制度机制建设、代表选举、家长对学校教学活动的意见反馈、学校评估和改进意见、到学生手机管理、图书馆扩建和学校互动等,涵盖了学校工作的方方面面(表 7-1),体现了家长委员会对于学校发展、教育教学和日常管理全面的参与。

表 7-1 柏林席勒文理中学家长委员会会议议程(2014 年 10 月—2015 年 4 月)〔1〕

时 间	主 要 议 题
2014 年 10 月 29 日 学年第一次会议	• 成员相互介绍 • 选举参加校务会议和其他学校会议的代表

〔1〕 Schiller-Gymnasium Berlin. Tagesordnungen von Sitzungen des laufenden Schuljahrs[EB/OL]. [2015-03-21][2015-04-01]. http://www.sgym.de/eltern/gev/tagesordnungen-laufendes-schuljahr/#artikel.

续表

2012 年 12 月 4 日 学年第二次会议	• 家长代表会议的工作机制讨论 • 对学生进行心理支持的建议 • 对学校评估和家长调查结果进行讨论并形成改进意见 • 对即将进行的学校宗旨校训的修订提出意见
2015 年 3 月 17 日 学年第三次会议	• 家长对于学校宗旨校训所应包含内容的意见 • 对于能力超常学生评估标准的意见反馈 • 夏季主题活动的讨论 • 图书馆扩建和继任馆员(教师和学生馆员)事宜 • 手机管理事宜 • 师资安排,教师缺课时间的讨论

除了通过家长代表和家长委员会参与学校决策管理和进行监督之外,学生家长也在学校的发展建设、学生成长和课外活动的开展中发挥重要作用。很多学校会动员家长在力所能及的范围内参与学校的基础设施的建设,也鼓励家长利用各自的专长参与教育教学和学生发展工作。在柏林席勒文理中学,学生家长在 2000 年发起成立了学校的"支持联盟"(Förderverein),共有 400 多名成员,主要由学生家长组成,另有部分教师、学生和校友成员。联盟成立之后完成的一项重要工作就是通过联盟成员的捐助帮助学校建立了咖啡简餐厅并负责运营,盈利则全部用于学校建设和发展。联盟还资助了学生图书馆、活动室的建设,并长期支持学校的各项活动。

此外,家长对于学校事务的参与还体现在家长利用各自的职业专长和经验为学生提供就业指导和帮助。在席勒中学,具有资深专业背景和职业经验的家长和校友们共同组成了"职业平台",每年为学校十年级的学生提供就业指导咨询。

三、学校管理的社会参与

德国中小学与社会紧密联系,社区、企业、宗教团体、基金会和其他社会机构都参以各种方式参与学校教育和学校发展。

在宗教影响较大的地区如德国南部和西部的一些州,宗教团体除了除了直接开办学校之外,也通过开设宗教课程、与学校合作组织宗教和文化活动等参与中小学校的事务。青少年局、儿童福利院等青少年保护和福利机构也与学校密切合作，参与青少年和儿童的保护、维权和相关的知识宣讲。在德国特色的职业教育体系中，企业深入参与职业学校的管理、教学和发展，职业学校的校务委员会通常都会有企业代表，而双元制培训中企业同样深入参与学校的课程建设和人才培养。

另外，近年来德国越来越多的学校特别是中学开始建立校友会组织，利用校友的知识、人力、社会关系和物力资源支持学校的建设和发展。除了上文所举的柏林席勒中学的例子之外，在柏林的马克斯-普朗克文理中学、洪堡文理中学、列伯小学都有自己的支持联盟，依靠家长和校友的力量，为学校的事务提供支持。以普朗克文理中学为例，在支持联盟章程里详细的规定了协会的名词和地位、目的、成员、组织结构、大会、财务和审计等内容。从目的上看，联盟主要服务于以下几个目标：整理学校校史，以奖励、资助和工作组形式对有特殊才能的学生进行培养，资助家庭困难和有需要的学生，为提高学生学习能力和素质服务，以郊游、班级活动等形式促进学生的社会活动能力。联盟成员每年缴纳一定的会费，也通过各种方式吸收社会捐助和其他资源。

第八章

德国基础教育的升学与分流制度

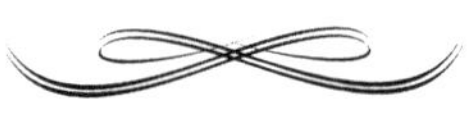

第一节 德国基础教育升学与考试制度

现代教育的国家化与体制化也使得教育的社会选择功能(Selektion)从近代开始凸现出来。作为一种稀缺而分配不均的公共资源,优质的学校教育日益成为社会各阶层提升和保持社会地位、改变出身命运的重要渠道。而随着公立教育在现代社会流动中扮演着越来越重要的角色,各种大规模考试制度也逐渐成为一种宏观意义上的社会分层手段。随着教育的普及化,“文凭社会”中的个体最终由分数高低所测量、因证书有无而标识,穿梭或被禁锢于社会的不同“场所”(Champs)。这一过程在兼具现代考试制度与独特分流制度的德国基础教育中体现得淋漓尽致。

一、德国小学阶段的升学与考试制度

作为一项受到时间与空间严格限制的社会制度,升学与考试制度其实只能从公立教育系统内部有限地影响个体的社会流动。个人的教育机会与可取得的教育资源其实早在入学前便存在着巨大差异,我们的介绍将从德国小学入学开始。有趣的是,截至目前,德国大多数地方采取的是中国目前处于改革阶段的“学区划片、就近入学”政策。出于教育机会均等、促进教育公平的考虑,根据德国各联邦州法定的“小学学区”(Grundschulbezirke/Schulsprengel)划分,家长应该将儿童送至自家户口登记所在的学区内小学就读,以保证学生在家庭和学校间往返的便捷与安全。原则上,家长只有在少数情况下才允许提交换校申请让孩子在学区规定外的小学就读(例如单亲家庭家长可申请儿童在自己工作单位所在的学区就读)。但在实际情况中,德国因学区政策引发了一系列与当代中国情况相似的社会问题:中上阶层家长往往有能力将自己的孩子送入水平较高、活动丰富但收费昂贵的私立学校;部分师资优秀、口碑一流的公立小学造成周边“学区房”价格飞涨,同时无意中抬高了学校的社会选择性;居民整体阶层较低、移民(尤其是土耳其客籍劳工后代)比例较高的城区由于逐步变差的区域教育水平而加快衰败的速度。即使在学校资源与教学水平相对均衡的德国,“学区政策”下房屋交易与学校生源的连锁反应也使城市各个区域(甚至城市与区域间)产生明显的经济分化与文化分化,成为引发教育不平等的先决因素。为了杜绝这一社会问题,北莱茵-威斯特法伦州自 2008 年 8 月 1 日起出于城市整体规划考虑,取消了学区制度,家长可以根据自己的意愿决定将小孩送往任意小学就读。然而,学区的一些负责人最终承认,不被学区政策所限制的择校机制依然加剧和提前了选拔过程。

在办完入学手续之后,所有当年 6 月 30 日前满 6 周岁的儿童即进入小学阶段。等待他们的,是相对轻松愉快的学校生活与无声无息的社会分层。在小学阶段,德国教育者希望尽量避免给儿童造成“分数压力”(Leistungsdruck),因此学业评价中除了传统的分数评价之外,也强调详细描述每个学生在各个学习领域的进步、强项与弱项的“学生评价报告”,以建议的形式帮助家长改善学生学业成绩或学习方式。这种长期、连贯的描述型评价也是学生“小升初”分流制中通过“教师评价”(Lehrerempfehlung)来判断学生未来升学方向的重要依据。

尽管在德国小学中有大量的社会实践课、长短途旅行等活动,学生在平时与结业时也会得到关于“社会能力”的详细报告,但作为现代教育制度的重要组成部分,考试与分数评定依然在德国小学教育中占据重要位置。不过与中国不同的是,以考试计分的评价手段是随学生逐渐适应学校学习的过程缓慢引入的。综合德国各联邦州各自规定的“小学成绩评估规定”(Leistungsbewertung in der Grundschule),德国小学一般根据下面的进度引入考试与测验制度:第一学期,只依据能力水平要求对学生的学习进步进行口头与报告式评价;第二学期,除了评价之外,开始对德语和数学两门核心学科进行分数评估;第六学期起:开始以分数的形式对所有学科进行评价。对于学生的成绩评估主要包括“测验”(Klassenarbeit)和“课程评价”(Unterrichtsbegleitende Bewertung)两种形式:测验即随堂考试,各州一般规定小学前两年中每学期不得超过 2 次;而课堂评价则是由各科授课教师在学期末根据平时成绩与综合印象给定的总成绩。两个领域的评价都要注意给予分数和口头评价。

在这里我们有必要先向大家着重介绍下德国各级教育的分数评定系统。德国在各级教育中普遍较少使用中国常用的总分值,而代之以“六级分数系统”(Sechs-Noten-System)。无论是课堂发言记录、随堂测验(15 或 30 分制)还是百分制考试,德国老师都将把最后的分数进行换算,统一为 6 分制的评价机制(表 8-1),1 分最佳,4 分合格,6 分最差。但在具体的教育实践中,为了区分学生学业水平,德国在各级教育制度中还在 1.0 至 4.0 内以 0.1 或 0.3 为单位对 6 分制的评分区间做进一步细化。此外,不及格的学生一般会得到 5.0 的成绩,而 6.0 则极为罕见,往往出现在无故缺考或考试作弊等特殊情况下。教师对“极为优秀”(1.0～1.3)的级别评定也相对谨慎,并有意识根据班级成绩分布调整考试区分度与难度系数。

表 8-1 德国教育系统分数评定机制

分值	评价	对应的百分制分数区间	学业水平描述
1 分	Sehr gut(极为优秀)	95～100 分	以非常完美的方式达到了要求,无论是分数还是学习能力都在同龄人中处于突出位置
2 分	Gut(优秀)	81～94 分	成绩完全达到了要求,基础知识与学习技能皆值得称赞
3 分	Befriedigend(良好)	81～66 分	成绩大体上达到了要求,但应进一步补缺基础知识漏洞,防止下滑
4 分	Ausreichend(合格)	66～51 分	成绩尽管有所不足,但达到了大部分要求,拥有基础知识
5 分	Mangelhaft(不及格)	51～26 分	成绩没有达到要求,但是拥有必要的基础知识,不足之处在一定的时间内有望改正
6 分	Ungenügend(不足)	0～26 分	成绩没有达到要求,也不具备基本知识,不足之处很难改正

德国小学的各项学业测试内容一般为一个完整的课程单元,时间最长为 45 分钟,总体成绩的评价除了一个总分数之外,还需要给出书面的评价,指出学生的强项和弱点,并对学生提出改进的建议。在部分联邦州,学校可根据州相关教育法规和学校规章在对试卷进行评分和修改之后发给学生,并要求学生带回家让其监护人签字。这一过程一般最晚从小学的第 3 年(第 6 学期)开始,因为从

第 3 学期起，学生的德语、数学与专门知识课程将被学校系统记录并最终按科目换算出小学毕业成绩或“升学成绩”(Übertrittszeugnis)。而成绩的高低、教师的判断与家长的期许将决定孩子的前途：儿童在经过四年或四年制小学学习后将通过分流，选择进入文理中学、实科中学、主科中学、综合中学等不同中等学校中的一类开始中学学习，而这一选择将直接影响其教育前景、就业方向与社会流动。出于对儿童过早分流的种种顾虑，德国在初等教育与中等教育间增设了一种作为制度性缓冲的“定向阶段”。我们将在下一节的前半部分首先简单介绍这一制度。

二、德国中学初级阶段的升学与考试制度

经由长期的社会变迁与制度分化，时至今日，德国中等教育的几类机构之间已经在教学内容、教学水平与社会声誉层面形成了巨大的差距。尽管联邦政府与联邦州一直致力于加强和维持几种教育机构间的流动性(Durchlässigkeit)，制度上允许学生在几种机构间根据个人情况和愿望转换学校类型，但对于大多数学生和家长来说，从小学到中学的初步定向选择，依然是最为重要和决定性的。在小学学习的最后两年中，家长与儿童开始被邀请参加一系列关于“小升初”分流制的活动，通过宣讲会、开放日、旁听课程、一对一咨询等渠道，儿童、家长与教师逐渐对分流结果形成共识或产生分歧。

总的来说，学校(教师)推荐或家长和孩子的意愿是决定初次分流的两大因素。值得注意的是，学生课业成绩仅仅是学校推荐的参考，但由于文理学校和实科中学有分数要求，因此分数也可被视为是推荐的先决条件。被推荐的儿童一般可直接入学，而对推荐存在异议的学生和家长，则可根据自己的意愿与判断，投报成绩较高的文理中学或实科中学，参加筛选(如试听、选拔考试)，合格后入读。为了使大家能够直观和清晰地了解德国分流制“小升初”的具体施行方式，我们将在表 8-2 中，简单介绍当代德国基础教育实力较强的巴登-符滕堡州(Baden-Württemberg)和巴伐利亚州(Bayern)的相关规定[1]。

---

〔1〕 Sekretariat der Ständigen Konferenz der Kultusminister der Länder. 2015. IIA. Übergang von der Grundschule in Schulen des Sekundarbereichs I und Förderung, Beobachtung und Orientierung in den Jahrgangsstufen 5 und 6.

表 8-2 巴伐利亚州和巴登-符腾堡州的小升初分流机制

	巴伐利亚州(小学四年制)	巴登-符滕堡州(小学四年制)
中学类别推荐	**推荐时间:** 所有四年级学生在五月获得一份过渡成绩(Übertrittszeugnis)。 **推荐的标准:** 从第5学年开始,学生进入主科中学、实科中学或者文理中学。从小学进入主科中学不需要过渡程序,而要进入实科中学或者文理中学则依赖于小学过渡成绩中的能力(资格)确定(Eignungsfeststellung)。过渡成绩包括:德语、数学、专门知识课程的总平均分;对学生社会、学习能力与行为的评价;一份关于未来教育道路能力的全面评估。 **推荐学校的分数要求:** 文理中学:过渡成绩中德语、数学和专门知识课程的分数不低于2.33分。 实科中学:过渡成绩中德语、数学和专门知识课程的分数不低于2.66分	**第一步:** 小学推荐(3月初),依据以下三方面: 1. 德语和数学平均分: • 实科中学:至少3.0分 • 文理中学:至少2.5分 2. 学习和工作能力评估,在其他学科中的学业表现。 3. 对儿童能力是否符合中学学习的预测。 当家长和小学的建议不一致时,存在以下选择: **第二步:** 与学校推荐意见相左的学生与家长可通过咨询程序获得一般教育推荐(4—5月) **第三步:** 在家长对学校推荐提出异议后,学生在中心小学参加升学考试,科目为德语和数学(6月)
家长与儿童的权利	家长能够参与一系列介绍巴伐利亚学校体系的活动,了解过渡程序和规定,并获得一对一的咨询机会。可以咨询中学的相关老师、学校心理学老师或任课教师。 可对学校推荐提出异议。所有的家长都有权利帮孩子在中学注册试课和相应考试	给四年级学生开设活动,介绍各类中学的信息。小学与教师为家长提供一对一咨询。可对学校推荐提出异议,继而带子女参加于中心小学统一举行的学业水平考试
中学筛选与选拔考试制度	家长提出异议后,可以注册中学试课与考试。试课在中学举行,为期3天。试课的主要内容为德语和数学的口头和笔试成绩认定。笔试成绩认定为统一规定,其中内容主要为四年级的学习内容,然而提问方式则考虑到接收学校的要求水平。需要在一门考试中获得至少3分且其他科目考试的成绩不低于4分。合格的学生进入该学校的五年级就读。如果学生没有通过考试,学生在家长或相关负责人的愿望下也可以进入文理中学或实科中学的第5学年,前提条件是该学生在尝试课考试中两门成绩均不低于4分	升学考试在中心小学(Zentrale Grundschule)举行,科目为德语和数学。进入实科中学要求平均分达到3.0分,文理中学要求达到2.5分。如果笔试部分没有达到平均分,可再参加一项口试。升学考试的笔试内容由联邦州集中规定。除此之外,各个中学不提供试课考试环节

在德国教育学家与政策制定者看来，由于分流制直接决定儿童的教育与职业生涯，儿童所在的小学和接下来要就读的中学均有义务深入和持续地为家长和学生提供咨询，以避免错误的选择。正是在此意义上，德国儿童不仅在小学的毕业年拥有转换学校的权利，即使最初未通过中学的筛选考试、在不情愿的情况下进入自己不满意的中学就读，那些天资优异、勤奋努力的孩子依然可以在第5、第6学年——即官方规定的"促进、观察和定向阶段"(Förderung, Beobachtung und Orientierung in den Jahrgangsstufen 5 und 6)——通过原有的综合分数与试课制度进入个人所中意的学校。以巴伐利亚州规定为例：若学生小学德语、数学分数过渡成绩不低于2.0分，可随时申请从主科中学转至文理中学；德语、数学和英语年度成绩分数不低于2.33分，也可随时从实科中学转至文理中学。其他未达到分数要求的学生也可以根据中学规定，参加试课与选拔考试。当然，定向阶段不仅针对那些希望"向上走"的学生，也旨在筛选资质与行为上不适应当前中学学习的儿童。

在两年定向阶段中的每个学期和学年，学校都会就每个学生能否胜任这一学校的学习要求给出教育建议报告。若学生成绩或行为被认定为不适合当前学业，学校也会根据各州"转换规定"(Versetzungsordnung)主导横向转学(将学生转至学业要求相对较低的学校)或与家长协商后由学生自行申请，即实际上的劝退。

通过四年制小学进入中等教育后，德国学生开始了一段时间相对较长的中学时光。尽管德国中等教育也分为初级阶段(Sekundarstufe Ⅰ)与高级阶段(Sekundarstufe Ⅱ)，但与中国的两段式六年制初高中学制不同，德国中等教育的几种学校类型由于自身社会功能的分化而产生了完全不同的教育制度：以高等教育为目标、学术型导向的文理中学(Gymnasium)学制8或9年，学生毕业时间为12～13学年；以高级职业培训为目标、实践性导向的实科中学(Realschule)学制6年，第10学年为毕业年；逐渐被实科中学合并、以低等职业培训为目标的主科中学(Hauptschule)学制5～6年；各类综合中学(Gesamtschule)体制不同；最近几年，在一些联邦州，主科中学和实科中学已经合并为新型中学，学制大多按实科中学标准，为6年。多样的教育制度也造就了具有相应社会功能的考试制度。其中五年制主科中学以主科中学毕业证书(Hauptschuleabschluss)为目标,所有中等学校学生都可在第9学年成绩合格情况下获得这也是目前德国国内职业教育的最基本条件。六年制学校以中级文凭(Mittlere Reife)为教育目标,而八、九年制学校则以准备高级中学毕业考试(Abitur)为方向。

与小学相仿,德国中学没有"一卷定成败"的期中和期末考试,也没有"一考定终身"的中考和高考,取而代之的是依次累计的平时成绩。教师依据每学期的(标准上四次)课堂测验、课堂提问、家庭作业等分数综合换算出学生的学期成绩。中级文凭(Mittlere Reife)与高级中学毕业考试(Abitur)的成绩也符合上述描述,是平时成绩与考试成绩的加权综合。因为成绩高度依赖于平时测验,上述两种"考试内容"由各学校根据其所在联邦州制定的教学大纲限定,然后由学校自己命题,在获得教育主管部门批准后自行组织考试和评分。

中级文凭在义务教育阶段的第10学年末授予。实科中学与综合中学的学生只要所有学科的成绩合格便可在第10学年末被授予中级文凭。主科中学的学生处在以中等学校证书为目标的班级(六年制)中最终各学科分数合格时,也可以获得中级文凭。获得中级文凭的学生可以进入中等教育的高级阶段,例如职业专业学校和高级专科中学。对于以中等文凭为目标的中学(实科中学、主科中学等)来说,若毕业生获得中级文凭,且德语、数学和第一外语等指定科目的平均成绩不低于"良好",则可申请进入文理中学或综合中学高级阶段,继而有望升入大学。

值得注意的是,中级文凭的考试与授予过程在形式与功能上都与我国的"中考"制度不尽相同。文化上,中级文凭在历史上曾经特指实科中学毕业证书,是社会上公认的获得高等职业培训资格的基本条件。就社会功能而言,中级文凭不仅是实科类中的毕业证书,对部分未能升入文理中学高级阶段的肄业生而言,获得中级文凭也就拥有了与主科中学和实科中学毕业生的同等学历,能够继续参加职业教育,而不至于陷入怀揣小学毕业证书寻找工作的窘境。形式上,在大多数联邦州,它不是文理中学初级阶段与高级阶段间的高难度选拔考试,而更类似于"中学会考",也是文理中学从初级到高级阶段的过渡性制度。学业水平合格者进入文科中学高年级就读,开始准备高级中学毕业考试。

三、德国中学高级阶段的升学与考试制度

当主科中学与实科中学的毕业生大多离开中学、进入各类职业培训教育的同时，以高等教育为目标的文理中学学生(以及部分综合中学学生)则开始进入中学高级阶段。由于传统上只有文理中学的学生才有机会参加高级中学考试、获得高等教育入学资格，因此这一教育阶段在德国也被称为文理中学高级阶段(Die gymnasiale Oberstufe)，包括一年的定向阶段(Einführungsphase)和两年的资格阶段(Qualifikationsphase)。课程分必修课(Pflichtfach)和选修课(Wahlfach)，以便于学生形成个人独特的发展重点。种种制度设计都旨在让学生能够循序渐进地了解和取得“普通高校入学资格”(Allgemeinen Hochschulreife)，为参加“高级学校毕业考试”(Abiturprüfung，也经常被翻译为德国高中毕业考试)做好准备。

文理中学与综合中学的“定向阶段”处于学生的第10学年，因而具有双重功能：它既是中学初级阶段的最后一年，也是高级阶段的第一年。“定向阶段”对于学生过渡到“资格阶段”具有桥梁作用，即尽可能使学生在进入“资格阶段”之前达到各项要求，尤其是弥补某一学科方面的不足。各联邦州规定，只有那些能够顺利地通过“定向阶段”的学生才应该被“资格阶段”录取，被淘汰的学生可以通过获得“中级文凭”转入职业教育轨道。除了筛选与过渡的功能外，定向阶段还起了让学生了解自身智力特点、熟悉各类新课程的作用。毕竟与中国高中课程与高考科目相比，德国中学在主科之外可选择的外语类与社会科学类课程十分丰富。由于德国高级中学毕业考试的命题、测试与阅卷过程并非由国家统一实行，而是由学校独立主持，因此对于同样重视分数的德国学生来说，选择哪门擅长的课程、甚至哪位更加亲近的任课老师就成为定向阶段的重要任务。

在文理中学最后两年的“资格阶段”，由于各项课堂测验与考试分数开始与申请大学入学的“总鉴定”直接挂钩，德国学生实际上已进入“高考前的冲刺阶段”。而这一“总成绩”是由“资格阶段”的各项成绩与中学阶段最后的“高级中学毕业考试”成绩汇总而成，简单来说，即平时成绩与“高考”成绩的总和。由于这一问题比较重要和复杂，在这里我们简单翻译了各州文教部长会议(KMK)关于大学录取总鉴定(成绩)的部分信息以资读者参考(KMK, 1972)(表8-3)。

表 8-3 各州文教部长会议(KMK)关于大学录取总鉴定的规定(节选)

9. 成功就读文理中学高级阶段的成绩评价与评定

9.1 文理中学高级中学的平时成绩以 6 级分数系统(1～6 分)进行评价。其中,“资格阶段”的成绩通过“计分制”(Punktsystem)进行转换,并计入最后的总鉴定(成绩)。

9.2 “六级分数系统”与“计分制”之间的转换:

- 1 分根据成绩分别转换为 15/14/13 点
- 2 分根据成绩分别转换为 12/11/10 点
- 3 分根据成绩分别转换为 9/8/7 点
- 4 分根据成绩分别转换为 6/5/4 点
- 5 分根据成绩分别转换为 3/2/1 点
- 6 分根据成绩分别转换为 0 点

9.3 总鉴定(成绩)的确定

9.3.1 总鉴定(成绩)是“资格阶段”(四个学期)和“高级中学毕业考试”两部分成绩的总和。

9.3.2 “总资格阶段”的成绩与高级中学毕业考试两部分成绩的比例是 2∶1。其中,“资格阶段”(Block Ⅰ)的满分是 600 分(Punkt),高级中学毕业考试(Block Ⅱ)的满分是 300 分。因而,总成绩满分 900 点,300 点以上方可计算。

- “资格阶段”(Block Ⅰ)的分数计算方法:

EI = P/S×40

EI = Block I 的总分数

P = 四学期“资格阶段”中所得的总分数

S = 成绩的科目数量

- 文理中学毕业考试分数计算方法:

EII = 5×PF1 + 5×PF2+ 5×PF3+ 5×PF4(+5×PF5)

EII = Block II 的总分数

PF =每门考试中的得分

- 总分数的计算方法:

E = EI + EII

9.3.3 在 Block I 中的成绩至少包含“资格阶段”以下科目成绩:

- 文理中学考试中所含的所有科目
- 语言-文学-艺术领域:四个学期的德语和第一外语成绩,两个学期的文学或艺术方向科目成绩。如果中学高级阶段之前没有修第二外语,那么在中学高级阶段必须至少提供两个学期的外语成绩
- 社会科学领域:历史或者一门其他社会科学专业的四学期成绩
- 数学-自然科学-技术领域:四个学期的数学成绩、两个学期自然科学成绩(可以是同一门自然科学学科,也可以是两门不同的学科)
- 四学期体育成绩
- 宗教课成绩(视各联邦州情况而定)

9.3.6 只有满足以下条件才能报名参加高级中学毕业考试:Block Ⅰ的成绩不低于 200,其中 20%科目的成绩不能低于 5 点(4 分),所有科目的成绩不能等于 0 点(6 分)。具体细则参考联邦州规定。

9.3.7 Block Ⅱ的成绩至少达到 100 点(下略)

由以上规定我们可以看出，只有达到一定的平时成绩要求，文理中学学生才有资格在最后的学习阶段参加“高级中学毕业考试”，从而获得毕业证书和就读大学的资格。而对于已经进入“资格阶段”，但成绩稍差、无法完成高级阶段的学生来说，中断学业也不会意味着一无所获。文理中学高级阶段没有获得“普通高校入学资格”便离开学校的学生，可以在“资格阶段”第二学期结束之后申请“高等专科学校入学资格”等(Fachhochschulreife)。只要满足规定的全部成绩要求(两学期内两门主课总成绩不低于20点、其他科目每门至少5点、至少要有15门学期成绩)与一项职业训练要求(完成一个职业培训、在指导下完成一年实习、参加一年的社会工作或兵役)，学生便可获得高等专科学校入学资格，有机会进入职业教育方向和应用性人才培养的高等教育机构就读。

最后，让我们来简单介绍一下“高级中学毕业考试”。文理中学或综合中学高级阶段的毕业考试为高级中学毕业考试，通过考试的学生可获得“文理中学毕业证书”(Abitur)，从而获得“普通高等学校入学资格”，有资格就读任何高校的任何专业，也包括同等学历的职业培训。在资格阶段的两年中取得合格的成绩后，文理中学学生在最后阶段获准参加考试。未能通过考试的学生允许复习和补考1次，并在正常学制基础上延长半年或者一年。文理中学毕业考试只允许重考1次。重考和第一次考试一样，必须参与所有考试部分。已经通过考试的学生不能参加重考。与中国中学高三年级进行的“一模”“二模”“三模”制度类似，文理中学也会在正式考试前让学生通过几次预考(Vorprügung)积累经验。高级中学毕业考试包含4门或5门考试科目。其中至少3门笔试，1门口试，且必须包含德语、第一外语或数学中的2门以及三大领域课程中的1门必修课。艺术与体育课程也可以作为笔试和口试科目。当然，虽然可选的课程繁多，但科目的选择归根结底取决于大学专业的录取要求，因而学生通常会结合自己的大学志愿选择考试科目。

组织考试是每个学校的义务，学校成立考试委员会(Prüfungskommission)以贯彻统一的考试，考试委员会至少包含3名成员，一般为学校领导。笔试的试题由各联邦州文教部分下属教育监督部门提供或者批准。考试试题的总数量一定要多于学生实际考试中必答题的数量，以供考生进行选择。每道考试题目需要附上分数和评分标准。在不违背考试所要求的重点的基础上，考试的题目不应该限制在某一学期所学的内容上。各科笔试时间由各联邦州出台的规定所限定，一般为 3～5 小时。

值得注意的是，德国高级学校毕业考试的笔试时间虽然长，但一般情况下题目较少，且多为考查学生知识掌握的系统性与综合性、以及逻辑分析能力与独立思考判断力的“大题”。例如，德语与第一语言考试一般要求考生以名言警句、经典文章等材料为基础写作长篇文章，数学考试一般包含几道代数或几何方面大题，历史等社会科学考试一般会要求学生对于给定的文献或问题进行概括、分析与结论。德国教育对于语言尤其重视，任何考试中严重的拼写错误或表达问题都会被扣除两分。

关于笔试阅卷，教育监督部门会出台相应的参考与评分细则。每份笔试都首先由一位相关专业教师进行批改，然后交由另一位专业教师进行审查，后者可同意或修改前者的评分。除了笔试科目，考生必须参加一门基础课口试。口试一般情况以单独考试的方式进行，时间通常为 20 分钟，题目和材料要以书面的形式呈现给学生，并给予考生 20 分钟准备时间。相关专业老师的建议和考试委员会对于考试记录的评价最终决定考生的口试成绩。图 8-1 是 2015 年德国学生参加高级学校毕业考试时的情形。

图 8-1　正在参加 2015 年高级学校毕业考试的德国学生(Marco Einfeldt 摄)[1]

[1] http://www.sueddeutsche.de/muenchen/freising/freising-heisse-phase-1.2445208.

总的来说,德国高级学校毕业考试的考察方式有利于学生自由发挥,能够充分体现学生思维与知识的优势,客观上可以避免学生在平常学习中养成死记硬背的学习惯性,使之更重视知识的自我建构与系统化。然而,由于答题形式过于自由,分数也容易被阅卷人(学校老师)的主观感受所决定。此外,学生的阶层性,如语言倾向、知识范畴、思维方式甚至个人品味与习惯(穿着、动作、表情等),也都成为这种非标准化测验的重大影响因素。而这种对于学生社会背景的精致筛选不仅体现在升学与考试制度中,也存在于德国特色的中等教育多元分流制中。而分流制这一在封建制下产生、发展并成型的制度何以在当今德国的联邦议会共和制下依然坚挺,就是我们下节要讨论的主题。

第二节 德国基础教育分流制:沿革与批评

一、德国基础教育分流制的历史发展概述

在本书第一章关于"德国基础教育历史沿革"的介绍中,我们已经尝试将中等教育分流制作为一条主线,简要叙述了其在德意志地区的历史发展。德国基础教育分流制产生于中世纪的格差社会,并在近代教育机构扩张带来的学校制度与功能分化中逐渐发展成型,最终在19世纪普鲁士教育制度国家化与科层化背景下形成稳定的双轨制结构。随着封建帝国制的灭亡,具有强烈阶层性与精英教育意味的双轨制不再符合现代民主国家的执政理念与资本主义发展的实际需求。

在新兴的魏玛共和国中,双轨制中的初等教育部分被彻底废除:各类中学的预备学校不复存在,而全民接受的四年制小学(国民学校)教育成为初等教育阶段由国家垄断的统一机构。然而,双轨制的中等教育制度却未能得到彻底的改革。

在20世纪初期西方国家展开"综合中学运动"、推行民主教育制度的风潮下,德意志地区的中等教育分流制不仅未消失在共和国的改革中,反而在智商理论、社会达尔文主义、优生学等新兴思潮的推广与舆论支持下取得了制度上的合理化。"德意志中学"与"高级学校"(Aufbauschule)等具有综合中学色彩的新型教育制度,不仅未能成为制度与话语层面的主流机构,最终在历史发展中也被无情地淘汰。而共和国中等教育的三元分流制(文理中学、实科中学与国民中学高级阶段)则在二战后被德意志联邦共和国(原西德)传承下来。

为满足民主制下社会中低阶层的教育需求和高速经济发展对人才结构的要求,德国在20世纪60年代的教育扩张阶段通过一系列法案与教育改革,进一步明确了以文理中学、实科中学与新设主科中学为主要学校类别的中等教育三元分流制。从1964年《汉堡协定》确定当代分流制至今,伴随着持续的教育扩张与缓慢的社会结构转型,德国中等教育的主要三类学校已经在办学形式、教育内容、教育对象、教育经费、教育水平、社会功能与社会声誉上出现高度分化。其中,主体学校由于持续的文凭贬值与不断下降的社会评价从70年代开始逐渐沦为"边缘学校",失去了本应具备的分流功能。而从60年代中后期起建立的新型综合中学,也由于各种文化、政治因素而发展缓慢,未能达成预期,成为德国中等教育的重要或唯一机构。直到今天,尽管身负诸多批评与指责,分流制依然是德国基础教育的根本特征。

二、对于德国基础教育分流制的批评

德国国内对于基础教育分流制的批评首先来源于大众与传媒对于"分流制"与"综合学校"(Gesamtschule)的制度对比。从20世纪60年代中期开始,欧美20世纪初期开始的"综合中学运动"在德国教育领域内兴起。《汉堡协定》确立了德国当代教育制度,由此建立起的"文理中学、实科中学、主科中学"三元制尽管承袭于魏玛共和国时代,却被批评家怒斥为对于德国封建制文化糟粕的直接继承。当时有部分历史学家与社会学家指出,德国基础教育的三元分流制无论是从理念沿袭,还是从结构变迁的角度来说,都是20世纪初德国封建社会等级制社会的直接反映(Lutz, 1983)。"定向阶段"等制度设计尽管增加了基础教育分流制的制度弹性,使分流的时间进一步延后,但其时社会各阶层(高等)教育机会的高度不平等使部分民众对于三元制提出激烈批评,出现了彻底"废除双轨制,在中等教育层面建立一种美国民主式的、不分流的统一学校"的呼声。

理念与政策之争的背后隐藏的是德国新教与天主教地区之间渊源已久的宗教对立与加诸其上的政党斗争。各州之间尤其A、B两类州之间在教育政策基本信念与改革方式上的分歧在经济奇迹之后的社会结构整合阶段更加明显。20世纪60年代大幅度的高校扩招不仅引发了大学生学潮,还进一步提高了国内各领域对于促进各阶层社会公平的关注。

1969年西德联邦大选,勃兰特领导的社会民主党(SPD)成为第一大党,结束了基督教民主联盟自1949年西德联邦成立以来长期执政的局面。社会民主党与自由民主党组建中间派联合政府,开始在教育领域推进以"综合中学运动"为代表的各类"民主社会"实践。1971年,联邦政府与各联邦州共同委任的"教育委员会"提出了《教育结构计划》,在促进教育机会平等的倡议下,从官方层面提出了建立综合学校的实验构想。"综合中学运动"正式步入历史舞台,并迅速成为传媒平台上重要的社会争论话题。

在与"综合学校"的制度对比过程中,德国分流制被大众传媒塑造为具有精英主义、等级色彩的反民主制度,而素有保守之名的基督教民主联盟与基督教社会联盟对于"分流制"的支持倾向则更强化了其"保守"的标签。尽管曾经被认为是"未来学校样板"的"(一体化)综合中学"几十年来发展缓慢且毁誉参半,未能"如期"改变德国百年分流制的现状,但其产生、发展过程中的"话语建构"则在历史上逐渐成型。在"分流制"与"综合中学"的社会争论中,综合中学运动被描述为有助于实现教育民主化、促进机会均等,但易沦为平均主义的实验性改革;而分流制则相反,被普遍认为能有效筛选儿童资质、但加剧社会不公平的传统制度。

事实真是如此吗?由于联邦制德国长期以来实行联邦州文教自治,因此全国性的教育改革(如综合中学运动)难以推行,地方教育机构多样且独特。与此同时,由于德国基础教育的升学与考试并非由国家统一实行,因此以往也难以从数据上准确评估和比较国家和地方、分流制学校与综合中学的教育水平。2000

年以来,“经济合作与发展组织”(OECD)每三年举行一次的“国际学生能力评估计划”(PISA)成为德国教育界通过大规模实证研究了解德国教育真实情况的契机。通过国际比较,德国各界开始认识到自身基础教育发展中的不足。从2000年开始,德国各类教育组织、科研机构与社会各界基金会也开始收集样本和开展实证研究,以期用客观、清晰的社会科学结论代替以往随意使用的主观论证与伦理判断。与此同时,通过这项对全世界、全德15岁学生学习水平的标准测试,德国社会学、政治学与教育学者得到了2000年至2012年间五次PISA评估的各项结果,在此基础上进行了大量数据分析与追踪研究(详见本书第六章第二节)。通过PISA、联邦教育报告等研究,学者与大众传媒开始通过新的视角回溯和反思以往对于分流制的种种责难。

传统上,德国国内外对于中等教育分流制最大的批评莫过于其潜在的等级化,具体来说即分流制本身的制度设计导致教育机会与教育水平的阶层化,使得经济、文化、社会资本相对匮乏的社会中下阶层处于“教育劣势”之中,容易失去教育机会或只能取得相对低的教育水平。总体来说,基于PISA结果的各类纵向研究清晰地揭示了教育劣势的存在,但却无法证明是分流制本身造成或加剧了这一社会不公平现象。

德国基础教育的分流制度之所以造就学生教育道路与职业道路的分流,其本质是将中等教育的社会功能从教育制度层面彻底分化。尽管现代分流制始于二战之后,但文理中学、实科中学的制度分化(生源分化)早在19世纪中期便已成型。两类学校无论从内部(教学、仪式、内容)还是外部(生源、就业、国家地位)都已高度阶层化。而由于中等大众教育的发端晚于高等教育(大学)和初等教育(义务教育),因此直至19世纪末开始,面向社会中下层的国民教育高级阶段(主科中学前身)才逐渐开始制度化。因此,三种学校的社会功能、文化性格、生源类型与教育水平从开始起便存在明显的区别与差距。19世纪60年代末综合中学的介入完全没有改变原有三元制分流的格局,反而成为介于分流制外的第四种学校类型。

有趣的是,原本为公众与部分专家所期待有助于推行教育民主化的综合中学不仅逐渐融入原有三元分流制的社会分化格局,并且进一步成为德国基础教育中具有阶层化倾向的机构:教育选择层面,从文理中学到主科中学,德国中等教育不同学校类型的学生社会与经济背景存在相当大的差距并在持续分化中;而某种意义上,综合中学填补了实科中学(中产阶层)与主科中学(非熟练工人/农民)间的制度空白,成为实科中学或主科中学在社会中下层家庭的替代选择(表 8-4)。

表 8-4 德国中等教育学生社会阶层与教育选择情况〔1〕

学生家庭背景	进入不同类型中学的比例			
	主体学校	实科中学	文理中学	其他学校类型(含综合中学)
高级公务员家庭	9%	26%	52%	13%
低级公务员家庭	13%	25%	41%	20%
常规收入家庭	20%	24%	30%	26%
自雇职业家庭	23%	31%	23%	23%
技术工人与职员家庭	24%	25%	21%	29%
非/半熟练工人和农民家庭	28%	22%	14%	36%
总数	19%	25%	31%	25%

在教育水平方面,由于德国传统文化中对于文理中学人文主义教育的推崇以及对于实科中学作为高级职业培训的普遍认同,综合中学不具特色而生源参差,最终加入分流制水平递降序列,成为介于文理中学和实科中学间的尴尬机构,得到了"奉行平均主义的中庸教育机构"评价。

除了以上结论,我们还可以从表 8-5 中对德国各类中学不同社会阶层的学生 PISA 测试成绩的比较看出,家庭背景(经济、社会、文化资本)对于子女教育水平的影响力并未随着综合中学的引入和持续的教育扩张而减弱或消失。即使身在同一类学校,不同社会出身的学生也表现出截然不同的教育水平。

〔1〕 Ehmke T, Baumert J, 2007.

表 8-5 2003 年德国各类型中学不同阶层学生的 PISA 评估结果(平均得分)[1]

学校类型	学生社会出身的等级			
	极低	低	高	极高
主科中学	400	429	436	450
综合中学	438	469	489	515
实科中学	482	504	528	526
文理中学	578	581	587	602

有鉴于此,许多教育社会学家开始探讨影响个人教育机会与水平的社会机制。由于各类研究观点繁复,在这里我们主要向大家介绍两类典型观点。

1. 社会经济背景、教育选择与学业水平

在本章第一节,我们简要介绍了德国基础教育的升学与考试制度。其中,从小学升向中学的分流过程主要通过学生分数、家长推荐以及教师评价进行调节。而学生分数的硬指标(学业水平)则直接受到其社会出身影响。通过比较 2000 年、2003 年和 2006 年这三年 PISA 测试中各国学生成绩,OECD 在 2004 年和 2007 年的研究报告中反复指出:在国际教育制度的比较中,分流制国家教育体制下学生因其经济社会背景而受到的学业影响,要远远大于没有分流制的国家;越早进行分流,则学生的出身对其学业影响越大。2009 年与 2012 年的 PISA 成绩进一步确认了这一观点。来自高社会阶层的学生,其阅读能力分数比来自低阶层家庭的同龄人要高 45 分,近乎相差一个学年的标准阅读能力。

究其原因,家庭文化氛围是一个重要方面,更显著的方面则是不同阶层家庭的经济差距。“经济基础决定上层建筑”,家庭能否支出额外的课外补习(Nachhilfe)费用,请来优秀教师或大学生帮助提高分数、应对考试也影响着学生的学业水平。

与中国老师和同学的一般想象不同,德国的大、中、小学生虽然未曾饱受“应试教育”之苦,但也因教育的选拔性而相当重视考试与分数。由于德国公立教育

---

[1] PISA 2003 — Der Bildungsstand der Jugendlichen in Deutschland — Ergebnisse des 2. internationalen Vergleiches

相对自由松散(目前刚刚普及全日制教育),各项作业与考试的次数和数量皆有限(绝无题海战术),而平时成绩却占据升学的重要因素,因此在业余时间内如何有效补缺、巩固和提高学生学业水平也就成为校外教育的头等大事。在此背景下,轰轰烈烈的课外补习班与家教事业不仅横扫中日韩,也在德国生根发芽、茁壮成长,并成为受到社会各界关注的重要话题。

德国贝塔斯曼基金会在2010年和2013年分别做出的两份“德国补习报告”可以让我们对于课外补习对学生学业水平影响之大有所了解。2010年的报告显示,德国有110万中小学生定期上收费的课外补习班,而德国家长们每年要为此支出15亿欧元。在初等教育阶段,学生常常在小学升中学阶段就开始课外补习,但这种收费补习往往只有较富有(有资本)或户主具有较高学历(有意识)的家庭才会主动寻求并能够负担,因此对于较贫困家庭的孩子来说,将造成受教育机会上的不平等。2013年,基金会在北莱茵-威斯特法伦州通过6 000份针对10到18岁学生调查问卷得出以下结论:约24%的学生定期参加由专业人士或大学生辅导的补习班或家庭补习,大多数学生成绩处于3分左右。而位于柏林的教育与社会经济研究中心(Fibs)则通过研究发现,通过专业家教的补习,学生可提高1.3~1.4分的学校成绩。课后补习强化了社会选择,也使得社会中下层儿童处于教育劣势之下。学校教学水平与家庭经济、社会、文化资本的多重差距使德国基础教育三元制最终成为加大教育不公平、进一步限制教育机会的制度设计。

2. 学业水平的文化建构与文化资本

上文我们主要从学生分数的角度探讨了分流制下德国社会中下层儿童的教育劣势,下面我们将从家长推荐和教师评价层面给出另一种相对复杂的解释。在许多教育社会学家看来,过早进行教育分流,使得家庭背景和教师对于学生教育选择的影响力大大增加。而家庭与教师对于中下层儿童学业水平、资质、能力、习惯、潜能、文化处境的负面评价(文化建构)则直接影响了学生的学校类型选择,使之处于教育劣势之下,造成了教育机会不公平的社会结构在代际之间的“再生产”(Reproductionsociale)。

通过表8-6我们可以看出,教师与家长的意见是如何强烈地影响了学生的学校选择:学生的社会层次越低,则需要越高的分数(越好的学业水平),才能获得家长和教师的认可,最终推荐至文理中学。相反,家庭状况较好的父母则对于子女学业能力与潜能抱有不切实际的乐观判断。不计学生进入文理中学后的适应状况,至少在选择之初,家庭相对优越的儿童就得到了更多的社会认同与家庭支持。

表 8-6 分流制下的社会选择:德国文理中学推荐最低分数与学生社会出身〔1〕

文理中学推荐:

根据……的意见转入文理中学的最低分数(阅读能力)
(括号中为 2001 年分数)

学生社会出身	学生教师意见	学生家长意见
高级公务员家庭	537 (551)	498 (530)
低级公务员家庭	569 (565)	559 (558)
常规收入家庭	582 (590)	578 (588)
自雇职业家庭	580 (591)	556 (575)
技术工人与职员家庭	592 (603)	583 (594)
非/半熟练工人和农民家庭	614 (601)	606 (595)

当然,除了文化建构的因素外,社会出身较低的儿童家长也同时出于现实考虑而产生负面认识与归因。从经济资本来说,文理中学学制较长,高级阶段不属于义务教育阶段,容易造成潜在的家庭负担。从文化资本来说,德国、法国、英国的高级中学皆以人文主义为基本教育信条,所授之学多抽象深奥、根植于资产阶层的知识与审美趣味之上,中下层家长难以给予学生基本的经济支持与智力支持。由于文理中学的学习环境、学习方式、评价标准与人际关系等社会准则和习惯(Habitus)与自己的生活空间大相径庭,中下层出身的学生往往在反复的适应不良与文化休克中出现学业退步甚至退学。这一情况在德国的移民群体中尤为突出(表 8-7)。

1955—1973 年,大批土耳其裔客籍劳工来到德国并最终移民,然而却未能

〔1〕 IGLU 2006 (Internationale Grundschul-Lese-Untersuchung 2006).

良好地融入德国社会。第一代与第二代移民的“学业失败再生产”已成为当代德国构建多元社会的最大社会问题之一。中等教育分流制的教师评价、家长推荐与相对负面的社会形象被认为应对目前状况负重要责任。

表 8-7 德国 15 岁学生数学能力分数(PISA, 2003)〔1〕

	移民背景学生		非移民背景学生
	第一代移民学生	第二代移民学生	
德国	454	432	525
OECD 平均水平	475	483	523

注:第一代移民定义为“在外国出生,双亲为外国人”,第二代移民定义为“在本国出生,双亲为外国人”。

此外,潜在(中学/大学)的辍学危险和职业教育方向的稳定前途也都是学生家长使其子女放弃文理中学之路的重要原因。总的来说,德国社会“白领”与“蓝领”间相对均衡的社会地位与经济地位构建使教育分流在制度层面获得合理化,却在客观上固化了德国社会自帝国时代以来的三分阶层结构。“一个在思想上起领导作用的阶层、一个劳动阶层以及一个起调节作用的、具有较高责任的从事实际职业的阶层”(1959 年《总纲计划》),在分流制的运作下被逐渐生产出来,有序而自觉地保持着彼此间的社会区隔,稳健而缓步地推行着德国当代的各项改革事业。

三、对德国基础教育分流制度的认同与肯定

正如彭正梅与郑也夫两位教授曾分别在文章中指出的(彭正梅,2012;郑也夫,2012),德国中等教育分流制虽存在部分弊端,但制度设计本身不失为一种“务实的教育公平”。几百年来,国家化、制度化的发展道路使教育这一原本稀缺的社会资源逐步成为具有强制性和义务性的公共事业。在此基础上,教育公平与教育普及成为全世界现代国家的共同诉求与“时代精神”。尽管如此,我们依然需要审慎看待教育的选拔功能:除了作为传道授业解惑的人道主义事业,制度

〔1〕 Wohaben Schülermit Migrationshintergrund die größten Erfolgschancen: Einevergleichende Analyse von Leistung und Engagement in PISA 2003.

化的教育从诞生之日起便具有进行社会选择、推动社会流动、通过某种方式将社会分层合理化等多重功能。除却伦理的判断与道义的争论,我们有必要从社会变迁和社会功能角度客观审视分流制这一制度设计的优劣得失。

历史地来看,虽然当代发达国家各种政治体制下的政治家皆以“不让任何一个孩子掉队”为己任,然而出于教育与社会的选拔性,事实上总会有“孩子”在教育内外的各个环节掉队,而各类教育机构则在长时段的社会变迁中要么消失(功能型撤销或吞并),要么主动谋求自身社会功能与结构上的分化[1],以获得在整体教育“生态环境”中的生存权。而制度性分化的结果便是在社会系统层面形成实质上的“分轨”与“分流”,塑造出具有不同社会声誉、接受不同人群、传授不同内容、依据不同方法、具有不同教育目标的各类学校。从社会史的角度来说,分流制度本身是教育制度在长时段维度中产生的制度性结构与功能变迁,不应因其制度设计而被予以道德上的谴责。

德国分流制度的优势在于,能够在相对有效地筛选各类型人才的同时,通过“定向阶段”“渗透原则”(Durchlässigkeit)、“第二条教育途径”[2](Zweiten Bildungsweg)等辅助制度的帮助下促进教育公平。值得注意的是,这一促进过程不仅意味着给予处于教育劣势学生更多的教育机会,也同时意味着对于每位学生资质与潜力的客观评估。

在这里我们可以就德国基础教育分流制的“渗透原则”举一小例。在上文中,有心的读者可能已经发现了这一有趣的现象:社会阶层相对优越的家庭对于其子女的学业水平具有盲目乐观的高估倾向。这一倾向最终导致高级中学甚至大学的教育扩张,而许多原本资质不及标准的学生虽然第一时间进入了自己心仪的高水平教育机构,却最终被淹没于自身群体所制造的“文凭贬值”浪潮中。

---

〔1〕 Niklas Luhmann, Das Erziehungssystem der Gesellschaft. Frankfurt a. M: Suhrkamp. 2002. S. 111-141.

〔2〕 “普通高校入学资格”除了本文提及的教育途径外还可以在一些职业学校(berufliches Schulwesen)中获得,尤其是职业文理中学(beruflichen Gymnasien)、专业高级中学(Fachoberschulen)和职业高级中学(Berufsoberschulen)。夜间文理中学(Abendgymnasien)和培训学院(Kolleg)也同时作为第二条教育途径(Zweiten Bildungsweg)为成年人提供获得“普通高校入学资格”的机会。通过非学生或外部考试(Nichtschüler-oder Externenprüfung)的方式,一些自学人员也可以获得文理中学毕业证书,继而步入大学。

在分流制"渗透原则"的实际运行中,一直以来,德国各联邦州每年因学业不济而下降至低级学校类型的学生数量要远远多于因表现优秀而破格申请进入高级学校类型的。揭开"机会人人平等"的现代"高贵谎言",为学生提供真正适合其能力的教育,本身也不失为一种务实的社会正义与教育公平。

最后,让我们以一段史实和一段评论结束本章讨论。二战结束后,美国在占领区实行去纳粹化运动的同时,试图对德国教育进行了民主改造。除了要从政治上彻底清除德国军国主义的普鲁士地理源头,在美国教育考察团看来,纳粹主义产生的根源也与具有双轨制特征的教育分流制密切相关。德国传统的中等教育的三元制被描绘为"极具反民主特性,精英主义和贵族色彩的文理中学把那些在经济、文化和社会上处境不利的儿童拒之门外"。为了消除德国教育体制的阶层性与社会选择性,美国当局试图将"为了所有儿童的民主的"的综合中学模式引入德国,通过在学校倡导一种"作为一种生活方式的民主",培养出一代将民主思想融入血液的德国青年才俊。作为德国历史上引入"综合中学"的最好契机,这种尝试却从一开始就受到德国民众和教育学家的抵制与批判。在这些抵制与批判的声浪中,巴伐利亚州的文化教育部长洪德哈默(Alois Hundhammer)的一席话最终成为德意志教育发展的时代之音:

"社会平等的原则,必须以极其严肃的负责态度在所有学校中得到贯彻。通过教育来分享人类精神财富,这不允许是个别阶层的特权。正因为如此,那种具有特殊任务、必须把天生能够达到较高和最高教育目标的人引导到这种目标上去的学校,应当向所有真正的天才开放,不管其家长地位与能力如何。但是,下面两点事实是在合理地争取把社会平等权利写入学校法中时不允许被忽视或否认的。第一点事实是,只有数量有限的部分人具有达到较高教育目标的天生才能;第二点事实是,这种才能虽然分布在各阶层与各阶级的居民中,但并非在各社会阶层中分布的百分比完全相同。生物学上的不平等是不能通过文化措施来加以消除的,也不能通过改变所谓双轨制而实行统一学校制来加以消除的。民主化作为教育改革的最高目的,按我们的信念,并不要求废除和表面上去统一教育理论上证明站得住脚的各种学校类型。"(彭正梅,2012)

第九章

德国的社会教育资源

第一节 校外教育机构

随着社会的发展和人们思想观念的变化，德国的家庭结构正在发生巨大的变化，单亲家庭与非婚生子女日益增多，2012 年，在所有有未成年子女的德国居民中，有 16%的人为单亲父母，7%的人与非婚配偶共同抚养子女，高于 15 年前(1997 年)的 12%和 4%[1]。随着社会福利和社会保障的不断完善，许多过去由家庭承担的教育和养育功能越来越多地由社会共同分担。社会性的文化教育资源和校外教育机构在德国青少年和儿童成长的过程中发挥着越来越重要的作用。

长期以来，德国大多数中小学校都是半日制，学生早晨 7 点半或 8 点到学校上课，下午一两点钟就放学。因此儿童和青少年有着大量的课余时间来参加校外活动。这也给校外教育机构提供了生存与发展的土壤。需要注意的是，德国的校外教育机构固然有以营利为目的的企业，但也有很多非营利性的团体和机构。

一、文化设施

德国非常重视文化资源的保存和公民文化知识修养的提高，政府、公共和私人机构兴建了大量文化设施，这也为青少年和儿童进行校外学习提供了重要场所。不仅如此，德国几乎所有的文化机构都有专门针对青少年和儿童的文化教育及体验项目，有组织有目的地对青少年进行文化教育。德国每一座城市无论大小都有公共图书馆，对未成年人免费开放。青少年儿童可以进入图书馆的阅

[1] Bildung in Deutschland 2014.21.

览室学习，也可以在图书馆办理借书证免费借阅。在德国首都柏林，不仅有市图书馆，每个市辖区也都有各自的公共图书馆，馆内设有青少年专区和家长专区，有专门面向青少年和儿童的书籍和音像资料供学生和家长免费借阅和借用。图书馆还有各级各类考试的辅导书、练习册等，供学生复习备考使用。

除了图书馆，德国每一座城市都有特色的博物馆，且对青少年免费开放。在德国首都柏林就坐落着大大小小153家博物馆，市中心施普雷河畔五家知名博物馆共同构成了“博物馆岛”，被联合国教科文组织评为世界文化遗产。这些博物馆涵盖历史档案、科学技术、宗教文化、城市画廊以及种族和民族状况等方方面面。

以德国历史博物馆为例，在8 000多平方米的展室空间里陈列着8 000多件展品，以实物、图片、文字档案和影像等形式详细展示着德国两千多年的历史，以及在当代国际背景下德国与世界的政治和历史文化交流。这家博物馆成人需要花费4～8欧元购票才可参观展览，而对18岁以下的青少年儿童却是完全免费。此外，德国历史博物馆还为从幼儿园到高中的学生分别设计了不同的历史教育专题活动，利用博物馆的资源配合学校的历史课程对青少年进行历史教育。例如，对5岁以上的幼儿园学生，博物馆设计了以“骑士、城堡和竞技格斗”为主题的教育活动，以讲解、体验、和戏剧表演的形式向孩子们介绍中世纪欧洲的骑士生活景象。

而对于高中生，博物馆则以分主题和分时代两种形式进行的历史知识的讲解和历史思维的启发，所选的主题包括“历史上的战争与和平”“德法关系史上的关键人物”“城市生活与商业发展”等，覆盖的时代则从公元800年查理曼大帝时期一直到1990年两德统一。此外，博物馆还专门为中小学历史教师查阅资料、从事专题科研提供一系列的便利条件和专门支持。

柏林博物馆岛上另一家建于1912年的帕加蒙博物馆(Pargamonmuseum)是世界上最著名的考古博物馆之一。这里收藏了众多世界各地的重要文物，其中包括公元前2世纪建造的帕加蒙祭坛以及来自古代巴比伦的希塔城门等。博物馆对于18岁以下的青少年和儿童同样是免费开放的，并且非常重视与青少年儿童及相关教育机构的互动，常年都有专门针对青少年、带儿童的家庭和不同层次学校的专题展览、讲解和研讨活动。针对中学生的活动包括展览对话、工作坊、音乐活动、讨论会、话剧项目乃至请学生参与设计博物馆项目，此外还有只需要交少量费用就可参加的旨在提升青少年知识水平的专题课程。针对小学生，这里会定期举办参观引导、工作坊、游戏以及其他各种创意活动，儿童可以在这里与众多同龄人一起在玩耍的过程中提升艺术素养，家长也可以陪同参加。中小学、幼儿园和托儿所也可和博物馆预约沟通，博物馆将根据从学前教育到中小学不同年级的各阶段教育目标设计并展开专题教育活动。图 9-1 是中学生在德国历史博物馆中参加专题活动时的情形。

图 9-1 中学生在德国历史博物馆中参加专题活动〔1〕

二、宗教团体

德国目前有 67%的人口为基督教信徒，其中新教徒和天主教徒各占一半。天主教会德国主教团在全国拥有 7 个总教区、20 个主教区和 11 500 个教区，主要分布在德国南部和西部；德国福音新教教会则由 22 个独立的新教教会和 16 000个教区组成，主要分布在德国的北部和东部。制度化的教会组织深入德国社会生活的方方面面，也对青少年的教育和成长发挥着重要的影响。

在德国，教会首先是学校教育的直接参与者。德国《基本法》规定，宗教教育是公立学校的一门正式课程。在国家的监督之下，公立学校根据各个宗教团体的有关原则开设宗教课程。同时，新教教会和天主教会也是私立学校的重要举

〔1〕 德国历史博物馆. https://www.dhm.de/bildung-vermittlung/kita-schule/sekundarstufe1.html.

办人，全国共有约 1 100 所新教学校和 900 所天主教学校。教会还创办了大量的幼儿园和托儿所。

在学校教育之外，教会和宗教团体也为青少年和儿童提供了丰富的社会教育资源。首先，教会有针对青少年或家庭的宗教教育和道德教育课程以及心理辅导和心理援助机制。宗教课程的目的不仅在于加强青少年与宗教的联系，还在于道德意识、社会准则和心理健康的教育，例如一些宗教课程以“认识自我”“预防冲突”等为主题，旨在帮助青少年建立正确的自我认知和价值观，建立自我与周围世界的和谐关系，更好地适应社会和关爱他人。特别是对于那些遭遇人际冲突、家庭矛盾、信任危机或行为失范的青少年，教会提供的宗教课程和其他针对性的辅导和心理援助能够发挥重要的干预和教育作用。可以说，教会在保护青少年心灵和引导他们的精神世界方面，有独特的积极意义。

其次，各地教会都建有专门的青少年组织，用于开展教育、社交等各类活动，丰富青少年的生活，帮助他们更好地成长。以新教教会在巴登-维腾堡州的巴登教区为例，这个教区成立了“巴登新教青少年”(Evagelische Jugend in Baden)作为全区 55 000 多名在基督教会受洗的青少年的专门组织，下设有十几个不同的青少年协会，组织开展各种主题的青少年活动，例如手工制作、组织观看表演、户外运动、远足和旅游等。这些活动的参加者都是同龄的青少年，这为他们在学校之外提供了一个新的社交平台。

而寒暑假期间教会组织的活动则格外丰富，包括组织青少年前往意大利、西班牙等地参观游览以及其他形式的夏令营和冬令营活动，既丰富了孩子们的假期生活，让他们扩展视野、增长见识，也为上班的父母分担了暑期照管子女的压力。加之教会组织的这些活动不以盈利为目的，收费低廉，因而广受宗教家庭的欢迎。

此外，教会还提供青少年学业辅导方面的服务，作为学校教育的延伸。例如“巴登新教青少年”下属的“巴登新教学生工作协会”就专门为 13—15 岁的在校学生提供与学校课程衔接的课外学业辅导课，帮助青少年提升学业成绩，更好地实现他们升入高级中学或参加职业教育的目标。

志愿者活动和义卖也是教会常规的青少年活动。通过组织义卖和为老年人、残障人士提供志愿服务活动，青少年的社会责任感能够得到加强，更能学会关爱和尊重他人，扶弱弱势群体。

除了基督教之外，穆斯林和犹太教在德国也有一定的影响。德国法律对于各个宗教予以同等的认可、尊重和保护，所以穆斯林、犹太人及其他少数教派的信众也在各自的宗教团体中积极地开展针对青少年的教育和文化活动。总而言之，宗教团体在促进青少年健康发展、丰富他们的课余生活方面发挥着积极的作用，是学校教育和家庭教育的延伸。

三、协会社团

德国各类社会性的协会和社团在青少年的课外活动中也发挥着重要的作用。德国有数量众多的以促进青少年发展、为青少年提供支持和援助为宗旨的社团协会，例如德国青少年协会、青少年研究中心、天赋儿童学会、青少年和家庭研究咨询中心等，各州还有区域性的少年儿童协会组织，这些社团经常性地举办各种活动。

一些专业性的协会吸收青少年作为成员，对他们进行专门的兴趣特长培养并组织各种竞赛活动，促进他们的天赋和能力发展。例如，“数学天赋少年儿童促进会”通过展示和教授现代数学应用以及举办数学竞赛来服务于那些有数学天赋的学生；汉堡“受歧视少年儿童教育教养促进会”则通过举办素质拓展培训和班级出游等方式帮助那些在学习等方面受到歧视的孩子，促进他们身心健康发展；再如北莱茵-威斯特法伦州“天赋少年儿童促进会”则通过与高校合作提供一系列自然科学和哲学艺术课程，组织讨论、学习小组以及团队合作，促进该地区富有天赋的青少年儿童的知识和能力发展。

这里我们以北莱茵-威斯特法伦州创立于2000年的“天赋少年儿童促进会”为例展开详细介绍。这一协会与锡根大学(Universität Siegen)、阿恩斯贝格(Arnsberg)区政府以及地区教育咨询中心合作，邀请大学教授、讲师以及高中资深教师担任课程导师，为那些能力超常的少年儿童提供专门的旨在促进能力发展和专长学习的课程和教学引导。协会开设的课程全部为小班教学、鼓励团队合作，创造启发性的学习环境，引导孩子们对非常规的题目展开思考。其所提供的课程包括自然科学，如数学、物理、化学、太空、放射性与环境以及微生物与传染病学等，人文科学如哲学、艺术、音乐、戏剧和修辞学等。此外还有三种语言课程：中文、西班牙语和古希腊语。这些课程通常安排在下午，每周一次，每次 2 小时，学生们放学之后上刚好可以来此上课。上课地点比较分散，有的在锡根大学，有的在当地中学，还有的则可能在工厂、天文台和天气预报中心等进行现场教学。课程内容基本与学生在学校学习的教材不沾边，因此这些课程绝不属于课后辅导，而完全旨在扩展知识面，帮助孩子们建立某些专长领域的兴趣，并促进他们的能力发展。协会课程不以盈利为目的，因而价格非常低廉，除了相对较贵的语言班课程费用可达每年 150 欧元(约合人民币 1 000 元)之外，其余课程的费用为半年 60 欧元(约合人民币 400 元)，全年 110 欧元(约合人民币 700 元)。这些课程除了能够促进学生天赋及各方面素质的提升外，还能帮助学生为升入大学提前做准备。

在青少年参加体育活动方面，德国的社团和协会发挥的作用也非常明显。一个非常突出的例子就是近年来德国青少年足球运动的蓬勃发展。作为一个传统的足球强国，足球一直以来都是德国最受欢迎的体育运动，有着很好的“群众基础”，可以说，德国人上至总理下至普通民众，无论男女老少都是足球迷。但德国青少年足球运动在过去十几年间得到系统化的发展则更多有赖于发达的足球俱乐部体系和德国足协的统一规划、科学管理。德国一直以来就有非常发达的足球俱乐部体系和足球运动场地设施，全国有 27 000 多个足球俱乐部，几乎覆盖到所有的社区和市镇，这些俱乐部对所有爱好足球的青少年开放，他们可以在俱乐部接受专业的足球训练，参加地方足球赛事，也有机会被选拔至旨在为德国足球培养和输送后备力量的青少年足球训练基地。很多俱乐部对足球运动的推广和足球人才的培养都是“从娃娃抓起”的，例如位于柏林东部、作为德国最早的足球俱乐部之一的“柏林 SV 1892”体育俱乐部每周三都会组织 2—4 岁的幼儿和他们的父母共同参与的家庭足球活动，看到那些刚刚学会走路的小朋友和父母一起在绿茵场踢起足球，也就不难理解为何这项运动在德国如此发达(图 9-2)。

图 9-2 从小踢球的德国儿童（Stefan Hoof 摄）[1]

此外，德国足协在 2002 年启动了促进青少年足球人才发展计划，每年投入约 1 000 万欧元，在全国建立了 388 个青少年足球基地，每个基地大约覆盖 70 个基层的基层足球俱乐部，共有 1 200 多名具有执教资格的教练员在这些基地指导青少年的足球训练。同时，按照德国足协的要求，德国足球甲级和乙级联赛的 36 支球队都建立了自己的青训中心，用于发掘和训练足球后备人才。

在各个俱乐部、青训中心和青少年足球基地，19 岁以下的青少年按照年龄划分为七个年龄组别，每个组别都有地方和全国性的联赛机制。在德国，也有很多女孩参加足球运动和俱乐部的足球训练，13 岁以下的女孩与男孩一起训练，13—16 岁期间则有两个专门的女性青少年运动员的训练和竞赛组别。为加强青少年足球训练的科学性、系统性，德国足协制定了统一的训练机制，通过其信息网络贯彻到所有基层的青少年足球教练那里。

尽管德国足协和足球俱乐部的这一机制有助于为职业球队和国家对选拔、培养和输送未来的职业球员，但整个青少年足球训练计划却不以此为根本目标，

---

〔1〕 http://www.wn.de/Lokalsport/Fussball/2012/09/Jugendfussball-Boom-bei-Fortuna-Gr.

而旨在让每一个爱好足球的少年潜能得到充分发展，对他们进行健康、系统和科学的培养，为那些有天赋的人才提供最好的训练和竞赛机会。德国足协重视青少年足球的基础性和普及性，不把关注点仅仅聚焦于一小部分所谓天才少年上，而是力争让所有喜爱这项运动的青少年都能得到支持。并且，不管是俱乐部的一般性青少年足球训练、青少年足球基地的课程还是职业球队的青训中心的少年球员培养，都是在学生们的课外时间进行，即使是体育特色学校也不例外，而青少年足球的各项赛事也都选在周末和假期举行。

德国足协和各个俱乐部都认为，少年足球运动员首先是学生，学好文化知识是他们的首要任务，足球训练只是为那些有天赋青少年提供充分的发展机会和专业支持，帮助他们在足球运动上获得尽可能的发展，但绝不能本末倒置，损害他们其他方面的学习和发展。

除了足球协会和俱乐部，德国还有众多其他运动项目的协会组织。这些组织与学校密切合作，为青少年提供体育运动的场地支持和教育训练，让他们建立终身热爱运动的良好习惯，也通过体育活动培养他们积极向上、团队合作和公平参与的品德。

四、青少年局

在德国青少年的社会教育中，以青少年局(Jungendamt)为中心的青少年和儿童保护、维权及教养机构扮演着非常重要的角色。青少年局(Jungendamt)是依据德国《儿童与青少年救助法》设立的隶属于地方政府的青少年救助和服务部门。德国每个城市的每个区都有青少年局，其工作宗旨是保护青少年和儿童的合法权益，为他们提供救助，维护他们的健康成长。

青少年局一项重要的日常工作就是进行有关未成年人保护、青少年成长以及家庭亲子关系建设的社会教育和家庭教育。青少年局通过多种方式宣传未成年人保护的相关法律知识，特别是与学校合作帮助未成年人学习自我保护的相关知识，了解相应的求助渠道。同时，也为有需要的父母和监护人提供家庭教育咨询服务，例如如何协调家庭矛盾，预防危机等。

在对青少年和儿童的保护照管方面，青少年局和学校、社区以及各地的儿童福利机构密切合作,及时发现那些面临困境的青少年并对他们实施救助。对于那些因为家庭贫困、家庭暴力、或者父母失业、吸毒、酗酒等问题而被遗弃或者陷入危险和困境的未成年人,青少年管理局有权力和义务及时干预,担任“监护监督人”,协助和监护人履行义务;必要的时候则通过相关法律程序对未成年人进行接管,将他们安置到儿童福利机构,或合格的寄养和收养家庭。在青少年教养方面,对那些行为失范的问题青少年,青少年局则与相关的司法机构和教养机构合作,及时对他们进行干预和行为矫正。

第二节　课外学习活动

德国中小学在近年来才开始逐步改革为全日制学校(详见第十章第二节),有相当一部分学校目前还是半日制。学生在校学习的时间相对较少,因而德国的中小学生有较多的时间进行课外学习活动。这些课外学习活动既包含各类课外补习,也包含诸多公立和私立机构支持的满足学生兴趣特长发展需要的各类特长班和培训项目。

一、课外补习

有一种常见的观念认为,课外补习是中国、日本、韩国等东亚儒家文化圈国家特有的传统,西方国家的中小学生课业负担很少,父母没有课外补习的意识,孩子们的业余时间更多地用来发展兴趣爱好或轻松玩耍。但事实上并非如此,至少在德国,课外补习在中小学生特别是中学生中也非常普遍。

德国贝塔斯曼基金会 2010 年所作的一项研究调查表明,在德国,每年有 110 万中小学生定期性地付费接受课外补习,父母平均每月为此花费大约 130 欧元,德国家庭每年总计要为此支出 94 000 万欧元,而之前的一些研究数据甚至认为这项费用可能达到15亿欧元。而据贝塔斯曼集团基金会预计，这笔费用还将继续增加。

课外补习的地区差异显著，西部地区青少年参加课外补习的比例更高。贝塔斯曼基金会的这项调查就显示，位于西部的汉堡州和巴登-符腾堡州中小学生课外补习的花费最高，而属于前东德地区的萨克森-安哈特州和梅克伦堡-前波莫瑞州则相对较少。2006年的统计数据显示，全德范围内17岁的青少年中大约有四分之一的人上过或正在上补习班。平均有14.8%的四年级学生要上德语补习班，在巴登-符腾堡州这个百分比是18.5%，而在梅克伦堡-前波莫瑞州则仅为8.8%。通常出身较为富有家庭的孩子会更倾向于上补习班，他们的父母认为补习班弥补了常规课堂教育的不足，可以更好地促进孩子的学业发展，提高他们在升学考试中的竞争力。这也就不难理解，为何富裕的西德地区学生补习率远远高于较为贫困的东部地区。

另外，在德国的三类中学里，文理中学的学生最常参加补习，而主科中学的学生则很少。另有一项针对德国首都柏林的调查显示，30%的补习学生每年为补习花掉1 300欧元。补习老师一节课通常能拿到7～10欧元的薪金。这些接受补习的学生大约有50%补习数学，25%补习英语，15%补习德语，接下来就是他们自己选的第二外语，如拉丁语和法语，以及自然科学科目，如物理和化学等(Bertelsmann Stiftung, 2010)。

在德国课外补习班市场上，除了兼职的大学生和自由工作的教师之外，有三大培训机构不得不提，他们分别是“学生助手”(Schüler-nachhilfe)、“研究圈”(Studienkreis)以及“迷你学习圈”(Mini-Lernkreis)。这三大公司每一家在全国都有超过1 000个分支机构和教学点。这些都是营利性的培训机构，收取的补习费用不算低廉，送孩子上补习班的父母通常都有着相对较好的教育和收入水平。

“学生助手”成立于1974年，是德国目前最大的课外补习机构，全国共有1 100个分支机构，覆盖几乎所有的大中城市。这一机构提供丰富的培训课程，面向中小学所有的学科、所有年级以及所有的学校类型，除了日常的课后和周末补习班之外，还开设有备课冲刺课程和假期强化课程。“学习助手”提供分组小班教学，一个班一般有三至五名中小学生，此时每个孩子每节课只需支付9欧元左右。

“研究圈”是德国第二大课外补习机构,在瑞士、奥地利和卢森堡也有其业务存在。“研究圈”的设计理念是为一组至多五人的中小学生提供个性化辅导,个别情况下也提供一对一的辅导。2011 年,“研究圈”开始进行网络教学,提供一对一的网上补习服务。

“迷你学习圈”是继“学生助手”和“研究圈”之后的德国第三大课外补习机构,在全国共有约 1 000 家分支机构。正如其名字一样,“迷你学习圈”注重小班教学,尤其是一对一辅导。

事实上,德国中小学生参加课外补习也面临很多批评。很多人认为课外补习的比例如此之高说明了德国中小学校并未能向学生提供足够的学业支持和个体化的辅导。并且,课外补习背后的地区差异和家庭差异将加剧教育不平等的问题,那些来自贫困家庭的学生将因为无法负担补习费用而影响成绩提升,进而丧失教育和发展机会。近年来,德国政府采取了一系列的措施来建立全日制学校,延长学生在校学习时间,并针对那些困难家庭的子女提供更多公益性质的课外学习和文化活动机会,以促进教育公平和机会均等(详见第十章第二节)。因而也许在不久的将来,德国中小学生参加课外补习的情况将发生改变。

二、兴趣特长发展

总体而言,近年来德国中小学生课业负担也在加重。至于原因,除上文多提到的课外补习之外,还有一个重要因素,即 2007 年以来,各州文理中学的学制逐步由 9 年缩短为 8 年,这要求学生们在更短时间内完成学业,用于课外特长发展的时间也相应减少。近些年,关于德国中小学生课业压力过重、无暇发展个人爱好的文章屡见报端。但尽管如此,相比与中国和其他一些国家,德国的中小学生们在课外仍有相对充足的时间来发展个人兴趣和特长。学校、公共和私人文化机构、文化艺术社团和体育学会等为中小学生提供了大量丰富的公益或收费的兴趣特长培训项目,学生可以根据自己的实际情况进行选择。

各式各样的校内协会和社团在学生兴趣和特长发展上发挥着重要的作用。中小学校在放学之后有各种兴趣小组活动,覆盖体育、艺术、科学等诸多领域,比如足球、网球、篮球、艺术、化学、生物等。一所学校里有着几十上百个兴趣小组的情况并不少见，这些兴趣小组有些是由老师组织的，还有些则是学生自发的。

在一些较大的城市里通常还会有青少年文化宫(Kinder-und Jugendeinrichtung)，为中小学生提供丰富的课后文化活动。例如，位于北莱茵-韦斯特法伦州明斯特市的阿尔巴托斯青少年文化宫每周一到周五的下午 4 点到晚上 8 点期间，为中小学生提供各种兴趣小组和文化活动，包括绘画、手工、舞蹈、计算机课程，也为五年级以上的学生提供家庭作业辅导。除了青少年宫的青少年社会工作者之外，很多志愿者都会来青少年宫为孩子们提供义务的辅导工作。

在发展特长和兴趣爱好方面，社会上还有很多受到地方政府资助的营利性和非营利性培训机构，特别是面向青少年学生的音乐、体育培训学校在德国非常普遍。以艺术学习为例，德国有很好的艺术传统、艺术氛围和庞大的古典艺术的爱好者群体，因此很多家庭都会支持子女学习乐器。一些富裕家庭会为子女聘请家庭教师进行价格不菲的一对一授课，但是还有很多文化机构提供相对低廉的器乐、声乐等兴趣课程。例如，在德国首都柏林，12 个市辖区每一个区都有一所受到公共财政支持的公立音乐学校，面向幼儿、儿童和青少年开设各类音乐启蒙、乐器演奏、声乐表演等兴趣课程，有一对一授课和小组授课等多种形式，孩子们同时也有机会参加地区的古典和现代乐队、室内乐团、合唱团等，进行排练和演出。作为公立教育机构，这些音乐学校的收费相对低廉，即使是学费最高的一对一授课，每周一次 60 分钟的课程，一个月的总花费也在 85 欧元(约合人民币 550 元)以内，而一些小组授课每个月的学费最低仅有 15 欧元左右(约合人民币 100 元)。并且学生可以从学校租借乐器回家练习，每个月只需缴纳 6 欧元的租借费用，省去了很多家庭自己购买乐器的昂贵支出。作为公立教育机构，这些音乐学校同样受到州《学校法》的约束，并有一套质量保障的制度，定期接受评估并向社会发布质量报告。这样低价且优质的音乐学校非常受家长和孩子们的欢迎，12 家音乐学校每一年培训的学生人数都超过 5 万人。

除了艺术、体育和科技特长的学习之外，德国还有一些特色的兴趣培训，例如旨在培养青少年商业精神和商业能力的课程，“德国企业家精神训练营”(NFTE Deutschland, Network for teaching Entrepreneurship)就是提供这类课外学习项目的非营利性机构。这个组织最早由企业家史蒂夫·马里奥蒂(Steve Mariotti)于1987年在美国建立,如今在全世界13个国家都有分支机构。德国的企业家精神训练营建于2004年,如今已经在德国12个联邦州开设了370所分支学校,有约570名专业的教师。训练营以中学生为培训对象,向他们提供商业能力和商业精神的训练项目,已有超过6 000名中学校学生通过其所提供的课程并顺利结业。训练营的课程坚持鼓励和启发的基本原则,鼓励学生们的创造新,认为学生的学习应不应当有成绩压力也不应存在失败。训练营与中学合作,每周开设两个下午的课程。

训练营的课程是一个循序渐进的体系,最初阶段主要是引导学生以游戏的方式接触研究主题并与企业家面对面增强对商业的认识和了解;学生在逐渐明白自身的天赋和兴趣之后将开始发展自己的商业想法;接下来他们将设计自己个人的商业方案并了解企业经济运行的基础;最后学生需要在评委会面前展示自己的商业想法。要顺利结业,学生需要完成至少40课时的学习,设计出商业方案并在评审会上展示,走完这整个流程之后才能拿到结业证书。这样的学习经历对于中学生在申请相关的职业教育课程和未来求职就业时都有帮助。

第三节　网络教育资源

德国有着丰富的网络教育资源。联邦政府和州政府有专门的教育性网站,教会和电视台等也有一些针对中小学生的网站,青少年儿童可以从网上获知很多政治、历史及新闻消息,也可以在网上游戏放松,或者复习课堂上学到的知识。接下来我们就介绍一些德国青少年经常访问的网站。

德国联邦政府素来重视对中小学生政治素养的教育。联邦政治教育中心

(Bunderszentrale für politische Bildung)专门负责此项工作,通过其门户网站[1]和刊物进行各种形式的民主教育活动,旨在向青少年介绍民众政治的各种知识,帮助他们建立公民意识和社会参与意识,推动公民社会建立。值得一提的是,联邦政治教育中心接受国家财政拨款,但不属于政府部门,而是一个有着独立法人资格的非营利性教育机构。教育部与联邦政治教育中心没有隶属关系,但在实际的学生教育中进行合作。

联邦政治教育中心不受任何党派支配,也不侧重宣传任何一个党派的执政理念,而重在传播民主思想,帮助青少年学生了解民主政治基础知识,理解德国特殊的政体模式,激发民众的政治参与意识,促进公民社会的形成和完善。联邦政治教育中心与联邦州各类教育培训机构合作,支持促进民主教育的社团和协会,印发报纸、杂志和图书,并在网站上提供全面和丰富政治、历史和社会相关信息。在联邦政治教育中心网站主页的分类栏目里,我们可以看到政治栏、国际栏、历史栏、社会栏、信息查询栏、近期活动栏、学习栏、对话栏等主题。这里有每天更新新闻消息更新和政治评论等,可以说联邦政治教育中心是德国最大、最好且最有影响力的民主政治知识的网络教育资源库,为中学生了解政治知识、培养政治素养和参与意识提供了有力的帮助。此外,联邦政治教育中心还定期举办丰富的线下活动,包括展览、演讲、研讨会、游览参观、竞赛活动等等,这些活动受到学生的欢迎。

联邦政治教育中心网站的主要受众是那些较高年级的中学生。对于那些年纪较小、阅读和理解能力有限的低年级中学生和小学生,德国也有很多寓教于乐、把游戏与学习结合起来的网站。德国家庭网曾经对德国最好的儿童网站进行过评选,上榜的网站都有着明显的儿童化风格,并且经过很好的编辑设计,甚至不懂德语的人也可以打开来凑凑热闹,体味下德国儿童的网上生活。这些网站是专门为较低年级的小学生服务的,上面有各种活泼可爱的卡通图片和小游戏,还有简单的关于历史、绘画、音乐等各方面的练习和知识,让孩子们能够自主地根据兴趣进行选择。有些网站上还有小学生社区,让孩子们可以在网上参与

---

〔1〕 http://www.bpb.de/.

讨论，在沟通中促进彼此成长。下面我们就介绍几个比较典型的儿童网站。

“有大象的那一页”(Die Seite mit dem Elephant)〔1〕是西德广播公司(WDR)下属的儿童频道开发的网站，主要针对学龄前儿童及其父母，用户可以通过网站与媒体教育家和研究人员进行交流。网站有专门的视频节目，培训3至6岁的儿童接触并熟悉电脑。这个网站为孩子们提供了一个安全的访问环境，无需文字阅读能力，他们也可以根据声音讲解提示操作鼠标猜谜语，玩游戏以及制作小动画，还可以观看系列动画片。

“来问问芬”〔2〕，这个网站对于8至12岁的孩子来说是一个很受欢迎的搜索引擎。网站上的内容都是经过严格审核的、适合孩子观看的。此外，这里每天都会有一个搜索小贴士供孩子们学习了解。这个网站从属于青少年网站klick-tipps. net，受联邦家庭老年妇幼部(BMFSF)的委托而创办。

“孩子电影世界”〔3〕，这个网站面向8岁以上青少年提供大量的电影和电视剧，其中包括古典故事片、动画片以及学习视频等。网站上多数视频都是付费才能观看的，但也有相当部分免费的内容。只要加入网站会员就可以观看，这种会员身份人们也随时都可以放弃。如果要找土耳其语或者英语的儿童电影，上这个网站就对了。

“儿童烹饪区”〔4〕，这个网站针对8岁以上有烹饪兴趣的儿童。在这里，孩子可以学习认识各类餐饮食材，并学习一些基本的烹饪知识。孩子们必须为相应的菜谱选对调料，亲自去种植、维护并收获调料，最后还要去准备和使用调料。此外，他们还将学会健康饮食，并了解诸如西红柿和土豆原产自哪里等扩展知识。

“十万个为什么”，这个网站主要面向拉文斯堡4至8岁的孩子，网站内容基于《十万个为什么》系列书籍。上面有很多精彩的知识世界和娱乐性游戏。当鼠标点击图标或者图片的时候，就能听到阅读文章的音频。网站完全无广告，并有

〔1〕 http://www. wdrmaus. de/elefantenseite/.

〔2〕 http://www. fragfinn. de/.

〔3〕 http://www. kinderfilmwelt. de/.

〔4〕 http://www. kinderkochland. de/.

很多导向扩外网站的扩展性知识链接。如果要上载或者管理图像,只有父母才可以,孩子自己是不行的,唯一遗憾的一点是网站上很多内容并不免费。

“盲牛”[1],这个网站是最受德国儿童喜爱的搜索引擎之一。网站主要面向 9—13 岁的儿童,包含大量专题内容,如网上游戏、学习、手工制作、绘画等。网站得到联邦家庭老年妇幼部(BMFSF)的资助。

“聪明的小脑瓜”,这个网站面向 8 岁以上儿童,同时有着搜索引擎、知识门户以及网络社区三种功能。网站由联邦家庭部资助,确保内容符合儿童发展需要。与上面诸多网站一样,这个网站也不是完全免费的。但里面的内容质量极好,常常适合儿童教育,因此也进入最好网站排行。

除却专门教育网站之外,很多电视台和教会也会参与到青少年儿童网络教育中来。如德国电视二台和科隆的西德广播电台都有相关的儿童教育频道和资源,上面有众多教学性视频和游戏。再比如天主教会也有着众多针对儿童宗教教育的网站,上面对宗教知识进行了很多的归类、整理和解释,并有可供观看和阅读的宗教视频与课堂。

由上文可以看出,德国有着丰富的社会教育资源。这些资源的提供既有赖于联邦和州政府的支持,同时也得益于教会、协会社团、众多经济组织乃至个人的积极参与。多方的共同作用形成合力,作为重要补充有力地弥补了学校教育的不足,促进基础教育领域社会支持的繁荣。

[1] http://www.blinde-kuh.de/.

第十章

德国基础教育改革发展趋势

第一节 通向“教育共和国”之路

德国教育系统既有独特的传统和优势，也在新的历史条件下面临多种挑战。人口结构、社会结构和经济文化的发展变化深刻改变着德国基础教育的外部环境，为教育改革提出新的命题。同时，全球化已经成为今天包括德国在内的各国教育发展的基本背景，国际比较也成为德国基础教育政策走向的重要推力。德国基础教育发展正沿着促进公平、增加机会、提升质量的轨迹行进，其最终目标是促进人的发展、促进社会融合，为德国参与 21 世纪的全球竞争源源不断地注入活力。

一、德国当前基础教育改革发展的问题与挑战

回溯历史可以看到，德国近代以来一直极为重视教育，而教育发展也成为国家繁荣的基石。19 世纪普鲁士精英教育、实科教育和基本国民义务教育并重以及建立研究型大学的举措助力德国统一并跻身世界工业强国之列；二战结束后，基础教育的普及、高素质的劳动力和高水平的科学研究被认为是联邦德国得以迅速重建并创造“经济奇迹”的重要条件。今天，德国依然以其发达的科研水平、制造业水平和创新能力令世界瞩目。从发展中国家和“学习者”的立场来看，我们有理由相信，在德国发达的工业经济和“德国制造”品牌影响背后，一定有一个好的教育培训体系作为支撑。

但是，无论在哪个国家，哪个时代，对于什么是“好的教育”，从来就没有标准答案。制度化的教育不仅是知识的传授和技能的培养，于个体而言，更是实现社会流动和阶层提升的阶梯，追求人生福祉的保障；于国家而言，教育则是经济发展、社会稳定、国力提升的关键。而一个政府的教育发展政策，往往牵涉不同阶

层、党派、地方利益诉求的冲突以及不同教育理念、文化理念和发展理念的交锋。由这些冲突和交锋所推动的政策争论和改革博弈，在战后半个多世纪德国的教育发展历程中，从未止息。

进入21世纪以来，人口结构、社会结构和经济结构的发展变化深刻改变着德国基础教育的外部环境，为教育改革提出新的命题。21世纪伊始，以国际学生学业水平测试为代表的国际参考框架的建立也迫使德国在国际比较的压力下重新审视教育体系中存在的问题。就基础教育阶段而言，当下德国社会各界关注和讨论的问题焦点集中于以下几个方面。

1. 教育系统的封闭性

德国基于精英教育和因材施教理念形成的传统的分轨制中等教育长期以来一直面临批评和争议。尽管从20世纪六七十年代在教育民众化和普及化要求的推动下，三轨制(主科中学—实科中学—完全中学)的中等教育结构已经发生了很多变化，越来越多的学生进入完全中学和实科中学，主科中学数量不断减少，新型的综合中学、一体化中学不断增加，但不同课程项目之间的隔阂依然坚固，职业教育与学术性教育之间也缺乏渗透性和流动性，学生们在不同教育轨道之间转换以及从职教教育学校或职教课程项目毕业进入高等教育依然存在制度性困难。同时，由于过早分流，来自贫困家庭、问题家庭以及移民家庭的儿童则从进入教育系统的初始阶段就面临更多障碍，在20世纪70年代以来德国教育政策的讨论中，这一相对封闭的系统结构一直被批评有损教育公平和机会均等。

2. 教育不足，质量堪忧

尽管早已实现基础教育的普及，但德国社会依然面临文盲问题以及教育不足的挑战。汉堡大学2011年完成的一项调查显示，德国18—64岁劳动力人口中，大约有230万人仅能进行少量简单的读写，无法写出完整的句子，超过4%的劳动力人口可以被认定为“文盲”；而“功能性文盲”即能读写简单的句子，但理解小篇幅文章存在困难的约有750万人，占到劳动力人口的14%；还有40%的劳动力人口在使用常用词汇时存在拼写错误。[1] 这从一个侧面凸显了德国教

---

〔1〕 德国联邦教育科研部网站. http://www.bmbf.de/de/426.php.

育不足和教育质量堪忧的问题。

对德国基础教育质量最猛烈的批评源于德国在2000年国际学生学业测试(PISA)中令人震惊的糟糕表现,德国学生阅读、数学和科学三项得分均低于OECD国家平均水平。而对PISA成绩和学生家庭背景、学校类型进行的相关性分析也显示,即使是秉持精英教育和学术性教育传统的完全中学,其学生的成绩也不尽人意,教育质量堪忧。

3. 青年失业与技能不足

青年失业是当前欧洲各国面临的共同问题。2008年世界金融危机爆发以来,全欧洲25岁以下青年几乎每四个人就有一人处于失业状态,西班牙、希腊等国青年失业率已经超过50%。而归功于良好的职业教育体系和相对稳定的经济发展状况的德国,2008—2012年间青年失业率稳定在7%~8%左右[1],在欧盟境内最低。但德国各地区、特别是东西部之间青年就业程度差别很大。根据德国联邦劳动局(Bundesagentur,简称BA)的统计数据,2011年隶属于前东德地区的勃兰登堡州、萨克森州、萨克森-安哈尔特州以及梅克伦堡-前波莫瑞州15—25岁青年中既不在工、也不在学的失业人口比例均超过10%,一些地区甚至超过了15%;属于前西德工业发达地区的北莱茵-威斯特法伦州主要城市的青年失业率也高于10%。[2]

除了经济发展不均衡的因素之外,德国青年失业很大的原因在于教育和技能不足。那些学习困难的学生被分流至主科中学后很多依然无法完成学业;即使获得主科中学毕业证书,很多学生也难以胜任职业培训的要求。2006年德国只有43%的主科学校毕业生在毕业6个月之内开始接受进一步的职业教育。30个月之后,依然有40%的主科学校毕业生没有进入职教体系。[3] 2008年,德国中小企业联合总会(Der Zentralverband des Deutschen Handwerks, 简称

[1] 德国15—25岁青年失业率近几年逐年下降,2015年1月已降至6%。本章后文将介绍德国自2008年以来启动的降低青年失业率的政策措施,因而此处以2010年前后的数据作为政策背景。

[2] Bundesagentur für Arbeit. (2011): Arbeitsmarkt in Zahlen—Arbeitsmarktstatistik. Arbeitslosenquoten 2010[R]. Nürnberg.

[3] Autorengruppe Bildungsberichterstattung. Bildung in Deutschland 2008[R]. Bielefeld: W. Bertelsmann Verlag, 2008: 87.

ZDH)发出警告说,主科学校有四分之一的学生实际上是"不可培训"的,8%~9%的学生最终没有获得任何文凭或资格就离开了学校。[1]

4. 移民成为新的教育弱势群体

作为一个发达国家,德国对国际流动人口具有很强的吸引力,是东欧、南欧、西亚等地区移民的主要目的地之一。据统计,德国25岁以下青少年和儿童群体中大约有四分之一有移民背景,在首都柏林和德国西部的一些大城市中,来自移民家庭的学生甚至已经占到中小学在校生总数的40%~50%。很多调查研究显示,德国来自移民家庭的学生进入优质学校的机会普遍低于本土学生,学业成绩也不容乐观。例如,2000年和2003年"国际阅读素养进步研究"(PIRLS)调查显示,德国具有移民背景的小学四年级学生在阅读方面的成绩比德国学生差很多。2006年PISA测试的成绩分析表明,德国本土中学生在自然科学方面的成绩比移民学生平均高出73分。在小学毕业的分流环节中,具有移民背景的学生进入主科中学的比例远远高于本土背景的学生。此外,移民背景学生的辍学率比德国本土学生高出一倍,获得大学入学资格的比例则比本土学生少一半还多。这表明,来自移民家庭的学生已经成为德国新的"教育弱势群体",他们的教育机会、教育参与和学业成绩成为德国教育体系当前面临的一大挑战。

5. 技能劳动力短缺

基于经济发展、老龄化等多重因素,德国近年来技能劳动力短缺(Fachkräftemangel)的问题日益严峻,主要集中在数学、工程、自然科学和技术领域专业(简称MINT专业,即英文中的STEM专业)。短缺的技能人才类型不仅包括具有高等教育学历的专业人才如工程师,更涉及多个行业领域的技术工人。根据科隆德国经济研究所的调查,2014年秋季,德国MINT专业技能人才空缺岗位有近12.4万个。2015年到2020年,预计德国MINT专业普通职业教育水平的技能人员中将有64.6万人退休,人才缺口将累计达到131.6

[1] Spiegel. Bildungsbericht 2008: Hauptschüler fallen auf dem Jobmarkt noch weiter zurück[EB/OL]. [2015-03-12]. http://www.spiegel.de/unispiegel/jobundberuf/bildungsbericht-2008-hauptschueler-fallen-auf-dem-jobmarkt-noch-weiter-zurueck-a-559310.html.

万;高等教育层次的 MINT 人才将有 32.8 万人退休,人才缺口达到 6.7 万。[1] 为了应对这些挑战,德国迫切需要吸引更多青少年投身 MINT 专业的学习和培训。

6. 高等教育规模发展有限

在分流制和多轨制的基础教育结构下,德国只有通过文理中学毕业考试(Abitur)的学生才有资格进入综合性大学,职业高中和职业专科学校等职业院校的毕业生可以获得限定条件的高等教育入学资格(限定专业、或仅限高等专科学校)。相比于其他发达国家,德国高等教育入学率长期以来保持了相对较低的水平。到 2008 年,德国高等教育入学率为 36%,远低于 OECD 国家 56%的平均水平。[2] 随着经济社会发展对高技能和学术性、专业性人才需求的不断提高,扩大高等教育规模成为各国教育发展的共同趋势。德国社会各界也呼吁增加高等教育投入,增加高校入学人数。由于德国绝大多数高校属于国家举办的公共教育机构,其经费来源主要由公共财政承担,学生免交学费,因而扩大高等教育规模首先需要经费投入的增加。另外,分轨制的基础教育体系缺乏渗透性也限制了那些没有进入文理中学的学生接受高等教育的机会,因而对升学制度进行改革,增加基础教育系统的流动性和渗透性,为更多学生创造升学通道也成为德国高等教育发展的重要前提。

二、确立教育的优先地位

1. 默克尔的"教育共和国"

2008 年 6 月,德国总理默克尔在纪念德国建立社会市场经济 60 周年的庆祝活动的发言中,首次提出建立"教育共和国"(Bildungsrepublik)的教育政策理念。

默克尔重提了"德国经济奇迹之父"艾哈德在 20 世纪 50 年代提出的、被作为德国社会市场经济目标的口号"共同富裕"(Wohlstand für alle),并将这一目标

〔1〕 Institut der detuschen Wirtschaft Köln. MINT-Herbstreport[R]. 2014: 39-41.

〔2〕 Anja Kuehne. Bildung Bringts[N]. Der Tagesspiegel, 2010-09-08(24).

的意义扩展到教育发展之上。默克尔强调,“教育是21世纪个人和社会实现富裕繁荣的关键,共同富裕在今天意味着面向所有人的教育”。能够获得教育,并通过教育实现个人的进步和富足是每一个公民在今天实现自由独立生活的基础。默克尔因此提出,未来十年,政府要把教育系统的建设作为政策核心,让德国发展成为一个“教育共和国”,让每个公民都能“进入和进步”(Einstieg und Aufstieg),即每个人都能获得教育机会,每个人都能通过教育实现提升和富足。〔1〕

默克尔这一发言正是在德国公布第二份《国家教育报告》(2008)之后。这份报告指出,与经济增长相比,德国教育支出的增长要缓慢得多。20世纪90年代中期,德国教育支出曾经占到国内生产总值(GDP)6.9%,而到2006年,则下降到6.2%,低于OECD国家的平均水平。因而加大教育投入成为默克尔建立“教育共和国”首要的任务。默克尔同时也提出,未来德国学校教育和职业培训的辍学者数量必须减半,以应对长期失业的问题。〔2〕 随后“教育共和国”理念被写入默克尔领导的基督教民主联盟(CDU)及其姐妹党拜仁基督教社会联盟(CSU)的执政纲领之中。

2.《德累斯顿决议》提出教育优先发展

在联邦制及文化主权在州的政治格局下,德国任何教育发展和改革政策的实施都离不开两级政府的协作。在“教育共和国”理念提出4个月之后,2008年10月,德国总理默克尔与各州州长在德累斯顿举行教育峰会,讨论未来德国教育改革发展的政策方向、措施及两级政府的教育合作,并通过了以“通过教育实现进步——德国资格计划”为标题的《德累斯顿决议》(图10-1)。

这是在新的历史背景下,德国联邦和各州就德国未来教育发展核心目标和关键领域达成的共同愿景,也是具有现实意义的行动纲领。这份文件提出了德国教育发展的基本方针和目标:

---

〔1〕〔2〕 Merkel ruft die Bildungsrepublik Deutschland aus[N/OL].[2008-06-13][2015-04-23]. http://www.welt.de/politik/article2098136/Merkel-ruft-die-Bildungsrepublik-Deutschland-aus.html.

图 10-1 德国总理默克尔与各州州长在德累斯顿教育峰会上[1]

(1) 通过教育实现进步

纲领指出,在一个知识社会中,教育是实现个体机会均等的关键。“通过教育实现进步”的目标是“人的未来不再由出身决定”。有保障的教育机会和教育系统内部的“渗透性”是一个负责任的教育政策的基本方针。

(2) 更好的教育起点

应当加强家庭教育,为儿童创造更好的教育场所。加强早期教育和学校教育的连接对于实现“更好的教育起点”非常重要。

(3) 将语言作为教育的关键

每一个儿童在进入学校时必须已经掌握必要的德语能力,以保证他们从第一天入学、从第一节课开始就能跟上教学,能够积极参与,获得平等的权利。因而必须加强对学前儿童德语学习的支持。

---

[1] http://www.deutschlandfunk.de/viel-rauch-um-nichts.1180.de.html? dram:article_id=184732.

(4) 加强数学、信息、自然科学和技术(MINT)专业

必须加强少年儿童对于数学、信息、自然科学和技术的兴趣，以适当的举措在中长期应对目前已经出现的技能劳动力缺乏的问题。

(5) 为学生创造更多职业培训机会

学校毕业证书是成功开始职业生涯的必要条件，每一个学业阶段的结束都应当有进入下一个学业或职业阶段的接口。

(6) 加强职业教育与培训进修

很多职业在未来需要比以往更多的知识，要实现这样的知识更新必须加强双元制体系中的职业教育和职业继续教育文化。

(7) 为保障德国的创新能力加强学术性教育

未来社会将需要更多高技能职业岗位。维持和加强德国的创新能力必须确保德国有高技能的后备人才。为此需要接纳更多的大学学习者，并增强教育系统的渗透性。

(8) 终身教育

教育不是开始于学校，也不是在学校中结束。一个持续变迁的社会要求其成员能够终身进行持续的学习和进修。所有人生阶段都应当加强终身教育的意愿和能力。

(9) 职业教育和职业继续教育的企业责任

企业应当为青年人提供更多职业教育岗位，并支持和促进企业员工参与继续教育和培训。

(10) 加强教育、培训和进修领域的联邦合作

以上所有措施都建立在联邦制作为多样化和竞争性的国家形态的基础之上，联邦和各州在相应的领域负责实施必要措施和改革倡议。[1]

德累斯顿宣言是德国联邦和州政府达成的第一份涵盖从早期教育到终身教育的全面的教育发展纲要。在十项方针之后，宣言还公布了若干具体的行

---

〔1〕 Die Bundesregierung, Die Regierungschefs der Länder, Aufstieg durch Bildung: Die Qualifizierungsinitiative für Deutschland, Dresden: 2008.

动目标和发展举措。其中首要的一项目标就是“教育应当在德国拥有最高的优先地位”(Bildung soll in Deutscheland hochste Prioritat haben),以联邦和州政府协议的形式明确了教育优先发展的战略,并明确指定了未来教育发展的若干具体日标,包括从国家人才战略出发,增加教育投入、提升国民知识技能水平、发展职业教育、促进终身学习的具体方案,也包括从社会融合和个体发展角度对学前教育、移民儿童语言学习的支持和一系列促进教育公平和计划均等的措施。决议提出,到 2015 年,将成年人口中没有任何学校教育或职业教育文凭/资格的人的比例由 8%降至 4%;将能够接受职业教育但没有获得职业资格的青年人比例从 17%降至 8.5%;同时,高等教育入学率将提升至 40%。

3. 教育投入持续增加

如前所述,相比于经济增速,德国 2000 年以来教育经费投入的增长速度较为缓慢,2006 年教育支出占 GDP 的比例为 6.2%,低于 OECD 国家平均水平。因而在《德累斯顿决议》中,联邦和州政府就共同加大教育投入达成一致,计划到 2015 年,将德国教育和科研投入在 2006 年占国内生产总值(GDP)8.9%的基础上提高到 10%。为实现这一目标,联邦政府承诺到 2012 年,将在教育领域额外支出 60 亿欧元。

这一目标的实现并非易事。由于教育事务属于各州主权范围之内,教育支出也主要来自州财政,州政府是否能够实现教育经费的增加成为关键,其中不仅牵涉“穷州”和“富州”的差异,还有不同党派当政下的各州财税政策的不同方向。因而经费增加目标的实现,少不了党派博弈和联邦-州两级政府间复杂艰难的协调。并且,“两级政府”的目标提出之后,金融危机席卷欧洲,德国政府和各州财政压力陡增,因而在 2009 年和 2010 年举行的后续两次教育峰会上,教育经费的分担一直是各方争论的焦点。2010 年 6 月第三次教育峰会后,默克尔表示,为确保 10%的目标实现,联邦政府将承担经费缺口的 40%。

尽管困难重重,但德国教育经费投入依然实现了稳步提高。截至 2012 年,德国公共和私人教育和科研支出达到 2 474 亿欧元,比 2008 年增长了 15.5%。教育和科研支出占国内生产总值的比例由 2008 年的 8.6%提高到 9.3%,其中教育支出占6.6%[1]。经费的提高为《德累斯顿决议》提出的各项教育发展目标的实现奠定了基础。

第二节 通过教育实现进步——国家资格倡议下的教育发展

《德累斯顿决议》为德国教育改革发展提出了具体的政策目标,在"通过教育实现进步"国家资格倡议的政策框架下,德国联邦和各州政府推出了一系列教育发展的支持项目,并对已有的教育改革行动进行了整合和加强。这些政策措施和改革行动旨在增加教育机会、促进机会均等,保障更多青少年和儿童能够获得好的教育机会、资格文凭和就业机会;同时也是为了应对新的社会挑战,促进多元文化和社会融合,在全球化的视野下提升教育质量,面向未来增强德国的教育竞争力。

一、发展更多机会、更加公平的教育

1. 发展学前教育,保障起点公平

"更好的教育起点"是《德累斯顿决议》提出的核心目标之一。只有让儿童在早期教育阶段得到足够的教育发展和教育支持,才能保障他们在进入学校系统之后,能够获得更加平等的、充分的教育发展机会。增加早期教育的投入和提升早期教育和学前教育师资质量是实现这一目标的重要保障。而对那些因种种原因面临教育劣势的儿童而言,专业的早期语言发展支持对于他们进入学校系统

---

〔1〕 Statistisches Bundesamt, Bildungsausgaben-Budget für Bildung, Forschung und Wissenschaft 2011/2012 [R].

之后的个体成长和教育参与而言具有关键的影响意义，这也成为德国当前学前教育发展的重要目标。

(1) 保障1岁以上幼儿获得照管

为解决德国长期以来面临的托儿所(Kita)学位紧缺、排位时间长的问题，默克尔政府于2013年推出一项新的家庭福利政策：通过《儿童与青少年救助法》相关条款的修订，从2013年的8月1日起，德国所有年满一周岁的幼儿都有法定权利获得托儿所学位。为此，联邦政府到2014年共向联邦州提供了54亿欧元支持用于相应的幼儿照管设施扩建和托儿所经营补助。未来，联邦州每年将从联邦政府获得8.45亿欧元的经费支持用于托儿所和幼儿日间护理设施。这一政策将德国学前教育保障对象的年龄范围由过去的3岁至入学提早到1岁以上。目前，德国幼儿入托和入园的比例在发达国家中处于较高水平。2013年，德国3岁儿童入园率达到88.6%，高于OECD国家平均70%的水平。[1]

(2) 加强幼儿和学前教育师资建设

充足和高质量的师资和保育人员是学前教育发展和质量提升的必要保障。2015年1月1日，德国联邦政府与博世基金会共同支持的"早教专业人员继续教育计划"(WiFF)正式启动。这一为期三年的继续教育项目由德国青少年研究所(Deutsche Jugendinstitut)具体组织执行，通过专门的线上教育平台，为早期教育教师提供专业性的知识学习支持，并组织线下的专题科研、学术出版、政策讨论和教育实践互动，以促进能力导向的继续教育，促进德国学前教育参与人员的专业化水平。[2]

(3) 促进儿童语言发展

2013年9月1日，德国启动了一项为期五年的全国儿童语言发展促进项目——"通过语言和书写进行教育"(Bildung durch Sprache und Schrift, 简称BiSS)。这一全国范围内儿童语言发展项目由联邦教育与科研部(BMBF)，联邦家庭事务、老年、妇女和青年部(BMFSFJ)，各州文化部长会议(KMK)以及各州

---

〔1〕 KMK, GWK. Aufstieg durch Bildung: Die Qualifizierungsinitiative für Deutschland, Bricht zur Umsetzung[R]. Berlin, Bonn: 2014: 12.

〔2〕 项目网站 http: //www. weiterbildungsinitiative. de/.

家庭部长会议(JFMK)共同发起,其主要内容是对各个联邦州所有关于儿童和青少年语言发展、语言诊断和阅读能力的项目的成效性进行科学检验,并促进其继续发展,从而提高语言诊断、干预和促进的科学性,以及评价标准的一致性。

BiSS项目框架涵盖全国范围内的102个BiSS语言发展联盟。这些联盟由各地的幼儿园、小学及中学组成,每个联盟包括多所同一教育层次的幼儿园或学校,采用一致的模块化的语言教育和语言支持方案,并进行经验交流。同时,项目还建设了一个线上资源平台提供语言促进、语言诊断相关材料和工具。各地的教育研究机构作为项目的专家团队对本地的BiSS联盟提供咨询和学术支持,并对联盟采用的教育模块的效果进行评估和检验,同时针对联盟教学实践中的问题开展跟踪研究,并开发新的语言发展工具和教学方案。[1] 自2013年9月项目启动开始,联邦和州每年将为项目支持430万欧元。此外,联邦政府还专门出资4亿欧元,用于支持全国4 000多所幼儿园实施一项儿童早期日常语言系统发展项目,以帮助那些来自语言环境较弱家庭的儿童更好地学习语言,为未来进入学校打下良好基础。[2]

2. 提升学业完成率,促进青少年的职业教育参与

《德累斯顿决议》提出的"通过教育实现进步"首先的目标是保障所有个体的受教育机会,让他们的教育发展"不再由个人的出身决定",因而如何予以那些可能因为家庭和社会背景而处于教育劣势的儿童和青少年以更多教育支持成为当前德国教育政策的焦点。同时,在德国教育政策制定者看来,无论选择何种教育轨道,青少年都应当能够在一个学业阶段结束的同时获得进入下一个教育培训阶段的途径(jeder Abschluss mit Anschluss),直至获得就业能力和就业机会,这也是"通过教育实现进步"的重要内涵。促进青少年职业教育参与重要的是保障那些学习困难的青少年完成最基本的学校教育,获得进入职业教育培训的资格、机会乃至职业培训过程中的引导和帮助,以实现每一个青少年在走向社会时都拥有职业能力和就业资格。

---

〔1〕 项目网站 http://www.biss-sprachbildung.de/.

〔2〕 KMK, GWK. Aufstieg durch Bildung: Die Qualifizierungsinitiative für Deutschland, Bricht zur Umsetzung[R]. Berlin, Bonn: 2014: 12.

(1) 为“教育贫困”学生提供校外成长机会

“教育贫困”是当前德国社会面临的一大挑战，在德国大约有400万18岁以下的儿童和青少年面临着至少一项来自社会、经济或文化方面的可能损害其受教育机会的风险，这一数字占到了所有18岁以下人口的约四分之一。为了应对这一挑战，德国联邦教育科研部自2013年开始实施一项名为“文化的力量——校外教育联盟”的计划，旨在整合学校之外的社会文教资源，对各类承担教育功能的文化、艺术团体、组织进行专项资助，为那些处于弱势地位的少年儿童提供更广泛的校外学习成长机会。该项目的评选工作于2012年启动，各州共有163个校外教育团体或组织参与评选，有35个团体获得资助资格。从2013年至2018年的五年间，这些团体将获得总共2 300万欧元的资助。每一个获得资助的团体都要联合本地至少两个相关的文化教育机构或组织，为本地儿童和青少年提供丰富的文化教育活动。

(2) 建设全日制学校延长在校学习时间

在2003年以前，德国中小学中有超过九成的学校为半日制学校，即学生只有半天时间在校学习。在2001年PISA测试结果引发的关于德国教育问题的大讨论中，半日制学校被普遍认为是造成的德国学生学业成绩表现不佳的原因之一。除了教学时间不足的问题之外，半日制也加重了家庭的教育和照管负担，而对于那些来自移民家庭、低收入家庭或问题家庭的少年儿童而言，他们很难在学校教育之外获得足够的教育教养、文化活动机会以及语言训练的支持。因而2003年德国联邦政府与各州政府达成一致，启动了“未来教育与关怀”(Zukunft Bildung und Betreuung)计划，共同拨款用于兴建全日制学校，以此提高中小学教学水平，为学生提供更多在校学习和参加文化活动的时间。

2003—2009年，通过“未来教育与关怀”项目，德国联邦和州政府总共投入40亿欧元，兴建了8 200余所全日制中小学。此后，联邦教育部继续通过“全日制学习”协作项目每年投入430万欧元用于支持建设全日制学校，同时又在2012—2015年间总共投入600万欧元用于全日制学校发展的专门研究项目。目前对于全日制学校的评估研究证明，全日制学校在促进教育公平、提升教育质量和减轻家庭负担方面取得了显著的成绩。

(3)“教育链”联通学校教育与职业培训

如本章第一节所述，青少年学业中断和青年失业是德国教育系统当前面临的一大问题，失学和失业的青少年或者因学业成绩不佳无法获得毕业文凭，或者因为没有好的职业定位和职业准备而难以进入职业教育系统，找不到合适的培训岗位，或者进入职业培训系统却又因兴趣、能力和适应的问题无法顺利完成和获得职业资格。这无论对学生个人还是对企业和社会而言都是一大挑战。

德国联邦和州政府、劳动就业部门、职业教育学校以及企业、行业协会一直以来都非常重视引导青少年进行职业选择、鼓励他们参加职业培训。但在过去，这些不同的部门、机构和组织之间对学生职业定位和职业培训的支持性措施相对独立，各自进行，而且对学生的职业引导难以落实到个体化的层面。

为此，德国联邦教育与科研部(BMBF)与劳动与社会事务部(BMAS)共同发起了一项名为“毕业和联通——通向职业资格的教育链”的职业发展和职业教育促进计划。这一计划旨在将现有的各种学生职业引导项目结合起来，把普通学校教育和职业教育更好地连接起来，在学校教育阶段就开始对学生进行个体化的专门职业定位支持，帮助他们一离开学校就能找到合适的职业教育培训岗位并最终顺利完成职业培训获得职业资格。这一项目面向全国所有在校中学生，主要包括以下几个环节：

“职业潜能分析”：作为“教育链”的第一个环节，职业潜能分析面向德国所有七、八年级的在校学生。一些联邦州有各自的学生职业潜能分析项目，联邦教育科研部(BMBF)也公布了相应的质量标准和操作手册供学校参考。职业潜能分析的主要方式是，由受过专门训练的教师通过组织学生进行手工活动、合作项目等观察学生的各项能力，并与学生进行一对一的咨询谈话，结合学生的兴趣、家庭和社会背景等因素对学生的职业潜能从“方法论能力”“个性能力”和“社会能力”三个方面进行分析，帮助学生对未来适合的职业类型进行初步定位。

“职业定向”：开始于八年级的职业定向是“教育链”的第二个环节，旨在通过帮助学生深入接触职业实践来确定未来职业培训的意向。职业定向的具体措施有很多，例如企业参观，生产实习，职业生涯模拟、职业教育夏令营等。各州对于本州学生的职业定向各有具体的措施安排。在联邦层面，联邦教育科研部在

2008 年启动了“在跨企业和可比较的职业教育设施进行职业定向”的专门计划，目前已经在全国资助了 1 000 多个“职业定向设施”项目。

“职业起步引导”:职业起步引导针对的是那些学业困难或对职业定向和职业培训选择有特殊需求的学生，由“职业起步导师”在这些学生从考取毕业文凭、职业定向、实习参与到职业培训岗位申请，直至完成第一年的职业培训的全过程中进行指导。职业起步导师均来自普通学校或职业教育、社会教育机构，具备专业的教育学、青少年工作知识和一定的职业技能经验。2014—2020 年，联邦政府将为职业起步引导提供 10.5 亿欧元的财政支持，其中 5.3 亿资金来自联邦劳动与社会事务部的欧洲社会基金(ESF)和联邦劳动局。职业定向和职业起步引导已经被写入《联邦职业促进法》的相关条款，由学校和各地劳动局、职业教育机构共同执行。

“职业选择护照”:职业选择护照是为每一个计划参加职业教育的学生准备的信息引导手册和个人档案。护照分为职业定向、职业申请、个人档案和生活规划指导等几个部分，内容既包括在选择和进入职业培训每个阶段所应完成的事项的具体说明，也有供学生进行规划、自我能力分析和代办事项检查等的参考模板和填写框架。无论是进行个人职业潜能分析、职业定向，还是申请具体的职业教育培训岗位，甚至开始职业培训时的生活准备等，这本护照中都给出了具体的操作建议和流程指导。这能够帮助学生完成职业选择和职业培训申请的过程，也有助于他们更好地进行生涯规划和个体反思。对于家长而言，职业选择护照有助于他们更好地了解和参与子女职业选择过程。对教师而言，护照是指导学生进行职业定向的很好的参考。对于实训企业而言，护照中对于申请人职业潜能的分析和对已参加过的职业实践活动的记录等能够让他们对申请人有更加全面的了解。[1]

学校教育与职业培训中间过渡期的支持措施。那些已经从中学初级阶段毕业但暂时没有找到合适的职业培训岗位的青少年是“教育链”计划支持的重点的对象。为了帮助毕业生尽快找到合适的培训岗位，联邦劳动局联合职业教育机

---

〔1〕 项目网站 http://www.bildungsketten.de/de/1570.php.

构实施了若干项帮助毕业生在过渡期进行职业实习和实践能力训练的措施，其最终目的是帮助学生顺利找到职业培养岗位，进入职业培训系统。这些措施包括已经写入《就业促进法》的"入职进修"(Einstiegsqualifizierung，简称 EQ)和"培训陪同帮助"(Ausbildungsbegleitende Hilfen，简称 abH)。入职进修是由联邦劳动局支持的一项 6～12 个月的长期实习项目，学生通过在企业中进行实践学生获得相关职业的基本知识，以便能够成功申请到正式的职业培训岗位。培训陪同帮助是由联邦劳动局委托的教育培训机构对接受职业教育的青少年在其参加培训的全程予以专业知识、技能和心理方面的辅导和支持，其目标是帮助受训学生，特别是那些学习困难学生顺利完成培训并获得职业资格。除此之外，各州的职业教育学校对于那些处于过渡期的青少年也各种各样的培训和支持项目，以帮助他们获得中学初级阶段毕业文凭，积累职业知识和技能或者申请培训岗位。[1]

专家志愿辅导：2008 年，由专业人士和管理人员构成志愿者组织"高级专家服务"(Senior Experten Service)与德国多家工商业协会联合启动了一项名为"预防培训中断"的志愿者服务计划。提供这项志愿者服务的主要是各个行业具有专业知识或管理经验的退休人员，他们为那些在职业培训中遭遇困难或想要中断的青少年提供一对一的义务辅导和帮助，包括解答专业问题，陪同进行职业技术实习，提供考前辅导等等。职业培训学员，他们的父母、培训企业、行业协会的职业教育负责人等都可以向"高级专家服务"组织申请这项志愿服务。截至 2014 年，已经有 4 000 多名青少年获得了志愿辅导，他们当中的大部分人已经顺利完成的职业培训。目前，这一项目已经被纳入联邦教育科研部的"教育链"计划之中。[2]

(4) 创造更多职业培训岗位

保障和增加职业教育培训岗位是德国解决青年失业问题、促进青少年的职业教育参与的关键。2004 年，德国联邦教育科研部、经济部、劳动与社会事务

---

〔1〕 http://www.bildungsketten.de/de/1569.php.
〔2〕 项目网站 http://vera.ses-bonn.de/.

部、联邦就业局与德国工业协会、商会、手工业协会以及自由职业者协会共同签署了《职业培训和技能人才发展国家公约》，公约的根本目标是确保德国所有希望接受职业教育并且有能力接受职业教育的青年人都能获得职业教育机会。公约规定了相关政府部门、公共机构和企业界的责任和义务——政府将提供政策和资金支持，而企业界则在公约中承诺了每年所提供职业教育学习岗位的最低数量。2010 年开始，公约的内容得到进一步拓展，支持的重点向来自移民家庭、经济困难家庭的学生和存在学习障碍、身体残疾等特殊学生群体倾斜。新一期公约承诺，全国每年至少新增 60 000 个双元制职业教育培训岗位和 30 000 家提供岗位的企业。2011—2014 年，德国每年新增加的双元制职业教育岗位和提供培训岗位的企业数量都大大超过了公约中提出的目标。2014 年，国家公约更名为"职业教育和继续教育联盟"，联盟承诺 2015 年将在 2014 年的基础上再增加 2 万个职业教育岗位，同时联盟成员企业和行业协会每年将向八年级在校生提供 50 万个职业定向实习岗位，向那些学业困难或职业培训选择有特殊需求的学生提供 2 万个职业起步实习岗位。目前，联盟项目计划实施到 2018 年。[1]

3. 提高教育体系的流动性和渗透性

在过去近半个世纪中，分轨制教育结构的诸多问题一直是德国基础教育改革政策的核心议题。20 世纪六七十年代一度兴起的综合中学运动最终被证明并没有实现其推进教育民主化的最初目标，而是逐渐被融入原有的分流结构之中（详见本书第八章）。近年来，德国的教育政策界始终没有停止对于分流制弊端的反思及其积极意义的讨论，尽管依然存在激烈的争论和不同意见，但是在现有结构的基础上通过具体制度的建设加强不同教育轨道之间的流动性、渗透性，增加学生在各个教育阶段进行选择和二次选择的可能性，特别是进一步增加非文理中学毕业生的高等教育入学机会，已经成为当前德国基础教育结构性改革的基本走向。

一方面，近年来各州撤并主科中学的趋势持续发展，并持续尝试建立各类新型综合中学。2012—2013 年，全德国主科中学数量从 5 387 所下降到 3 193 所，

---

〔1〕 联邦教育科研部. http://www.bmbf.de/de/2295.php.

十年之中减少了42%。[1] 除了主科中学并入实科中学之外，一些联邦州在近年的基础教育改革中逐步将主科中学和实科中学的学制结构融合到各类新的多轨制学校中，例如萨克森州的“中等学校”(Mittelschule)，图林根州的“普通中学”(Regelschule)，不莱梅州和萨克森-安哈尔特州的“二级学校”(Sekundarschule)，黑森州的“主体-实科联合学校”(Verbundene Haupt-und Realschule)，梅克伦堡-前波莫瑞州和石勒苏益格-荷尔斯泰因的“地区学校”(Regionalschule)等，柏林的一体化中学(Integrierten Sekundarschule)等。尽管这些学校具体的结构各有差异，但基本上都是通过在一种学校类型中，提供多种不同的课程系统和毕业证书，增加学生学业和职业发展选择的机会和可能性。统计数据也显示。

另一方面，各州也通过多种方式拓展中学高级阶段非文理中学的学生继续学习进而获得高等教育入学资格的机会。非文理中学的学生除了成绩达到一定标准可以转入文理中学就读之外，他们也可以通过在职业教育系统中的职业专科学校(Berufsfach-schule)和专科高级学校(Fachober-schule)完成一定课程要求和职业训练要求后获得“高等专科学校入学资格”(Fachhochschulreife)，进而申请进入高等专科学校(也译作应用科学大学)接受高等教育。或者通过在职业高级学校(Berufs-oberschule)、职业文理中学(Berufliches Gymnasium)和综合中学等完成更高要求的有专业重点的课程学习和专业/职业训练项目后，获得限定专业的高校入学资格(fachgebundenen Hochschulreife)，进入普通综合性大学或高等专科学校的特定专业学习。这些措施大大拓展了非文理中学毕业生进入高等教育的机会，既能够促进教育公平、教育参与和机会均等，也有利于在整体上提升德国的劳动力人才结构。2012年，在所有获得高校入学资格的学生中，有39.1%的学生毕业于普通文理中学之外的学校类型，而德国所有高等教育入学资格获得者占年龄组人口的比例已经从1992年的31%提高到2012年的53.5%。[2]

---

[1] Statista. Anzahl der Hauptschulen in Deutschland von 2002 bis 2013[DB/OL]. [2015-03-23]. http://de.statista.com/statistik/daten/studie/235849/umfrage/hauptschulen-in-deutschland/.

[2] KMK, GWK. Aufstieg durch Bildung: Die Qualifizierungsinitiative für Deutschland, Bricht zur Umsetzung[R]. Berlin, Bonn: 2014: 26.

二、教育促进多元文化和社会融合

"教育共和国"意味着社会所有个体的教育参与和教育发展，不仅是所有家庭出身和所有社会背景的个体，也应当包括不同种族、不同宗教信仰的个体，以及那些身体有缺陷的个体。在整个欧洲都面临严峻的移民问题的今天，德国在教育政策中将移民背景的儿童和青少年的教育发展置于重要位置，不仅是促进教育参与和机会均等的需要，也对于社会融合和文化建构具有重要意义。全纳教育则是新的时代背景下现代民主国家对于公民受教育权和发展权的新的承诺，也对学校教育的内涵、形式和师资培养的标准提出新的要求，这也成为德国当前教育政策讨论的重要内容。

1. 促进移民家庭的教育融合

促进移民背景儿童和青少年的的教育参与、扩大他们的教育机会和提升他们的学业水平成为当前德国基础教育政策的一项核心议题。这既是德国全面促进公平和机会均等的重要内容，也是提升德国基础教育总体质量和国际竞争力的必然要求，更是德国在新的时代背景下促进社会文化融合和长期繁荣稳定发展的基本保障。

2007 年，德国联邦和州政府共同启动了《国家融合计划》(NIP)以促进移民的教育、社会、经济和文化融合。2011 年，该计划被扩展为《国家融合行动计划》(NAP-I)，包括了早期教育、教育-培训-继续教育、语言融合课程、体育运动、公民参与、文化、媒体、劳动力市场和就业、健康与护理、移民参与公共服务部门、社区融合一共 11 个行动领域的多项具体措施。[1] 这其中的很多措施都涉及基础教育领域，前文已经介绍过的促进儿童语言发展和幼儿照管的措施、全日制学校的扩建、校外文化课程建设和职业教育链等多项计划都将移民背景的儿童和青少年作为重点的支持对象，属于国家融合行动计划框架的内容。

除此之外，联邦和州还推出了多项旨在促进移民背景儿童和青少年个人发展和社会融合的政策措施。在促进语言发展方面，除了前文所说的儿童语言促进项目之外，政策部门也认为移民儿童的父母特别是母亲的语言能力对于儿童

---

〔1〕 BMBF. Intergration durch Bildung[EB/OL]. http://www.bmbf.de/de/15624.php.

的德语学习也具有重要的影响。因此，近年来联邦和州政府与语言培训机构、国民学校进行合作，开设专门针对移民父母或女性移民的廉价德语课程，由联邦移民和难民局制定了统一的课程方案，每一位移民儿童父母可以参加最多 960 个课时的专门移民语言课程。

与一般的语言课程不同，专门为移民儿童父母开设的德语课程上会将德国学校体系的相关信息，如学校类型、结构、教学特色、学生学业和职业发展等融合到语言课程当中，让父母在提高语言能力的同时也增加了对德国教育系统的了解，提高了参与子女教育和学校事务的能力。这类课程受到移民家庭广泛的欢迎，2005 年至 2013 年间，德国全国已经开设了至少6 900项移民父母课程，吸引了超过 10 万名父母参加。

除了德语能力的学习之外，移民背景的儿童和青少年的母语能力发展在德国也同样受到重视。教育部门认为，移民背景学生的母语作为其多语言能力的一部分，应当与德语水平获得同样的发展，这将对他们未来的学习、就业和生活带来积极的影响，也是德国强调的学生跨文化能力建设和社会多元文化发展的重要因素。因而，很多学校、特别那些移民背景学生比例较高的学校，都开设了移民学生母语课程作为学生的选修课，如土耳其语、东欧各国语言、日语、汉语等。与此同时，各联邦州的教师教育机构也相应开设了教师培训课程和资格认证制度，以促进相关语言教师培训和继续教育。

此外，在德国近几年的移民问题讨论中，政府、媒体、学术界和教育界越来越多地认识到，移民融合不仅是一个移民及其子女单向地融入德国社会和德国文化的过程；作为占德国社会比重越来越大的一个群体，移民也在改变着德国社会和文化的面貌，移民文化已经成为德国社会文化建构的一个部分。促进多元文化的和谐发展，提高公民跨文化和跨宗教的理解力成为德国各级教育发展的一项重要目标。本书第四章中所介绍的中小学跨文化教学的发展就是德国以教育促进多元文化融合的重要手段。而在德国众多的外来移民中，伊斯兰教背景的移民占比最多，德国全国的伊斯兰教信徒占德国总人口的比例已经达到约 5%。因而在移民的教育和文化融合上，德国尤其重视伊斯兰教家庭子女的教育融合和对伊斯兰文化的研究。一些州已经开始在中学中开设伊斯兰教课程，不仅向伊斯兰教家庭背景的学生讲授相关知识，也面向所有的非移民背景的学生，通过介绍伊斯兰宗教文化的相关知识，增强所有学生的跨文化和跨宗教的理解力。联邦州府也投入了大量的经费，支持高校的伊斯兰文化研究以及伊斯兰宗教课程教师的教育和继续教育。

2. 建立全纳教育体系

相比于其他很多发达国家，全纳教育(Inclusive Education)在德国的起步相对较晚。2010 年之前，德国大约只有 20%有特殊教育需求的学生被纳入普通学校系统接受教育，而那些在特殊学校学习的学生则有超过 75%的人最终无法完成义务教育，德国目前也尚没有制定完成涉及人员、课程、设备、场地的全纳教育标准。2010 年 6 月，德国各州文教部部长会议(KMK)颁布了《有关在学校教育中实施联合国 2006 年 12 月 13 日通过的残疾人权利公约中的教育与权利的建议》，正式承诺德国所有联邦州将在普通学校体系中实施全纳教育。2011 年 10 月，文教部长会议又颁布了《在学校中对残疾儿童和青少年进行全纳教育的建议》，提出了全纳教育的目标、实施框架、基本原则、教师专业化发展以及社会合作方式等，为德国全面实施全纳教育制定了基本的方针。

2013 年 6 月，德国召开了首次国家全纳教育会议，联邦州府、各州政府、残疾人协会组织、教育部门和社会服务部门的代表参加了此次会议并共同制定了各方就全纳教育开展合作、交流经验和共享资源的行动框架和若干重点行动领域。到 2015 年初，德国部分联邦州已经对学校法进行了修改，将全纳教育的实施纳入学校法的相关条款中，其他州也在进行相关法律修订的准备。

全纳教育体系在德国的建立面临具体标准制定、课程设计、硬件设施的建设等多项任务，而师资建设则是其中最为重要的一项。根据 2013 年初贝塔斯曼基金会的报告《为德国全纳教育体系增加投入》，未来 10 年德国需要至少 9 300 名教师专门从事全纳教育工作。同时，全纳教育在普通中小学校的实施也要求所有的教师都能具备一定的从事全纳教育工作的专业知识和能力。因此，2013 年和 2014 年，文教部长会议(KMK)分别对教师教育的标准性文件《各州统一的教师教育学科专业和学科教学法的内容要求》和《教师教育标准：教育科学》进行了修订和补充，将“全纳教育的教育学和教学法基本标准以及相关的教学诊断”作为所有类型学校和所有学科教师教育的必要的专业内容写入教师教育标准，这为下一步各个高校和各州教师培训机构在教师教育和教师继续教育中引入全纳教育的方法、标准，促进专业化的全纳教育教师发展奠定了基础。

2015年3月，各州文教部长会议和德国高校校长会议(Hochschulrektorenkonferenz, HRK)联合颁布了“面向多样化学校的教师教育”的政策建议，对在高校教师教育课程、教师继续教育项目以及学校领导力建设项目中加强全纳教育理论、方法和实践内容的教学给出了若干建议。[1]

全纳教育在德国不仅被纳入普通学校体系，也是职业教育系统当前的发展目标。2011年，联邦和州共同启动了“全纳倡议”(Initiative Inklusion)，由联邦和各州劳动与社会事务部、联邦劳动局、各商会、社会保障和残障人士服务机构等共同合作，支持和促进更多残疾人的正常劳动就业。[2] 该倡议非常重要的一项目标就是增加对那些严重残疾或由其他特殊教育需求的学生予以更多有针对性的职业定向支持，包括个体化的咨询服务等，同时与各行业协会、商会和企业合作，为中学残疾毕业生创造更多职业培训岗位，促进他们的就业机会和职业发展。

到2014年，联邦政府已经从联邦平准基金中支出8 000万欧元用于这一倡议计划的实施，并计划到2018年再向该倡议投入1.4亿欧元的经费。同时，联邦政府还推动了《联邦就业促进法》第48条“职业定向措施”内容的修订，专门加入了“在职业定向措施中应当对那些有特殊教育需求和严重残疾的学生的予以专门的考虑”的条款，为后续相关措施的出台和各个部门的行动规定了法律框架。

三、面向未来、面向世界提升基础教育质量

1. 发展数学-信息-科学-技术专业(MINT)教育

在科学技术迅猛发展和全球竞争异常激烈的今年，数学、信息、科学和技术

---

〔1〕 KMK, HRK. Lehrerbildung für eine Schule der Vielfalt: Gemeinsame Empfehlung von Hochschulrektorenkonferenz und Kultusministerkonferenz[R]. Bonn: 2015.

〔2〕 Bundesministerium für Arbeit und Soziales. Initiative Inklusion: Maßnahmen zur Förderung der Teihabe schwerbehinderter Menschen am Arbeitsleben auf dem allgemeinen Arbeitsmark[R]. Bonn: 2015.

专业(德国称为 MINT 专业,即英语中的 STEM 专业)人才被各国视为提升国家竞争力的关键要素。在德国,加强 MINT 专业的人才培养被写入 2008 年的《德累斯顿决议》,成为国家教育优先发展战略的重要内容。

MINT 专业人才培养涉及基础教育、职业教育、高等教育和科研人才培养的众多方面。对于基础教育阶段而言,发展 MINT 专业教育一方面是要加强相关学科的基础知识教学,另一方面则是在中小学阶段培养学生对于 MINT 专业的兴趣以及未来从事相关专业工作的志向。在德国,2000 年以来联邦和各州政府陆续出台了多项旨在推动 MINT 专业教育和相关人才培养的政策措施,大学和科研机构、社会教育机构、企业、基金会等各类机构和组织也都在开展各种专题的教育和宣传活动,以提升社会和家庭对于 MINT 专业教育的重视,提升儿童和青少年对于数学、自然科学和技术的兴趣和知识素养,扩大高校相关专业的培养规模,吸引更多的年轻人投身 MINT 领域的学习和科研,并从事相关专业工作。

(1) 加强中小学 MINT 专业教学

早在 1998 年到 2003 年期间,在前联邦与州教育规划与研究促进委员会(BLK)的发起下,德国 15 个联邦州各选择了至少 6 所中学,进行了有关"在学校教育中提高数学-科学-技术教学成效"的试点项目(SINUS)。基于这一试点项目的成功经验,2003/04 学年开始,SINUS 项目开始在各个联邦州的中学教育中广泛实施,SINUS 项目是一个由德国多家教学研究机构的课程教学专家进行设计、试点学校教师参与实践和改进而形成了一套教学改进方案,其核心内容是涵盖数学-科学-技术所有科目的 11 个模块的教学提升方案,包括:"数学-科学课程任务文化的发展""从错误中学习""以理解性学习保障基础知识""能力导向的累积性学习"和"跨学科教学",等等。对于每一个模块,SINUS 项目的设计者都给出了核心教学原则和成功的实践案例供教师参考。2005 年开始,很多州也开始在小学教学中实施 SINUS 项目提出的教学改进方案。[1]

---

〔1〕 KMK. Aktivitäten der Länder zur Weiterentwicklung des mathematisch-naturwissenschaftlichen Unterrichts[R]. Bonn: 2005.

2002—2004 年,文教部长会议(KMK)先后对数学、物理、化学、生物和信息技术的"高级中学毕业考试统一要求"(die Einheitliche Prüfungsanforderungen in der Abiturprüfung, EPA)的内容进行了修订,更加强调各学科整体性教育目标的实现和知识应用能力的考察。例如,数学学科的高级中学毕业考试统一要求中强调,数学不仅应当被视为一门"规范的科学"(Formalwissenschaft),还应当被作为"对现象进行理性解释的思维模式的存储池"和"根本性的问题解决能力思维的演练场",因而数学教学应当特别重视数学能力的培养。在此基础上,2005 年以来,各州分别制定了更加细化的高级中学毕业考试要求,并将其贯彻到文理中学的课程设置和日常教学之中。

2009 年,文教部长会议(KMK)又颁布了《关于加强数学-自然科学-技术教育的建议》,进一步明确了 MINT 专业学习对于社会经济和科技发展、国家竞争力提升以及个人职业发展的重要意义,提出了从学前教育到高等教育的各个学段的教育教学、教师专业发展、课程内容建设、学校发展、跨机构合作等各方面促进 MINT 专业教育的多项建议措施。例如强调在小学教学中,应当在常识课的教学中将学生的实际生活经验与自然科学-技术知识进行系统地联系;在中学五、六年级的定向阶段至少安排 3 个周学时的自然科学-技术综合课;增加 MINT 领域跨学科的教学尝试;而在课程之外,学校也应当开展能力导向的科学素养的教育项目和学生活动。[1]

(2) 在学前教育阶段促进儿童科学素养培养

文教部长会议(KMK)在 2009 年《关于加强数学-自然科学-技术教育的建议》中也提出,数学和科学素养的教育在幼儿早期启蒙和学前教育阶段就应当展开。幼儿园应当系统地将数学和科学的启蒙纳入儿童的日常教育之中,帮助儿童建立对于自然科学、数学和技术的基本经验,促进他们手工技能的发展,引导他们有针对性地观察和认识自然现象,为进入学校系统后的 STEM 专业知识学习典型兴趣和认知基础。

[1] KMK. Empfehlung der Kultusministerkonferenz zur Stärkung der Mathematisch-naturwissenschaftlich-technischen Bildung[R]. Bonn: 2009.

2006年,联邦教育科研部在亥姆霍兹国家研究中心联合会、西门子基金会、沃尔斯堡汽车城、德国电信基金会和迪特马·霍普基金会等机构的资助和支持下,成立了以促进学前儿童和小学生科学素养发展为宗旨的“小小研究者之家”(Haus der kleinen Forscher)基金会,在全国范围内,组织开展幼儿园和小学数学-科学-技术教育的专家咨询、实践指导、教师继续教育培训和资格认证工作,联合企业、科研机构等组织建立地方科学教育网络,同时为幼儿园和学校提供科学教育的素材、实验资源,帮助幼儿园和小学加强相关软硬件和师资建设,成为真正有利于儿童进行科学探索的“小小科学家之家”。

其中,教师的MINT教育继续教育项目是基金会当前最重要的工作之一,基金会组织教育专家开发针对幼儿和儿童的科学教育理论和教学法培训项目,通过教师培训提高他们启发儿童的科学探索兴趣、引导儿童进行科学探索和研究尝试的能力,并通过认证机制促进教师科学教育专业能力的成长。“小小研究者之家”目前是德国最大的早期教育促进项目,并计划在未来几年将其服务覆盖到全国80%的学前教育机构。

(3) 支持青少年科学竞赛活动

为了鼓励青少年科学兴趣、素养和科学能力的发展,德国同样鼓励各类以青少年为参赛对象的科学竞赛活动。其中最为我们所熟悉的当然是国际青少年科学奥利匹克竞赛活动的各项赛事。目前,德国每年都组队参加国际青少年科学奥林匹克竞赛的数学、生物、化学和物理四项赛事,并为此每年在全国范围内按年龄分组开展选拔赛。此外,在德国比较重要的青少年科学赛事还包括已有40多年历史的德国数学竞赛,旨在鼓励青少年科研创意和科技发明的青少年科研竞赛(Jugend forscht)、联邦信息科学竞赛计算机科学和鼓励青少年在微电子领域进行探索的“投资芯片”(Invest a Chip)竞赛活动。

总体来看,德国的这些青少年科学竞赛活动基本都是每年举行一次,涵盖了数学、科学和技术的各个领域,面向10岁以上的各个年龄组的青少年,并且具有广泛的参与性,所有感兴趣的青少年都可以参加。对于全国性的青少年科学竞赛,联邦教育科研部、各大科研院所协会和众多高校、企业、基金会等都予以支持,很多竞赛活动都是科研院所和企业直接参与承办。德国教育界、舆论和家长对于对于青少年的科学竞赛活动普遍持肯定和支持的态度，认为这有助于促进青少年科学兴趣、素养和能力的培养和个人的全面发展，也有助于发现那些具有潜力的科学人才，并给予他们更多专业的发展支持。

(4) 鼓励更多女性青少年投身 MINT 专业

数学—科学—技术传统上被视为是由男性占领和主导的专业和职业领域，而这种社会偏见会在很大程度上影响女性青少年的专业和职业选择。让更多女性投身 MINT 专业的学习、研究和工作将有助于缓解这些领域人才紧缺的状况，这也是促进公平地教育参与和职业参与、促进社会个体实现更好发展的诉求。因而在德国当前的教育政策中，鼓励更多女性青少年对数学-科学-技术专业的兴趣，促进她们在这些领域的学业和职业发展成为一项重要的内容。

2008 年 6 月，德国联邦教育科研部发起了以“来做 MINT”(Komm mach MINT) 为口号的“促进女性参加数学—科学—技术工作国家公约”计划。这一计划以那些正面临中等教育向高等教育过渡或从高等教育向职场过渡的女性青少年，旨在向她们展现工程-自然科学领域工作的真实景象以及女性在其中的发展机会；鼓励更多女性青少年发展对自然科学和技术学业的兴趣；以及促进女性大学毕业生在技术企业和科研机构的就业和职业发展。

该国家公约的主要组织形式是一个广泛的联盟网络，联邦和地方政府部门如联邦和各地劳动局、公共机构、学术和科研单位、企业、行业协会、社会组织以及媒体等都可以作为合作伙伴加入该公约，并致力于公约目标的贯彻。目前已经有 190 个成员机构签署了该公约。

公约推动的核心工作是一个有关 MINT 职业发展、职业选择、专业介绍以及学业服务的各类项目的在线数据库系统的建设，以一个统一的信息平台向女性青少年提供在线专业和职业倾向测试、MINT 相关信息介绍、专业咨询和个人辅导的服务。[1] 公约的成员伙伴同时通过各类活动致力于这些项目在不同部门、地区和机构的贯彻实现。这一同样以“来做 MINT”为标题的在线数据库系统及其合作伙伴也会组织线下的主题活动，通过工作坊、个人专业和职业选择咨

〔1〕 公约主页. http://www.komm-mach-mint.de/.

询、企业参观与体验、与 MINT 领域杰出女性榜样交流等多种形式鼓励和支持女性青少年在科学和技术领域的学业及职业发展。目前,这一在线系统已经累计汇总了超过 1 000 项 MINT 项目。

图 10-2 德国总理默克尔参加"女孩未来日"活动[1]

由联邦教育科研部(BMBF)和联邦家庭、老年女性和青少年部(BMFSFJ)共同支持的"Girls' Day"(女孩未来日)[2]是这一国家公约项目中影响较大的一项活动(图 10-2)。这是一项全国范围内的面向五年级以上中学女生的开放日活动,每年举行一届。每年都会有众多政府机构部门、企业、高校、科研院所、公共部门在开放日期间向女生开放,并举办各类专题活动,让女生们了解和体验与自然科学和技术工程有关的各类工作。女生们可以到大学和企业的实验室观看和体验科学实验的工作流程,可以到机场了解航空和物流信息系统管理,到农场体验牧业生产加工,到汽车制造车间了解自动化生产等。

而作为曾经从事科学技术研究工作的杰出女性代表,德国总理默克尔和教育科研部长万卡等政府官员也多次参加开放日活动,与女学生们进行面对面的交流。除了帮助女生增进对于 MINT 领域的了解之外,这一开放日活动

〔1〕 德国联邦政府/Kugel 摄 http://www.bundesregierung.de/Content/DE/: Artikel/2015/04/2015-04-22-girlsday-kanzleramt.html.

〔2〕 活动主页. http://www.girls-day.de.

同时也让企业、高校、科研单位和公共机构有更多机会了解在校女中学生们对于科技工程类工作的兴趣、热情和技能，进而更好地促进女性在这些领域的就业和发展。开放日活动于2001年启动，到2014年已经累计有超过150万女生参加。

2．在全球化挑战中推动基础教育改革

全球化背景下的国际比较和竞争压力是新世纪以来德国基础教育改革发展的重要背景。新千年伊始，首次参加PISA测试的德国中学生“惨不忍睹”的成绩让一向为自己教育和科研系统感到骄傲的德国人陷入震惊，进而开始深刻反思德国教育系统中存在的问题，这也成为德国教育政策和教育改革走向的关键转折点。在此之后，建立能力导向的教育标准、加强系统的学业评估和提升学业质量成为近十几年德国基础教育改革的一个核心主题。

在全球一体化的今天，高等教育、科学研究乃至职业教育的国际交流、竞争与合作都早已经成为常态，但对于德国而言，其基础教育却直到以PISA为代表的大规模国际学生能力测评的广泛铺展，才以一种前所未有的方式被置于国际比较的视野和国际参考的框架之中。而清晰的、量化的测试结果和一目了然的国际排名带来的强烈冲击显然超过了以往教育界内部基于不同教育理念和利益诉求的政策拉锯，因而引发了长达十年的“PISA休克”并迅速推动了一系列大刀阔斧的改革。

在本书前面章节的论述中，我们已经了解到，德国在短短的十年时间内，推动了基础教育各学段和教师教育标准体系的制定，搭建起了多层次的学业评估框架和一整套教育质量监测工具。过去以分流制为代表的“输入控制”式的教育质量保障机制正在向结果导向和系统问责的“输出控制”转变（详见本书第六章）。这一趋势同样投射在德国的教育理论研究上，体现为由“教学”向“学习”，由理论向实证的范式转变（详见本书第四章）。从国际比较的视野来看，这种变化则是德国传统教育评价模式向盎格鲁-萨克森模式的靠拢，在一定程度上印证了新制度主义所预言的全球化下的教育制度的趋同。

短时间内，我们恐怕还无法对德国这一系列重大教育变革的长期影响给出定论,但 2003 年以来德国学生在 PISA 测试中的成绩不断提升,似乎已经在显现改革带来的成效。在德国国内,对 PISA 和新的教育质量监控框架的质疑和批评也一直存在,毕竟,任何教育问题都不仅仅是分数所展现出来的那样简单;教育的质量也难以像工业产品的质量那样完全依赖标准化的方式加以测量。但是,在任何国家都不可能置之度外的全球化的参考框架和竞争压力下,德国当下的改革无疑是一种应对挑战的积极回应。就像德国直接将 PISA、PIRLS 和 TIMSS 三大国际性学生学业评估测试作为国内教育质量监测框架的组成部分那样,面对国际测评的压力德国的应对不仅仅是被动地参加评估,而是主动地对国际测评的框架、理念、指标进行吸收,持续地研究,并加以改进和发展,在此基础上设计面向国内、面向不同学业层次并发挥不同功能的学业评估工具。

积极应对挑战、不断推动反思和改革是德国在全球化压力下推动教育发展的选择。正如对待全球化带来的另一结果——当前十分棘手的移民教育问题那样,德国的政策反思已经从过去单纯地希望移民儿童和移民家庭提高德语水平、融入德国教育体系和社会文化,发展为认识到移民的语言和文化本身也是全球化时代社会文化建构不可缺少的组成部分,因而支持移民母语学习、促进跨文化教学和多元文化发展,提高公民跨文化和跨宗教的理解力已经成为德国基础教育新的内涵。

更加重要的是,德国在应对全球化挑战和推动教育改革的过程中,并没有摒弃其固有的教育传统和文化内核。我们想用下面的这个例子来说明这一点并作为这本书的结束。2005 年,在德国启动被视为教育质量系统监测重要工具的"国家教育报告"项目(详见本书第六章第二节)时,其协调小组在有关该项工作整体构想的纲领性文件中将德国近现代教育的核心概念——"教育/教养"(Bildung)进行了重申和发展,用于说明教育报告工作的目标:

"教育报告不仅仅是用来提供有关制度化的教育产品的数据及其使用情况,而是用于全面地了解的人们的机会——他们获取文化传统和知识内容、发展个性的机会,他们自主安排个人和家庭生活的机会,他们胜任职业要求并积极参与社会生活和政治生活的机会。这正是‘教育’[1](Bildung)的本意所在。就此而言,教育是每个个体与其周边的社会环境共同创造的一个过程。而打开教育的道路,创造和维护正式和非正式的教育项目,提供人力和物质资源,设置强制性的教育目标,保障教育机构的质量是地方、州和联邦政府、商业机构及社会组织都应当承担的责任。”[2]

---

〔1〕 此处的教育德语原词为Bildung,即德国教育理论中的核心概念——“教养”,国家教育报告的德语为Bildungsbericht,此处就是对教育报告标题中的“教育”进行解释,以体现这份教育报告并没有背离“教养”的初衷。为了更加贴近汉语的理解,我们在本书中将其翻译为“教育报告”,而非“教养报告”。

〔2〕 Konsortium Bildungsberichterstattung. Gesamtkonzeption zur Bildungsberichterstattung in Deutschland [EB/OL]. 2005.

附 录

一、德国基础教育学制图

德国基础教育学制图见附图 1。

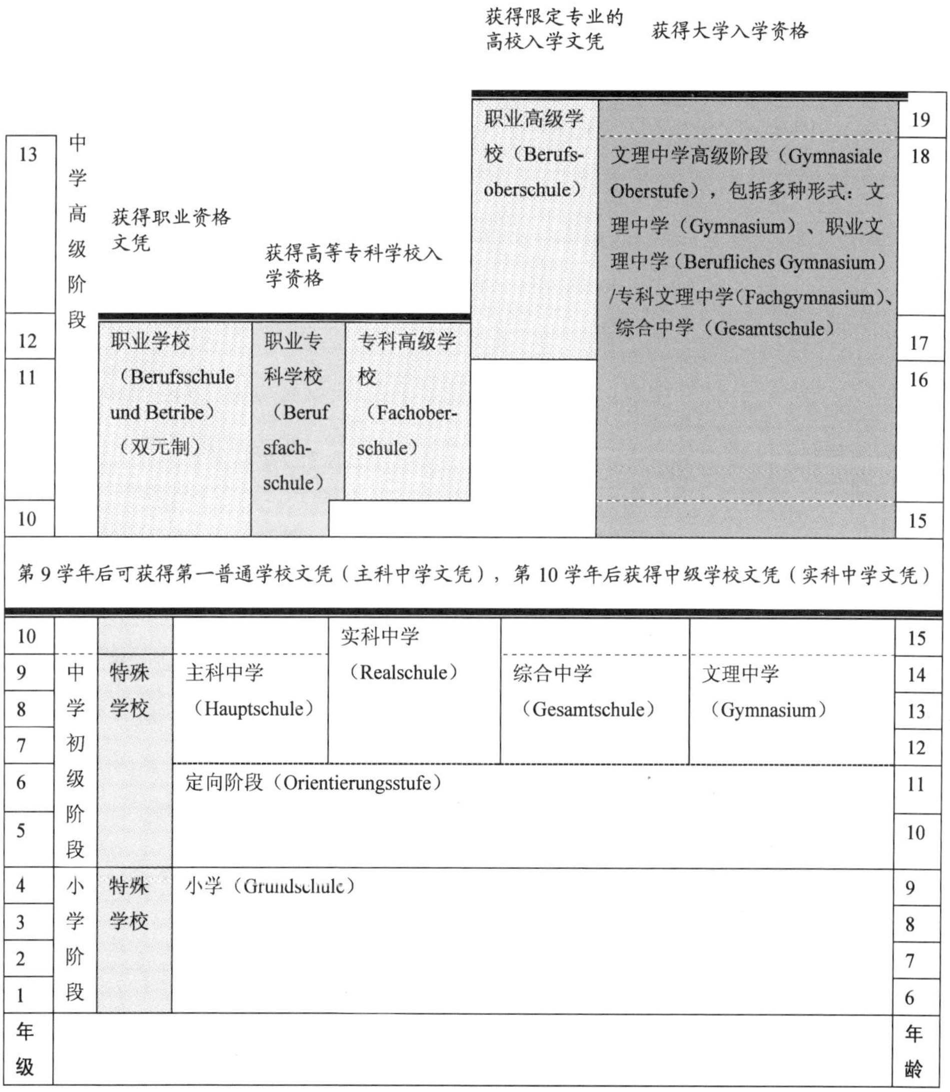

获得限定专业的高校入学文凭　获得大学入学资格

职业高级学校（Berufs-oberschule）

文理中学高级阶段（Gymnasiale Oberstufe），包括多种形式：文理中学（Gymnasium）、职业文理中学（Berufliches Gymnasium）/专科文理中学(Fachgymnasium)、综合中学（Gesamtschule）

中学高级阶段

获得职业资格文凭

获得高等专科学校入学资格

职业学校（Berufsschule und Betribe）（双元制）

职业专科学校（Berufsfachschule）

专科高级学校（Fachoberschule）

年级	年龄
13	19
	18
12	17
11	16
10	15

第 9 学年后可获得第一普通学校文凭（主科中学文凭），第 10 学年后获得中级学校文凭（实科中学文凭）

年级	阶段						年龄
10				实科中学（Realschule）			15
9	中学初级阶段	特殊学校	主科中学（Hauptschule）		综合中学（Gesamtschule）	文理中学（Gymnasium）	14
8							13
7							12
6			定向阶段（Orientierungsstufe）				11
5							10
4	小学阶段	特殊学校	小学（Grundschule）				9
3							8
2							7
1							6

附图 1

二、德国特色学校一览

1. 安妮-弗兰克实科女中

安妮-弗兰克实科女中(Städtische Anne-Frank-Realschule)是慕尼黑市的一所全日制特色实科中学。这所学校的学生全部为女性,其中47%的学生有移民背景。

学校设有5—10年级共6个年级,并从七年级开始设有3个选修专业方向,分别是自然科学、法语和社会工作。经过五、六年级定向阶段的学习之后,所有学生在升入七年级时都会根据兴趣、学业成绩和职业目标分别选择各自的选修专业方向。选修同一专业方向的学生们在共同的教室——"学习之家"(Lehrhaus)中学习专业课程,每一个学习之家的教室都以该领域杰出女性的名字命名,例如自然科学的教室就以对DNA结构的发现做出过关键贡献的物理化学家罗莎琳·富兰克林(Rosalind Franklin)命名,法语专业的学习之家以法国艺术家妮基·圣法尔(Niki de Phalle)命名,社会工作专业的学习之家则以美国"现代民权运动之母"罗莎·帕克斯(Rosa Parks)命名。

作为一所女子实科中学,学校以"通过教育增强女性学生的自我价值认同、培养她们的自立意识及对自我的责任心"为办学宗旨,并特别强调培养女性学生对于数学、自然科学和技术的兴趣。为了实现这一办学宗旨,学校在鼓励学生自主学习、承担社会责任和培养他们对于自然科学和技术的兴趣方面进行了很多努力。

在教学方面,学校所有的课程学习都分为"学习新知识""练习"和"深化"三个环节,教师的角色不是控制者,而更像是学生的学习伙伴。学生们没有家庭作业,而是充分利用在校时间在各个学科的"学习办公室"中进行自学研讨。在学习办公室中,学生们按照学科打破年级混合分组。遇到不会的问题,学生只需将名字写在黑板上,就会有同样在学习办公室中自习的高年级学生来给予帮助,提供答疑辅导。

除了在校学习之外,学校还为每个年级设立了一系列的特色活动,例如与慕尼黑大学合作为五年级学生活动举办"物理和化学日",七年级学生则可以参加宝马公司的"少年校园"活动,或者参加关于在人际交往中增强沟通能力和防止冲突的自我个性发展课程等。针对高年级的学生则有更多社会活动和职业实践活动,例如为八年级学生举办的"技术职业日",让九年级学生访问幼儿园、小学进行实践活动的"在学习中学习"项目。而九年级的学生不管是选修自然科学、语言还是社会工作,都要选择一个技术职业领域进行实习,亲身参与生产实践,增强对于技术职业的了解,积累经验。

基于学校在鼓励学生对于数学、自然科学和技术的兴趣方面所作的努力,自然科学对于这所学校的女学生们而言并不是令人生畏或者厌烦的学科,而是充满了吸引力,每一个年级都有大约一半的学生(50 人左右)在六年级时选择自然科学作为选修方向。有 28%的学生在毕业后选择在技术领域接受继续教育。

学校还充分利用所在地的技术和科研资源,与慕尼黑地区的高校、科研机构及知名技术企业建立合作,例如宝马公司、慕尼黑大学、慕尼黑工业大学等都是学校的合作伙伴,他们为学生的课外教育项目和职业实践项目等提供大量支持。

由于在教学创新、管理创新、促进女学生成长特别是促进女学生技术和自然科学知识学习等方面的突出成就,安妮-弗兰克实科女中在 2014 年的"德国学校奖"评选活动中拔得头筹,获得特等奖。

2. 汉堡埃里希·凯斯特纳学校

埃里希·凯斯特纳学校于 1979 年在汉堡成立,是一所包含从幼儿园到高级中学毕业(十三年级)所有年级的综合中学。和其他的综合中学一样,学校的学生可以选择所有类型的学制,申请所有类型的学校:参加高级中学毕业考试、获取高等专科学校入学资格,获得初级教育毕业证书和中级教育毕业证(实科中学毕业)。学校以建设"多样和包容、合作和参与、健康学校和学习型学校"为目标,确定学校的发展方向,制定发展战略。

学校最大的特色在于其多样性与包容性。首先,作为综合学校,学生的差异很大,有读到实科中学毕业的学生,也有能够进入大学学习的学生,所有这些学生在学校里共同学习、一起上课。其次,也是这所学校最大的特色之一,那就是招收接受特殊教育的残障学生,包括身体上和精神上有残疾的学生,学校也因此而成为汉堡的重点学校。普通教师同特殊教育工作者、社会教育工作者一起管理这些有特殊学生的特殊班级。20 年来,学校中残障学生和健康学生一起学习,同时也向这些特殊班级的学生开设双轨课程——在统一课程框架之外,按照这些特殊学生的特殊需要制定个性化的、符合他们需求的课程。学校还新建了治疗室,整个校区都配置了无障碍设施。这正体现了埃里希·凯斯特纳学校的理念——"正是不同和差异让我们变得强大"。

针对学生的多样性,学校致力于个性化的教学。课程的设置充分考虑到学生的差异性,比如说可以安排不同难度的作业、分级帮助辅导,实行开放性作业和差异化的作业形式,此外,还设有个人学习时间进行个别辅导以及定期进行一对一的学习咨询谈话等。

"棱镜"(Prisma)项目是学校为有特殊教育需求的学生设立的专门教育项目。"棱镜"这个名字是特殊学校的一个标志,其意义在于:一个"棱镜"有很多个"棱角",当阳光照射在棱镜上时,就会出现美丽的彩虹色,它是有很多面和视觉可能的一个几何体、一个空间,以此代表特殊教育的个性和多样性。在埃里希·凯斯特纳学校,"棱镜"是一个为学生提供选修和自主学习的全天候的学习室。从幼儿园到六年级的学生都可以在这里自己安排学习,学校专门安排人员对他们进行照管、指导和个性化的辅导。这个空间概念和其中各种各样的学习材料都是根据玛利亚·蒙特梭利(Maria Montessori)的"有准备的环境"基本原则设计的。"有准备的环境"中的课程是根据学生个性化需求来确定的,既面向有很高的特殊教育需求的学生,也面向成绩很好、很有天赋的学生。这个教育实践的基本假设是,为每个孩子提供一个尽可能自由的学习活动选择,能够让每个孩子以自己的方式和自己的节奏构建起认知结构,并以此发现自己的优势。这样个性化的以及高度差异化的方式在课堂空间里是无法实现的。为了让在这里的学习组织获得最好的效果,"棱镜"项目的工作人员保持同班级负责人以及咨询人员的紧密合作。

此外,学校还以"学习日志"的形式对每个学生的学习进行个性化的监督和指导。学习日志上记录着学生自己的学习计划,老师每周会和学生进行谈话,和学生一起探讨哪些规定的学习任务完成了、哪些没有完成,在学习日志上标注上一个"笑脸"或者"哭脸",并安排下一个礼拜的学习任务。

在为每个学生提供最为个性化的学习空间和机会的同时,学校也倡导和推动“共同学习”，提高学生的团队合作能力。学校把学习伙伴和学习小组以及不同形式的合作学习变成课程的固定组成部分，来系统地促进学生共同学习。学生可以同他人学习、向他人学习，相互支持以及互相交流，比较不同的学习和解决问题的方法和思路。这种学习和工作方式也能够提高学生的社会能力，这是成功的团队合作所必不可少的。

在教学上，学校采用模块化主题教学的方式，不再按照学科制定课程表，不再以生物课、物理课或者化学课的形式来讲授课程，而是以主题的形式，注重学生对知识的消化和理解。此外，学校也十分重视文化教育，提出了“每个孩子一门乐器”计划。即使是对高年级，也十分强调文化类课程的学习。因为学校的很多学生来自教育程度不高的家庭，在家庭中很少有机会学习这些东西，而文化能丰富生活，对个性发展也十分重要。学校希望通过文化教育激发学生的兴趣，不管这些是否对升学毕业有帮助。所以学校为此设置了限选课程，包含美术、表演、文学、舞蹈、摄影和时装设计等类型的课程供学生选修。

3. 吕登沙伊德朔尔兄妹文理中学

吕登沙伊德朔尔兄妹文理中学，是位于北莱茵-威斯特法伦州吕登沙伊德市的一所文理中学，设有5—12年级，所有学生都面向文理中学毕业考试(Abitur)，学校目前有50名左右的专业教师。该学校以反纳粹英雄索菲·朔尔和汉斯·朔尔兄妹的名字命名，是为了纪念他们反纳粹不公正体系的勇气，弘扬自由、理性和信仰。学校的使命是培养视野开阔、有批判精神的人，将个人天赋的开发和能力的培养同服务社会、对自己和他人负责结合起来。

该校学生的学习成绩高于其所在的北莱茵-威斯特法伦州的平均水平，学校里几乎没有留级学生。在最近十年，学校713名学生中有711名通过了文理中学毕业考试，这个成绩在德国的文理中学当中是非常可观的。学校在招生时并不依据成绩录取学生，而是面向所有的学生开放，特别是那些有特殊教育需求的学生，如残疾、多动症、心理问题、罕见病或者从特殊家庭来的学生。“包容”的观念在这所学校里不仅被广泛接受，而且被视作是鞭策学校取得更好的教学效果的要素。

虽然朔尔兄妹文理中学有很多特殊学生，但是在这所学校里并没有专门的特殊教育,学校取得如此成绩的秘诀在于推行个性化的教育。“个性化教育”的教育理念来源于学校的教师,强调将每个学生都放在核心位置。学校通过一系列措施创造了个性化的校园学习环境。在课程组织和设置上,学校推行具有学科特色的学习技巧和教育方法、学习方法的训练,支持多样化的课堂形式,依据学生不同能力制定专门的系列学习计划,实施多样化的成绩评定形式,鼓励老师和学生的学习对话。在培养理念上,注重以个性化的学习、培养和辅导,为有天赋的学生提供跳级以及参加各类学会和竞赛的机会,甚至支持他们选修大学课程;此外,学校教师经常在课堂上或课后与学生进行及时的谈话沟通,为学生提供个性化的建议,对于那些生病的、学习困难或者在情绪和社交上有问题的学生,以及对那些偏才和天才型学生,学校会针对他们的各类需求,安排专门的教师同他们进行谈话,尽早防止问题扩大,并寻找解决问题和满足需求的方案。

为了让所有孩子的兴趣、能力和天赋都得到充分的挖掘和发挥,学校提出了“辅导和提升”的教育原则。在了解学生有哪些能力和成绩的基础上,进一步提升已有的天赋和能力,对于学生不足的方面则提供个性化的辅导。而平日学生的每一份成绩、每一次作业都会得到详细的反馈。对朔尔兄妹文理中学的老师而言,作业以及考试的作用不是为了选拔,而是要诊断出学生的优势和不足,以便有针对性地改进教学,制定差异化的学习和提高计划,帮助学生扬长补短。

此外,为了充分推行个性化教育,满足个性化教育的需求,学校创造性地培养学生来做老师,营造一个互帮互助、相互学习的“学习共同体”。学校40%的学生是受过培训的“兼职教师”,他们充分发挥自己在某一方面的优势,或作为班级监护人管理班级或辅导学生作业。在课内和课外的学习中,学校也鼓励学生担任如体育助教、学习辅导员、学会负责人、班级管理员等角色,从中积累项目管理经验,在管理中提高执行能力以及听取意见的能力等等。除了发动学生的力量,学校也将学生家长作为作重要的合作伙伴,积极调动家长关注学生的家庭教育、参与班级活动、参与学校管理以及学校的各种协会。

吕登沙伊德朔尔兄妹文理中学不仅在学科教育上成绩突出,也是在职业选择和规划的教育上很出色的学校。学校非常重视五年级之后的学生同就业市场的联系,保持同当地企业的合作,让学生能够选择与其个性相匹配的大学教育或职业教育。

多样化教育理念是该校的一个长期传统,学校充分尊重学生的主体性和全面发展,组织各种各样的学习小组、协会,也专门设置“项目时间”“项目日”以及“项目周”,各年级的学生和老师自主组织面向实际问题、紧密结合社会实践的学习活动,学以致用,拓展视野,培养团结合作能力,学习活动的主题涉及教育、健康、政治、体育、职业以及音乐-美学等方方面面。学校也为学生提供丰富多样的课程和课外活动,提高学生的个人能力、素质,培养学生兴趣。学校有全面的音乐、美学教育(合唱和唱诗班、音乐会、音乐剧等)、文学(戏剧导演、小品剧、朗诵、摄影等)以及艺术(校内外的展览以及同博物馆合作)类课程,受到学生的欢迎。学校还有多种多样的体育教育项目,设有健身和运动日,提供体育助教训练,学校还组织了很多体育协会,并鼓励学生积极参加各类体育竞技,学校还是德国足球协会的一个培养基地。

学校也注重加强同国内外学校和机构的合作,为学生提供国际交流机会。学校与法国的合作学校有交换生项目,并且每年都组织语言和文化旅行。学校每年也都会接收来自世界各地的交换学生。

学校与锡根大学、南威斯特法伦应用科技大学等高校以及多家本地企业、机构保持良好的合作关系。学校还同齐柏林高级文理中学以及贝格施塔特高级文理中学合作,联合开设课程,并且在学科建设和教师上开展建设性的合作。

4. 法兰克福罗马城学校

法兰克福罗马城学校位于美因河畔的法兰克福市,是一所实行多年级混合教学制的全日制中学,曾荣获 2014 年度“德国学校奖”二等奖,也是黑森州唯一获得此项大奖的学校。学校有约 300 名学生,25 位教师以及 11 位“内含项目”助教。

罗马城学校建立于 1969 年,自 1988 年起面向所有在其辐射区域居住的儿童招生。但罗马城学校的辉煌成就并非一蹴而就,也是经过艰难探索的。学校将成绩较好和较差的学生放在一起教学,但这种模式曾遇到巨大困境。学校所在区域有着大量移民和社会弱势家庭,学生们入学后面临很大的语言困难。加之学校特殊教育教师数量有段时间也在减少,学校发展曾一度陷入困境。后来,校长和老师们组建学习访问团赴柏林、科隆和明斯特的“全纳式学校”考察，接触并引进“全纳”理念，并根据自身实际探索践行方式，学校发展逐步走向正轨并壮大。2010—2012年间，学校开始尝试把两个年级合在一起教学，接着尝试三个年级、四个年级，并最终确定，四个年级合并教学是最佳的教学方式。

“全纳”是学校最重要的理念。所谓“全纳”，即是指打散传统的分班级式教学法，而采用多年级共同教学的方式，不同年级学生将自身纳入到一个更大的新的集体，相互促进共同进步。教会孩子勇于承担责任和自觉遵守规则是学校的教学原则。学习成绩较差的学生将获得帮助，而成绩较好的学生则能学会照顾他人。“三人行必有我师”，所有的学生在这里都能找到自己所需要学习的东西。从一年级至四年级所有的学生都在一起上课，不管孩子天资聪慧还是迟钝，也不管其在身体或者智力上是否有缺陷，所有的人都在一起学习(数学和德语课根据个人水平分开教学除外)，而每个人都依其能力情况获得相应的帮助。“班级规模”这样的概念在这里并不存在，有时50个孩子一起合作学习也是可能的。

这种教学理念和教学方式的效果是显而易见的，这些效果可以从学校的两项活动中看出来。其一便是学校每日早晨的常规集体活动——“问候礼”。学生们轮流担当“今日之星”，当日其须走到讲台前引导一至四年级的所有学生集体问候早上好，然后每人伸出拇指表示今天的状态：拇指朝上寓意非常好，拇指水平寓意还行，而拇指朝下则寓意还可以更好些。这种简单的指挥能够很好地锻炼学生的自信和责任意识。其二便是学生在课堂上的表现。由于孩子们的学习速度有快有慢，各有不同，即使分班级教学也总有难以顾及之处。这样一来，学习节奏较快的会感到无聊，而学习节奏较慢的又感觉跟不上。而采用集体教学的方式却可以大大改善这一状况。虽然教学对象更多了，但相应的教师队伍却更庞大了：这个队伍通常由4位教师组成，并清楚地了解其所指导学生知识的强弱点，可以即时地指导学生组成相对固定的、知识互补的4人学习小组，教师们也可以随时驻足单独指导。同时，学生们也更加富有合作沟通意识和人文体贴心态，并且深切体会到多样化是生活的常态。如在跑步等体育运动中，那些身体健全的孩子常常会自觉趴下、手脚并用地比赛，以便让身有残疾、坐轮椅的小伙伴也有赢的机会。

教育学领域有着众多的培养和教育方式。究竟哪种方式更有效？是个人单独辅导还是团队协同工作？是共同探讨式还是项目划分式？罗马城学校始终在探索中，正如当时开发实践“全纳式”理念一样，学校教学组每周都有例会，分享教学经验，讨论教学过程中的成与败。也正如校长海克·施莱(Heike Schley)女士所说，“我们希望尽最大可能地鼓励孩子们去自主学习”。所有教学讨论和教学计划的目标都在于，帮助学生改善和形成更好的学习习惯。

5. 巴尔格特海德安妮-弗兰克学校

巴尔格特海德安妮-弗兰克学校成立于1989年2月，是一所包含文理中学高级阶段综合学校，位于汉堡附近的一个宁静小城巴尔格特海德。安妮-弗兰克学校声名远播，有着862名学生和67位教师，是2013年“德国学校奖”特等奖得主。

在评奖委员会完成考察后，安妮-弗兰克学校在评委们眼中立即跃升夺奖的热门。但在考察开始之前，无论是学校所提交的文字申请材料，还是学校的建筑规划设计，都未能给评委们任何深刻的印象，尽管这所学校与少数几所一样实行两节同上的大课时制，并且开设了如“世界学”(历史、地球和社会科学知识)以及“理科综合”科(物理、化学、生物)等跨学科课程。但当历经两天的观察并亲自与教师、父母和青少年孩子进行深刻讨论之后，评委会立即被这所学校所展现的特色折服。安妮-弗兰克学校的特色在于老师和学生的密切沟通。评委会感叹：“这些同行教师们从不乱谈方法技巧。他们总是那么地贴近自己的学生，切合他们的实际去指导。也只有这样才能帮助孩子们更好的成长！”

“反馈与鼓励”是这所学校最重要的教学原则。这也是新西兰著名教育研究者约翰·哈提(John Hattie)在其研究课题“让学习可见化”中所提的重要理念。约翰·哈提认为，对于教学成果来说，班级规模、家庭作业或者留级与否都不是决定性的，最最重要的是教师及其课堂本身。根据这一相关理论，安妮-弗兰克学校在教学项目中写到“对于任何一个学校来说，其教学的起点都在于被托付全部信任的孩子本身，要根据他们每个人的具体情况根据发展规律去教授他们，而不能按照教师们单方面的期望来。”所以，教师们在与学生的对话中总是注意给出反馈，耐心告知其下一步可改善之处，并鼓励他们大胆尝试——让学习可见，让进步可见。因而学生们能够对自身成绩水平有着积极的自我评价,这一条在约翰·哈提 138 条成功因素中排在前列。通过这种鼓励,孩子们更愿意自发地主动改进、突破和超越自我。

以七年级学生为例,所有学生都要去上“强化课”。在这节课上,学生们自己发挥创造力和想象力进行各种操作和练习。但这节课并不是由学校教师来指导的,而是要邀请当地的一些专业人士进行讲授。这些人可以是著名的“扶轮国际”的成员或者手工业工匠,有时甚至可能是市长本人。在课程最后,学生们会收到这些“指导员”对他们练习内容的反馈——在这个时候,人们会很真诚地赞扬他们每一位的优势和长处。在这样的一天结束之后,学生们在学到很多东西的同时,又都会因为受到称赞而非常开心,从而产生更加强烈的进取心。

正是依靠这种先进教学理念的践行,安妮-弗兰克学校声名愈胜,而父母和孩子对于学校也都寄予厚望。很多很多的学生按小学老师的估计最多只能中学毕业就会跟不上课程,来到这里后却后来居上被大学录取。每年五年级新生招生有 104 个名额,但申请人却常常要两倍于这个数字。而一旦有人成功将孩子送进这所学校,其邻居也常会投以艳羡或是嫉妒。艺无止境,安妮-弗兰克学校依然在探索孩子成长成才规律的路上不断前行。

6. 柏林海因里希-赫兹中学

柏林的海因里希-赫兹中学始建于前东德时期,是一所以数学和自然科学为教学特色的知名文理中学。1961 年,这所学校被以德国著名物理学家、最早证明电磁波存在的海因里希-赫兹进行命名,尽管当时该学校还不算是一所特色学校,但在一些教师自发地努力下,逐步发展出了数学方面的教学特色,例如设立了数学特色班,对于当时东柏林地区对对数学和自然科学感兴趣的学生而言,这所学校已经有了非常突出的知名度。1965,这所学校成为一所以数学为特色的扩展中学(erweiterte Oberschule)[1]。从 1969 年开始,该校所有的班级都成为数学特色班。在之后多年的发展中,通过制定特色的教学大纲以及开始数学专

〔1〕 前民主德国在 20 世纪 50 年代进行了基础教育学制和结构改革,根据 1959 年颁布的《关于学校教育失业社会主义发展的法律》,原有的四年制高中改名为“扩展的普通综合技术中学”(简称“扩展中学”),其毕业生无需经过考试,可直接进入大学学习。

题讲座(如微积分、数论、二次曲面等),这所学校在数学以及信息科学方面的特色和优势越来越突出。1985 年,海因里希-赫兹扩展中学作为一所数学和自然科学特色学校,拥有了自主设置教学大纲和进行毕业考试的资格。东西德统一之后,前民主德国的所有特色学校都面临重新的定位和调整。经过申请,海因里希-赫兹中学于 1991 年成为一所以数学和自然科学为特色的文理中学,也就有了学校今天的基本面貌。

海因里希-赫兹中学以科学家赫兹致力于新问题的探索和研究的精神为引导,为学生提供现代的、以问题为导向的高水平的专业教育。学校要培养学生对于思考的热爱、对于新知的好奇心以及对于实验性工作的兴趣,而那些最优秀的学生应当在国家和国际层面实现卓越。此外,学校同样注重学生的全面发展,培养他们掌握各种社会能力,以他们的专业技能承担起对个人和社会的责任。学校还注重培养学生们之间相互欣赏、相互支持的良好品格。

学校现有学生 550 人(包括初、高中部),教师 40 人。数学和自然科学是这所学校课程教学和学校文化中最为突出的特色。数学、物理、化学、生物及信息技术等课程在学校从初中到高中的教学安排中占有很大的比重。除了正常的教学安排,学校多年以来还为那些对数学和物理有兴趣的学生开设这两个科目的拓展课程。这种特色同样体现在考试上,学校要求每个学生必须在这些特色学科中选择两门作为毕业考试(Abitur)的考试科目,且其中必须有一科是数学、化学或物理。

此外,学校还有很多与数学及自然科学有关的传统特色活动,例如每年夏天与柏林高校的学术人员共同举办"数学的乐趣"主题夏令营;为那些在数学和自然科学领域极具天赋的特长学生安排专门的学术辅导;自 2002 年开始,学校所有 12 年级的学生都会参加一项历时 10 天的自然科学实习。学校还设有"发明家俱乐部",为那些有发明创造精神的学生开设发明训练课程,支持学生参与知名企业主办的青少年科学实验竞赛活动。该校每年都会举办其传统活动"海因里希-赫兹竞赛",涉及各个自然科学学科。学校每年也都会有学生参加数学、化学、物理、生物等学科的国际奥林匹克竞赛,并年年斩获佳绩。同时,学校也与很多知名的科技研发企业合作,为师生创造参与科研实践的机会。

学校教育教学目标的实现还得益于与大学和一些企业的合作。比如,与柏林洪堡大学、O2 公司、柏林-阿德勒霍夫晶体构建研究所等的合作。

自 1991 年以来,海因里希-赫兹中学教学质量一直居柏林完全高中前列,其高中毕业考试成绩平均分一直在 1.8～2.3 分之间。学校的师生、家长对学校教学的满意度普遍较高。基于 2006 年的一项问卷调查,有 95%的学生、92%的家长和 96%的教师对学校表示"非常满意"和"满意"。该校还多次在重大科学竞赛中获得优异成绩。例如 2010 年到 2013 年,该校每年都有 10 余名学生在地区和国家数学等学科竞赛中获得一、二、三等奖。在 2013 年在汉堡举行的全国数学奥林匹克竞赛中,柏林州共有 13 名学生入选,其中 8 名来自该学校。该校还因为教学质量和教学特色多次获得国家级的学校奖项,例如 2004 年和 2008 年分别获得"西门子奖"(Siemens Award)的一等奖和二等奖,2007 年获得各州文教部长会议颁发的"青少年科研学校"奖。

作为一所特色文理中学,海因里希-赫兹中学设有 5—12 年级,并在五年级和七年级进行两次招生。五年级的招生针对的是已经完成小学四年级学习、成绩较好、学有余力且对未来学业方向(进入学术性而不是职业性的学习项目)已有明确规划的学生,七年级的招生则主要针对那些小学六年级正式毕业后进行择校的学生。在柏林,像海因里希-赫兹这样的特色文理中学非常受欢迎,家长们希望自己的孩子能够尽早入学,五年级的报名人数通常都会超出学额一倍以上。[1] 学校也希望能够在五年级就招收到优秀学生,尽早开始对他们进行专门的知识教学,以 2013 年为例,海因里希-赫兹中学的五年级招收两个班,七年级招收一个班。

尽管总体来看,德国小升初的择校和录取主要以家长意向、教师基于学生学业和能力表现作出的推荐以及就近入学为原则,但具体到海因里希-赫兹中学这样的特色名校,招生标准还是以学业成绩为主要参考的,这其中数学成绩又占到比较重的份额。

---

〔1〕 http://www.morgenpost.de/berlin/article1888648/Warum-Berliner-frueh-die-Grundschule-verlassen.html.

海因里希-赫兹中学高中阶段的课程主要分为专长课(Leistungskurs)和基础扩展课(Erweiterungs-Grundkurse)。专长课包括数学、物理、化学、生物和信息技术,这也是学校特色的体现。这些课程除了被设置为必修课之外,还被纳入考试要求,所有学生必须选择两门特色课程作为毕业考试的科目,其中至少包括一门数学、物理或化学的专长课。在基础扩展课中,学校专门为那些有兴趣的学生设置了数学和物理的基础扩展课,这也是该校多年来的一项传统。专长课的学时要多于基础课,以数学为例,针对11—12年级的数学专长课每学期有75学时,基础拓展课有45学时。需要特别指出的是,尽管学校以数学和自然科学为特色,并且对该类课程有特殊安排,但学校同样重视其他语言、文化、社会和艺术类科目的学习,其课程安排与其他普通文理高中没有太大差异,同样也会按照柏林州高中毕业考试的统一要求,由学生选择相应科目参加考试、计入毕业成绩。

此外,十二年级的学生都将参加一项10天的自然科学综合实习项目。另一项特殊的课程形式是“项目周”,还活动每学年结束时举行一次,所有学生都必须参加,他们按照兴趣结成小组,针对一项主题进行科研展示。

后记

本书是“G20 国家教育研究”丛书基础教育卷中的一册。在本人的主持和联络下，几位同行和学友一同参与了本书的撰写工作。他们是柏林洪堡大学教育系的张乐博士、南开大学德语系的杜卫华副教授以及北京大学教育学院的硕士研究生熊苗苗和刘杰。这几位作者均有扎实的德语基础，系统地接受过教育学科的研究训练，并且都曾经留学德国，对德国教育有实际的了解和思考。接到邀请后，他们在短时间内提交了较高质量的文稿，为本书的完成作出了重要贡献，在此要特别向他们致以谢意。

本书的前言、第二、第四、第五、第六和第十章由秦琳撰写，第一和第八章由张乐撰写，第三章由熊苗苗撰写，第七章由杜卫华撰写，第八章由刘杰、秦琳撰写。全书由秦琳统稿、定稿。

由于时间和个人能力所限，本书还有很多不完善之处，请读者见谅，并多提批评意见。

秦　琳

2015 年 7 月